教育部人文社會科學重點研究基地 四川大學中國俗文化研究所主辦

中國俗文化研究

第十二輯

主編◎項楚

四川大學出版社

責任編輯:歐風偍
責任校對:黃蘊婷
封面設計:嚴春艷
責任印製:王　煒

圖書在版編目(CIP)數據

中國俗文化研究. 第十二輯 / 項楚主編. —成都：
四川大學出版社，2016.7
ISBN 978－7－5614－9702－9

Ⅰ.①中… Ⅱ.①項… Ⅲ.①文化－中國－文集
Ⅳ.①G122-53

中國版本圖書館 CIP 數據核字（2016）第 162471 號

書名　中國俗文化研究(第十二輯)
　　　Zhongguo Suwenhua Yanjiu(Di-shier Ji)

主　編　項　楚
出　版　四川大學出版社
地　址　成都市一環路南一段 24 號 (610065)
發　行　四川大學出版社
書　號　ISBN 978－7－5614－9702－9
印　刷　郫縣犀浦印刷廠
成品尺寸　185 mm×260 mm
印　張　11.25
字　數　232 千字
版　次　2016 年 8 月第 1 版
印　次　2016 年 8 月第 1 次印刷
定　價　45.00 圓

◆讀者郵購本書,請與本社發行科聯繫。
　電話:(028)85408408/(028)85401670/
　(028)85408023　郵政編碼:610065
◆本社圖書如有印裝質量問題,請
　寄回出版社調換。
◆網址:http://www.scupress.net

目　録

俗文獻研究

CONTENTS

Studies on Folk Beliefs

Studies on Folk Documents

Studies on
Theories of Folk Culture

俗文化理論研究

文化多樣性的人權宗旨[①]

——兼談俗文化的實踐研究原則

户曉輝

提　要： 從政治哲學的角度來看，聯合國教科文組織（UNESCO）之所以高度重視并且重點保護文化多樣性，恰恰是因爲文化多樣性對確保人的基本自由和人權具有共同價值。因此，《保護非物質文化遺産公約》與《保護和促進文化表現形式多樣性公約》的終極目的并非只是保護非物質文化遺産和文化多樣性，而是試圖以此來保護人權，尤其要推進全球文化意識的現代化，進而形成世界新文明的基礎即人權文化（human rights culture）。作爲文化多樣性表現形式之一的俗文化，這種人權文化的實踐原則也不可或缺。

關鍵詞： 文化多樣性　人權文化　俗文化

21 世紀以來中國的非物質文化遺産保護運動爲俗文化研究增添了新的研究視角和新的實踐維度。從整體上來看，以往的俗文化研究大多只關注各種俗文化現象的已然和現狀，但是，聯合國教科文組織（UNESCO）2003 年頒布的《保護非物質文化遺産公約》和 2005 年頒布的《保護和促進文化表現形式多樣性公約》以及中國政府對這兩個公約的迅速加入，都給中國的俗文化研究帶來了新問題和新任務。其中一個重要的問題和任務是，突破以往那種僅僅描述俗文化現狀的實證研究局限，轉向俗文化的實踐研究。因爲我們不能否認俗文化至少是文化多樣性的一種表現形式，也是一種文化實踐形式，其中當然不僅有已然，而且應該包含着未然、可然和應然。也可以説，俗文化不僅具有本土的、區域的和地方性的價值，而且具有理想的、共同的價值；俗文化既有個别的、感性的目的，也有普遍的、理性的目的。這就決定了我們的俗文化研究不能僅僅局限於理論描述，更重要的任務是進行

---

①　本文據作者於 2015 年 9 月 11 日在“第五届中國成都國際非物質文化遺産節·非物質文化遺産國際論壇”上的主題發言稿改寫而成。

實踐研究。因此，只有澄清了 UNESCO 兩個文化公約的根本目的和價值基礎，我們對作爲文化多樣性表現形式的俗文化的實踐研究，才可能具有理性的尺度和明確的目的，也才可能具有一種目的論上的統一性，而不再是一種亂象和一盤散沙。

一、文化多樣性與人權：哪一個更根本？

在全球現代化大潮之下，儘管文化多樣性的現象正在迅速消失，但人們對文化多樣性的意識却越來越强，而如何對文化多樣性做出價值判斷又是保護它的前提。2002 年，UNESCO 的《第三屆文化部長圓桌會議伊斯坦布爾宣言》明確提出："非物質文化遺産是文化多樣性的組成部分，它與文化多樣性一樣，是實現可持續發展和世界和平的保證。"[①] 2003 年，UNESCO 的《保護非物質文化遺産公約》（以下簡稱《非遺公約》）也首次明確"承認各社區，尤其是原住民，各群體，有時是個人，在非物質文化遺産的生産、保護、延續和再創造方面發揮着重要作用，從而爲豐富文化多樣性和人類的創造性做出貢獻"[②]。在多數學者看來，《非遺公約》"以促進非物質文化遺産可持續發展、促進世界文化多樣性爲主要目標"[③]。這樣的理解從公法角度固然不無道理，但是，如果從政治哲學立場對《非遺公約》做深度解讀，就會發現這樣的理解仍不够到位。《非遺公約》在開篇即表明"參照現有的國際人權文書，尤其是 1948 年的《世界人權宣言》以及 1966 年的《經濟、社會及文化權利國際公約》和《公民權利和政治權利國際公約》"，并且在第二條第（一）款明確限定："在本公約中，只考慮符合現有的國際人權文件，各社區、群體和個人之間相互尊重的需要和順應可持續發展的非物質文化遺産。"這裏的"只"字（英文爲 solely）特別重要，因爲它明確而嚴格地限定了《非遺公約》的保護範圍，也進一步體現了該公約的保護原則和價值取捨標準。"因此，我們可看出，國際社會關於文化遺産權和文化多樣性的保護理念是建立在普遍人權理念之上的，是在權利保護原則基礎上制定的"[④]，"非物質文化遺産更注重在人權、相互尊重和可持續發展方面的價值考量"[⑤]。換言之，《非遺公約》的終極目的并非全面保護非遺和文化多樣性，而是通過有選擇地保護非遺來保護人權，并以此開闢和創建"人權文

---

① 范俊軍編譯《聯合國教文組織關於保護語言與文化多樣性文件彙編》，北京：民族出版社，2006 年，第 96 頁。本文所引有關國際公約或文件，除特別注明外，均引自此書，不再一一注出。

② 《聯合國教科文組織〈保護非物質文化遺産公約〉基礎文件彙編》，北京：外文出版社，2012 年。下文所引均自本書，不再注出。

③ 唐清清《非物質文化遺産的國際法保護問題研究》，武漢大學博士學位論文，2010 年，第 42 頁。

④ 周軍《論文化遺産權》，武漢大學博士學位論文，2011 年，第 95 頁。

⑤ 穆欣《試論非物質文化遺産領域公益訴訟制度構建》，華中科技大學碩士學位論文，2012 年，第 3 頁。

化"（human rights culture）①。

　　從政治哲學的角度來看，UNESCO 之所以要高度重視和重點保護文化多樣性，恰恰是因爲文化多樣性對確保人的基本自由和人權具有普遍價值。2001 年通過的《世界文化多樣性宣言》第 4 條："捍衛文化多樣性是一個倫理律令②，與尊重人的尊嚴是密不可分的，它要求人們必須尊重人權和基本自由，特別是尊重少數人群體和土著人民的各種權利。任何人不得以文化多樣性爲由，損害受國際法保護的人權或限制其範圍。"2001 年 11 月在巴黎通過的《關於世界遺產的布達佩斯宣言》第 2 條："文化多元化與民主制度密不可分，它有利於文化交流并且能够充實公衆生活的創作能力的發揮。"③ UNESCO 前任總幹事松浦晃一郎説得很明白：

　　　　承認世界文化的多樣性，拓寬傳統、價值觀和象徵意義之間的聯繫，將使我們學會承認并深入理解他人的文化，而且還能在相互借鑒與補充中創造文化間交往的佳話。這種共同的歸屬感（雖然它是多元的）還有助於消除彼此之間的不瞭解與誤解，從而進一步鞏固民主、正義和人權等基本價值觀。④

可見，文化多樣性的喪失直接關係到人類基本自由的喪失以及能否"鞏固民主、正義和人權等基本價值觀"。正因爲文化多樣性對維護人權和共同價值觀如此重要，UNESCO 才在《世界文化多樣性宣言》之後再次通過了《保護和促進文化表現形式多樣性公約》（以下簡稱《文化多樣性公約》）。該公約在 2005 年的通過以及在 2007 年的正式執行，"標志着'文化多樣性'概念在國際社會與學術界所獲得的認可與日益顯現的影響作用"⑤，也"標志着國際社會在保護和促進世界文化多樣性方面向前邁出了關鍵性的一步，它在國際公法方面增加了文化的價值，爲各國制定和實施相關政策提供了强有力的法律依據"⑥。

　　《文化多樣性公約》在"序言"中明確"認識到文化多樣性是人類的共同遺産"，不僅首先指出"在民主、寬容、社會公正以及各民族和各文化間相互尊重的環境中繁榮發展起來的文化多樣性對於地方、國家和國際層面的和平與安全是不可或缺的"，而且"頌揚文化多樣性對充分實現《世界人權宣言》和其他公認的文書

---

① Kate Nash，*The Cultural Politics of Human Rights：Comparing the US and UK*，Cambridge University Press，2009，p. 5.

② 《世界文化多樣性宣言》中文版譯作"倫理方面的迫切需要"，現據英文版 "the defence of cultural diversity is an ethical imperative" 改譯。

③ 《關於世界遺産的布達佩斯宣言（全文）》，國際古迹遺址理事會西安國際保護中心，http://www. iicc. org. cn/Info. aspx?Id=335&ModelId=1，2010 年 7 月 22 日。

④ 松浦晃一郎《經濟全球化能創造新文明的價值觀?》，《世界教育信息》2002 年第 3 期，第 4 頁。

⑤ 徐知蘭《UNESCO 文化多樣性理念對世界遺産體系的影響》，清華大學博士學位論文，2012 年，第 43 頁。

⑥ 張瑩《法國在聯合國教科文組織中的軟實力建構——以〈保護和促進文化表現形式多樣性公約〉的通過爲例》，《法國研究》2014 年第 2 期，第 22 頁。

主張的人權和基本自由所具有的重要意義"。該公約第二條第一款表明的第一個指導原則即爲"尊重人權和基本自由原則"："只有確保人權，以及表達、信息和交流等基本自由，并確保個人可以選擇文化表現形式，才能保護和促進文化多樣性。任何人都不得援引本公約的規定侵犯《世界人權宣言》規定的或受到國際法保障的人權和基本自由或限制其適用範圍。"因此，保護人權既是保護和促進文化多樣性的前提，也是其目的和旨歸。這就説明：

> 如果説文化多樣性是應該提倡和保護的重要價值，那麽人權則提供了一個邏輯和適當的框架。將文化多樣性與人權聯繫在一起，説明文化是個人和社群身份認同、生存和尊嚴的一個重要方面。人權提供了一個道德和法律框架，不僅有利於保護不同文化的多樣性，也有利於保護文化内部的多樣性。除了重申文化對人類尊嚴的重要性之外，人權還提供了一個框架，使文化多樣性可以避免消極的副作用。如上所述，文化權利不可不加限制地行使。它們不可作爲剥奪或侵犯其他方面的人權和基本自由的依據或理由。任何人倘若試圖以文化的名義侵犯其他方面的人權和基本自由，都爲國際法所不容。①

同樣，該公約第二條第三款的"所有文化同等尊嚴和尊重原則"——"保護與促進文化表現形式多樣性的前提是承認所有文化，包括少數民族和原住民的文化在内，具有同等尊嚴，并應受到同等尊重"——也必須以第二條第一款的"尊重人權和基本自由原則"爲前提條件來加以選擇和限定。也就是説，不符合"尊重人權和基本自由原則"的文化表現形式多樣性，不具有同等尊嚴，不應受到同等尊重。"明顯違背國際人權規範的文化行爲，不能僅僅因其歸類爲文化權利并受到保護而具有正當性。……因此，文化行爲不應違背人的尊嚴和國際社會接受的人權規範，應成爲一條適當的標準。"② 由此看來，文化權利以人權爲基礎，但并非人權本身③。

二、文化多樣性等於文化相對主義嗎？

《文化多樣性公約》的巨大進步在於使文化表現形式的多樣性與文化内在目的的統一性獲得了完美結合，并且表明：保護文化表現形式的多樣性對於維護人權具有重要的實踐意義。有學者認爲，"國際社會對於文化的認識觀念從 20 世紀初的人文主義概念轉變爲了 20 世紀末的人類學概念，'文化多樣性'的現代概念在人類學

---

① 伊馮娜·唐德斯《文化多樣性和人權能完美結合嗎》，黃覺譯，《國際社會科學雜志（中文版）》2011年第 1 期，第 36 頁。

② 《文化多樣性和人權能完美結合嗎》，《國際社會科學雜志（中文版）》2011 年第 1 期，第 23 頁。

③ 關於文化權利是否屬於人權，國際學術界還存在爭議。筆者目前認爲，從邏輯和學理上來看，文化權利還不能算人權。

文化概念的基礎上得以產生"，"當代'文化多樣性'的觀念作爲跨學科研究的成果，幫助拓展了'世界文化遺產'的概念外延，成爲'文化遺產'定義從傳統建築史和藝術史立場全面轉向人類學立場的重要理論依據"①。但這種説法只説對了一半，文化多樣性作爲理念并非僅僅來源於人類學的文化立場，因爲文化多樣性觀念也暗含着人文主義的文化觀，即文化目的論立場。如果説前者是相對的和特殊的事實標準，那麼後者則是普遍的和共同的目的標準。這一點明顯體現在 UNESCO 的這兩個文化公約之中，即文化相對主義與共同價值觀的統一。換言之，文化多樣性的立場是共同價值觀與文化相對主義的統一，因爲：

> 文化多樣性和文化相對論有着根本性的區別，文化多樣性是建立在保障普遍人權的前提之下的。文化多樣性受到質疑的主要障礙是部分文化習俗對人權的侵犯，只有通過尊重人權，文化多樣性才能獲得價值。根據《世界文化多樣性宣言》第 4 條，文化多樣性必須尊重人權和基本自由，國際法所保護的人權是文化多樣性的前提和界限，文化多樣性不得成爲違反人權的理由。《保護和促進文化表現形式多樣性公約》在其第 2 條第 1 款規定中將保障人權列爲保護文化多樣性工作的前提和基本原則，聲明只有確保人權才有可能實現文化多樣性，任何情況下，文化多樣性不能成爲侵犯或限制人權的理由。②

從理論上來看，UNESCO 提倡的價值觀認爲：

> 只有多樣性是構不成一個世界的；它充其量只構成一種由一個個碎片湊成的鑲嵌品，形成一個有趣而非真正相互影響的圖案。如果人類家庭相互依靠的世界要在和平與繁榮中生存下去，它就必須有某種統一，而這種統一的建立則要求在彼此瞭解與和睦相處的情況下采取實際行動。③

當然，人性就是文化的統一性，"文化在人類中間的普遍性本身便是我們所共同享有的人性的一個有力象徵"④。只是我們——

> 還可以記住，真正的統一不應當與一致性混爲一談。只有當一個系統的某一因素居於主導地位或從屬於其他的因素時，一致性才會發生。而統一性只有在整個系統的所有因素平等互利的整合中才能出現。真正的統一性只能補充而不是損害多樣性，因爲它發生在一個共處、共用的水準上，在那裏整個系統的

---

① 《UNESCO 文化多樣性理念對世界遺產體系的影響》第 28 頁、第 15 頁。
② 黃曉燕《文化多樣性國際法保護的困境及解決的新思路》，《法學評論》2013 年第 5 期，第 26 頁。
③ 歐文·拉茲洛編著《聯合國教科文組織國際專家研究報告：多種文化的星球》，戴侃、辛未譯，北京：社會科學文獻出版社，2004 年，第 159 頁。
④ 費德里科·馬約爾《前言》，《聯合國教科文組織國際專家研究報告：多種文化的星球》第 4 頁。

所有因素都是平等的參與者。①

《非遺公約》和《文化多樣性公約》沒有特別强調指出的是，文化多樣性與其説是一個事實和結果，毋寧説是一個普遍的原則。没有這樣一個普遍原則，文化多樣性的事實不僅得不到珍視和保護，而且很可能被忽視或否認。如果僅僅把文化多樣性看作一種結果和事實，那麽，我們就可以説，"文化多樣性是一種重要的價值，但它既不是絶對的，也不會拒絶考慮在遵守人權時做出許多改變"②。因此，世界上的文化都需要借助 UNESCO 這兩個文化公約的實踐過程熔鑄新的政治文化和新的政治文明。

三、全球新文明：作爲生活方式的人權文化

的確，説起人類學家給"文化"下過的各種定義，我們首先會想到愛德華·泰勒 1874 年在《原始文化》一書中對"文化"做出的著名界定。儘管泰勒的進化論立場後來遭到很多批評，但他把文化看作生活方式以及把文化研究視爲"改革者的科學"③ 的觀點，不僅對後世影響很大，而且在今天看來仍然頗具啓發和洞見。文化既然也是一種價值觀體系，當然也不能没有"改革"的必要和餘地。文化的"移風易俗"所依據的標準應該首先是人權的普遍標準，而不僅僅是特定的國家標準或地方標準。即便單綫進化論立場過時了，但泰勒對"文化"的内在目的和共同價值的堅持不僅没有過時，而且在 UNESCO 的文化觀中得到了繼承和發揚光大。我們不能不承認，"文化不是静態的、非歷史的量值"④。1982 年，UNESCO 通過的《墨西哥城文化政策宣言》認爲，文化不僅包括藝術和文學，而且包括生活方式、基本人權、價值體系、傳統和信仰⑤。文化還是我們在世界中識別某個客體并且有所行動的基本前提，因而是一個價值概念⑥。這就意味着，文化表現形式需要多樣性，但文化規範和内在目的至少有最低的共同價值標準——人權，并且維護人權也應該是一切文化的内在目的。

---

① 《聯合國教科文組織國際專家研究報告：多種文化的星球》，第 2~3 頁。

② James W. Nickel, *Making Sense of Human Rights: Philosophical Reflections on the Universal Declaration of Human Rights*, University of California Press, 1987, p. 79.

③ Tony Bennett, *Culture: A Reformer's Science*, SAGE Publications, 1998, p. 94.

④ Birgit Gerstenberg, "Die Vereinten Nationen und die Universalität der Menschenrechte", in Raúl Fornet-Betancourt (Hrsg.), *Menschenrechte im Streit zwischen Kulturpluralismus und Universalität. Dokumentation des VII. Internationalen Seminars des philosophischen Dialogprogramms Nord – Süd*, Verlag für Interkulturelle Kommunikation, 2000, S. 138.

⑤ 參見《聯合國教科文組織國際專家研究報告：多種文化的星球》第 153 頁。

⑥ 參見 Wolfgang Engler, "Was ist Kultur? Einwissenssoziologischer Streifzug", in *Deutsche Zeitschrift für Philosophie*, 40 (1992), 9, S. 1064-1065。

　　文化權利是文化多樣性保護的核心和有利條件。文化權利與對文化多樣性的尊重和認可有着不可分割的聯繫。文化多樣性要求尊重人的尊嚴和發展自由，在政治上的體現是文化多元性，後者恰是民主的保障，在一個包容的多元化社會中，每個人應當有權自由參加其選擇的文化生活和從事本民族特有的文化活動，有權以自己的語言表達自己的思想，進行藝術和科學創作，惟其如此才能促進面向所有人的文化多樣性。因此，文化多樣性的繁榮需要文化權利的全面實現，文化權利是文化多樣性的可靠保障和有利條件，而對文化多樣性的認可和尊重構成了文化權利保護的基礎。①

當然，我們也應該提醒的是——

　　文化權利和公民權利、經濟權利、政治權利或社會權利有着同等的價值。對於文化權利，不應視爲屬於已經實施其他方面的人權之後的額外補充。這些權利，包括人權的文化維度，是個人和社群應當享有的，各國在這方面承擔着法律義務。同時，文化權利的享有也不能毫無限度。爲了對合法目的，特別是對他人權利予以保護，可以對文化權利進行限制。②。

　　從政治哲學的角度來看，《非遺公約》和《文化多樣性公約》的核心框架和基礎就是人權。如果説人權構成了“一種公共的、規範性的實踐”（a public, normative practice）③，那麼，這兩個文化公約所宣導并希望帶來的就是這樣一種以人權爲基礎和旨歸的新型文化實踐。《文化多樣性公約》試圖促進的“文化間性”（interculturality）“指不同文化的存在與平等互動，以及通過對話和相互尊重產生共同文化表現形式的可能性”，其中也包括形成一種更符合人性、更尊重人權的共同文化，這種共同文化就是作爲世界新文明基礎的人權文化。

　　聯合國組織在國際關係中引入了一種新的道德觀念④，也就是維護人的尊嚴和保障人權的觀念。UNESCO 的這兩個公約恰恰以觀念與實踐的結合在全球範圍内發起了一場現代價值觀啓蒙運動。從歷史上來看，世界上“絕大多數文化——而且所有‘偉大文明’——在過去都在理論和實踐上否認人權。但這一點并不妨礙它們在今天不僅承認人權，而且發現人權是他們最深刻的文化價值的一種微妙表達”⑤。

---

　　① 《文化多樣性國際法保護的困境及解決的新思路》，《法學評論》2013 年第 5 期，第 31 頁。

　　② 《文化多樣性和人權能完美結合嗎》，《國際社會科學雜志（中文版）》2011 年第 1 期，第 37 頁。

　　③ Charles R. Beitz，“Human Dignity in the Theory of Human Rights: Nothing But a Phrase？”，in *Philosophy & Public Affairs*，Summer 2013，Vol. 41，No. 3，p. 260.

　　④ 參見 “Die VereintenNationen und die Universalität der Menschenrechte”，in *Menschenrechte im Streit zwischen Kulturpluralismus und Universalität. Dokumentation des VII. Internationalen Seminars des philosophischenDialogprogramms Nord−Süd*，S. 130。

　　⑤ Jack Donnelly，*Universal Human Rights in Theory and Practice*，Third Edition，Cornell University Press，2013，p. 107.

黑格爾把人類歷史看作自由理念展開的過程，我們同樣 "可以把世界史看成是一種——當然是緩慢地——不斷承認人權的歷史"①。在今天，所有現代民主政治制度都把自己的合法性建立在尊重和保障人權的基礎之上。如果現代政治共同體有什麼目的，那主要就是保障一切人的人權。② "如今，如果没有尊重并保障人權所賦予的合法性，任何政治制度以及公共的機構或規章都無法存在。如今，這是後來的一切決議和實定法律條例之合法性的强制性基礎。"③ 如今，幾乎每一個國家至少在書面上都接受了聯合國的人權宣言④。因此，是否保障人權成爲判斷政治文明是否現代以及是否合法的重要依據，具體而言就是：是否尊重人的價值、尊嚴和權利，是否有利於實現人的全面發展，政治制度的設計是否法治化、合理化，以減少政治暴力、政治腐化等現象⑤。人權并不承諾好生活和好社會，它所預示的是對所有人而言的一種正當的生活以及至少能够被稱爲文明化的（civilized）社會⑥：

> 人權需要把民主和市場的運作限制在有限的法定領域并以此來對民主和市場加以文明化。只有當對繁榮的追求受到經濟權利和社會權利的抑制——當市場植入福利國家——時，一種政治經濟才值得我們尊敬。⑦

> 人權超越了存在的現實狀況；它們很少涉及人在已實現意義上的狀況，而更多涉及的是關於人可能怎樣生活，是一種被視爲更深刻的達到現實的可能性。《世界人權宣言》没有告訴我們大多數國家中的生活狀況，然而，它却確定了一種有尊嚴的生活，一種稱得上是人的生活的最低條件。⑧

人權的實現當然離不開政治制度和法治實踐，但從更深的層次上來理解，人權還是一種文化。最理想的人權實現方式和保障方式就是讓人權成爲一種文化的生活

---

① 奧特弗利德·赫費《政治的正義性——法和國家的批判哲學之基礎》，龐學銓、李張林譯，上海：上海譯文出版社，2005 年，第 328 頁。

② 參見 Eduardo J. Ruiz‑Vieytez, *United in Diversity? On Cultural Diversity, Democracy and Human Rights*, P. I. E. Peter Lang, 2014, p. 100。

③ *United in Diversity? On Cultural Diversity, Democracy and Human Rights*, p. 116.

④ 參見 Jürgen Habermas, "On Legitimation through Human Rights", in Palo De Greiff and Ciaran Cronin (ed.), *Global Justice and Transnational Politics: Essays on the Moral and Political Challenges of Globalization*, The MIT Press, 2002, p. 203。

⑤ 參見叢日雲、王志泉、李筠《傳統政治文化與現代政治文明——一項跨文化研究》，北京：社會科學文獻出版社，2014 年，第 20 頁。

⑥ *Making Sense of Human Rights: Philosophical Reflections on the Universal Declaration of Human Rights*, p. 51.

⑦ *Universal Human Rights in Theory and Practice*, Third Edition, p. 233.

⑧ 傑克·唐納利《普遍人權的理論與實踐》，王浦劬等譯，北京：中國社會科學出版社，2001 年，第 14 頁。

方式①，或者説就是建構一種新型的人權文化。這種人權文化至少包含雙向的結構運動：一個方向是自上而下的法治化框架，主要是防止國家權力侵犯人權，這是主要方向，因爲即使我們不完全同意"人權只有通過國家才能獲得實現"② 的觀點，但至少認爲國家是實現人權最重要的保障；另一個方向是自下而上的道德和倫理的自治，主要是在全社會推廣并實踐人權，減少個人之間和不同文化之間侵犯人權的現象③。公民社會建設也包含在這個方向之中。當然，這兩個方向的結構運動是相輔相成的關係。既然文化是生活方式和價值體系，那麼，要推行以人權爲基礎的生活方式當然也要從文化開始，對於 UNESCO 的這兩個文化公約而言，就是從保護文化遺産和文化多樣性的實踐開始。這是一個實踐新的價值觀和新的政治生活方式的過程。

因此，推進政治文化的現代化，建構人權文化，這正是 UNESCO 的這兩個文化公約的深意，也是這兩個公約能够把人權與文化聯繫起來的内在依據。我們可以看到，在這兩個公約中，人權的因素逐漸加重和突出。人權像一條紅綫，由隱到顯、由暗到明地貫穿兩個公約并且構成其框架和基礎。兩個公約的發展進程本身就是一個觀念現代化過程，也是 UNESCO 越來越擺脱西方中心主義視角，重塑共同價值觀的過程。正如哈貝馬斯所指出，西方理性主義（occidental rationalism）的優勢之一就在於能够和自己的傳統保持某種距離從而開闊有限的眼界，歐洲解釋和實現人權的歷史就是擺脱歐洲人自我中心觀的歷史④。UNESCO 的這兩個文化公約的先後出臺恰恰能够很好地體現這一點。在這個過程中，兩個公約的人權要素逐漸增强和加重，它們的終極目標是通過履約在全球推動建立新型的人權文化。

實際上，人權植根於人的尊嚴這一觀念之中⑤。人權原則與自愛自利原則完全不同。人權原則表明，他人的尊嚴和權利對我有一種絶對的要求。他人尊嚴的絶對要求及其權利決定着我的自愛自利。在康德的思想中，這種行爲方式就是不要把他人當作手段而是一直當作目的⑥。從更深的層次來看，人權之所以能够成爲并且值得成爲一種普遍的人權文化，是因爲所有人權都依據一個具有交互性的基本倫理原

---

① 人權作爲一種生活方式的説法，來自一個書名的啓發：Alexandre Lefebvre, *Human Rights as a Way of Life: On Bergson's Political Philosophy*, Stanford University Press, 2013. 不過，把 "文化"理解爲生活方式早已是人類學的 "常識"。

② *The Cultural Politics of Human Rights: Comparing the US and UK*，p. 2.

③ 這兩種模式受到一本有關全球正義兩種工作模式的書的啓發，參見 Fuyuki Kurasawa, *The Work of Global Justice: Human Rights as Practices*, Cambridge University Press, 2007, p. 197.

④ 參見 "On Legitimation through Human Rights", in *Global Justice and Transnational Politics: Essays on the Moral and Political Challenges of Globalization*，p. 203。

⑤ *Universal Human Rights in Theory and Practice*, Third Edition，p. 28.

⑥ 參見 Felix Wilfred, "Human Rights or the Rights of the Poor? Redeeming the Human Rights from Contemporary Inversions", in *Menschenrechte im Streit zwischen Kulturpluralismus und Universalität. Dokumentation des VII. Internationalen Seminars des philosophischen Dialogprogramms Nord－Süd*, S. 173。

則："你想要別人如何對你，你就如何對別人。"① 換言之，在人權這裏，自利與利他是同一的和一體的關係，因而在這個更深層次上不存在利己原則與利他原則哪個優先的問題。人權原則在康德的意義上是一條可普遍化的道德法則，也是全球現代化的一條實踐理性原則。如果說康德有關人的尊嚴的論證還只是理念，那麼，UNESCO則試圖通過這兩個文化公約把康德的理念變成全球的一種文化實踐和生活方式。

在全球現代化的進程中，如何以尊重人權的方式民主地應對文化多樣性是現代歐洲發達社會面臨的最大挑戰②，也是其他社會正在或即將面臨的嚴峻挑戰。"我們作爲個人和有組織的政治共同體都有政治的和道德的義務來發現在多元社會中共同生活的新的指導原則"③，這些新的指導原則之一就是通過保護文化表現形式的多樣性來保護人權。因爲文化多樣性所體現的深層含義恰恰是人的自由和尊嚴，所以，只有真正尊重人的自由和尊嚴，只有保護了人權，才能保護文化表現形式的多樣性，反之亦然。既然多元文化社會代表的是不同文化的互動，那就不能從這些文化中的任何一種文化的内部對它們加以理論化或加以管理，它們需要一種多元文化的視角④。換言之，也需要一種超越單個文化之上的視角來包容文化差異性、欣賞文化多樣性。人權就是這樣一個可以超越多元文化的目的論視角。人權試圖把道德觀與政治實踐融合起來。人權塑造了政治社會，以此來塑造人類，以此來實現人性的種種可能性，而人性從一開始就爲這些權利提供了基礎⑤。人權文化不是要統一或取代文化多樣性，而是可以成爲并且必須成爲文化多樣性的基礎。因此，人權文化也可以説是一種共同的基礎文化。

毫無疑問，UNESCO 的這兩個文化公約都是在全球現代化背景下產生的。儘管全球現代化像一場任何個人和單個國家都無法控制的颶風，席捲全球各地，但全球現代化并非完全沒有方向、沒有規劃地發展，各個國家和個人不僅可以有所選擇，而且選擇的自由度和範圍越來越大。在全球現代化的過程中，各個民族國家并非只能被動承受或隨波逐流，而是需要順應大勢，需要主動追求内在立法（道德）和外在立法（法治）。由此來看，UNESCO 的這兩個公約正是試圖通過民族國家文化和價值觀 "規範的全球化"（normative globalization）⑥ 來推動積極的社會變遷。全球現代化的整體趨勢和框架性變化是：儘管人們對全球現代化做了不少批評，但

---

① ［瑞士］托馬斯·弗萊納《人權是什麼？》，謝鵬程譯，北京：中國社會科學出版社，2000 年版，第89 頁。

② 參見 *United in Diversity? On Cultural Diversity，Democracy and Human Rights*，p. 9。

③ *United in Diversity? On Cultural Diversity，Democracy and Human Rights*，p. 10.

④ 參見 Bhikhu Parekh，*Rethinking Multiculturalism：Cultural Diversity and Political Theory*，Second edition，Palgrave Macmillian，2006，p. 339。

⑤ 參見 *Universal Human Rights in Theory and Practice*，Third Edition，p. 16。

⑥ Diane Barthel-Bouchier，*Cultural Heritage and the Challenge of Sustainability*，Left Coast Press，Inc. ，2013，p. 34.

我們不能否認，經過理性的啓蒙，現代價值觀已經在全球得到越來越多的認可和普及，"傳統的共識作用被理性的共識作用取而代之"①。用馬克斯·韋伯的術語來概括，全球都在經歷并且邁向一種相應的文化合理化（eine entsprechende kulturelle Rationalisierung），這個過程意味着法律與道德在認知上的獨立，也就是説，道德實踐的觀點、倫理的和法律的學説、法則、準則和決定規則擺脱了它們最初所依賴的世界觀②。"韋伯從理性化角度所描述的，并不僅僅是西方文化的世俗化過程，更主要是現代社會的發展過程。"③ 越來越多的民族和個人意識到，"文明有賴於摒棄專橫的、固執的自作主張，而代之以理性"④。儘管在某些後發現代化國家中仍然有人認爲全球現代化是西方强勢文化的入侵并且一般地反對所謂西方價值，但這種觀點往往經不住邏輯的檢驗。在我看來，全人類中凡是理性的和願意承認共同價值的人都應該感謝那些爲發現并論證人類共同價值做出貢獻的西方人，因爲他們不是僅僅爲西方人而是爲全人類做出了無價的貢獻。假如沒有這些貢獻，真不敢想象我們還要在黑暗中摸索多久，人類社會要比現在倒退多少。正如有學者已經指出，從學理上説，規範的起源與規範的效用必須分開，正如人權產生自西方文化圈這一事實并不能導致對人權的法律倫理效應加以肯定或否定一樣，規範的有效性問題與其起源無關⑤。如果拋開與西方文化對峙的思維方式，我們會發現，"正如現代性和人權改變了西方文化一樣，同樣的改變在非西方世界不僅能够發生而且正在發生"⑥，"有關人格尊嚴和一種公正的、與倫理價值相連的政治秩序的觀念已經并且正在傳播到所有文明之中。既然社會群體的根本利益只有在政治的協助之下才能實現，所以政治滲透了社會生活的所有領域"⑦。全球現代化意味着以國際主義和世界主義打破了傳統的局限性、狹隘性和地方主義。現代化的規劃也在於爲普遍主義和抽象公民（the abstract citizen）創造條件。普遍的公民身份（universalistic citizenship）這種現代觀念來自康德⑧。因此，哈貝馬斯斷言："康德拉開了現代的

① Jürgen Harbermas，*Theorie des kommunikativen Handelns*，Band 1：*Handlungsrationalität und gesellschaftliche Rationalisierung*，Suhrkamp Verlag，1981，S. 353—354.

② 參見 *Theorie des kommunikativenHandelns*，Band 1：*Handlungsrationalität und gesellschaftliche Rationalisierung*，S. 247，S. 231—232。

③ 于爾根·哈貝馬斯《現代性的哲學話語》，曹衛東等譯，南京：譯林出版社，2008年，第2頁。

④ 羅斯科·龐德《通過法律的社會控制》，沈宗靈譯，北京：商務印書館，2009年，第19頁。

⑤ 參見 Jens Hinkmann，*Ethik der Menschenrechte. Eine Studie zur philosophischen Begründung von Menschenrechten als universalen Normen*，Tectum Verlag，2002，S. 47。

⑥ 參見 *Universal Human Rights in Theory and Practice*，Third Edition，p. 107。

⑦ Sybille Bachmann，"Menschenrechte als Herausforderung an die Politik"，in *Menschenrechte im Streit zwischen Kulturpluralismus und Universalität. Dokumentation des VII. Internationalen Seminars des philosophischen Dialogprogramms Nord—Süd*，S. 121.

⑧ 參見 Bryan S. Turner，"The Two Faces of Sociology: Global or National?" in Mike Featherstone (eds.) *Global Culture：Nationalism，Globalization and Modernity*，SAGE Publications，1990，p. 348。

大幕。"① 康德把人的尊嚴作爲絕對價值來加以重視和論證的思想，對人權宣言產生了重要影響②，而且它的世界公民和永久和平理念直接影響了聯合國及其教科文組織的成立，在人權文化中也有康德思想的結晶。

四、俗文化實踐研究的人權原則

因此，"我們不能認爲一個人或者一門學科存在於現代就是一個現代人或者一門現代學科。不經過現代價值（自由、平等和民主）的自我啓蒙和洗禮，即使存活在當下，也不能真正成爲一個現代人或者一門現代學科"③。UNESCO 的這兩個文化公約給我們提供了進行自我啓蒙和文化現代化的機會，能否抓住機會，全看我們自己的選擇。對俗文化而言，既然它也是民間文化，當然也就處於現代化和全球化的進程之中。進而言之，它不僅會受到現代化和全球化的影響，而且也與 UNESCO 的這兩個文化公約在中國的履約實踐密切相關。我們不僅要看到俗文化表現出來的多樣性和豐富性，更應該看到，俗文化的實踐者不僅是俗民，同時更是具有基本人權、人格尊嚴和自由意志的人。本文宣導對俗文化進行的實踐研究恰恰試圖糾正以往見物不見人式的所謂客觀描述，并且主張以實踐的方式研究實踐俗文化的人。從哲學上來看，這兩種方式具有理論活動與實踐活動的根本區別：

> 實踐活動是要把世界做成"應如何"，即按照主體的目的來改變世界，或者說，使主觀的規定成爲客觀的東西。實踐活動的能動性是明顯的。這突出地表現在意志能夠規定自己，并按自己的規定來改造外界客觀對象，使之與主觀的規定一致。這樣經過改造的對象也就打上了主體的精神的烙印，體現在主體性的規定，因而是一個有實在性的主體性和客體性的統一。可見，理論活動和實踐活動的確很不相同。理論活動是從把客體看作給予的、獨立的出發，而要揚棄它的獨立性和外在性，將其改造爲思想的東西（内化、同化），從而從思想上（理論上）將客體占爲己有。而實踐活動則相反地是從主觀規定（意圖、目的）出發，要將這主觀的東西變成外部定位的客觀東西。這看起來是主觀的東西從主體那裏分離出去（異化、外化），實際上這個由主觀東西變成的客觀東西，乃是按照主觀的規定改變了的客體，因而是一個符合於主觀的規定，從屬於主觀的目的的客體，從而實踐活動就是從實踐上（實際地）將客體占爲己有。④

---

① 《現代性的哲學話語》第 274 頁。

② 參見 *Universal Human Rights in Theory and Practice*，Third Edition，p. 126－127。

③ 户曉輝《〈保護非物質文化遺產公約〉能給中國帶來什麼新東西——兼談非物質文化遺產區域性整體保護的理念》，《文化遺產》2014 年第 1 期，第 8 頁；本文收入人大複印資料《文化研究》2014 年第 6 期，第 60 頁。

④ 楊祖陶《康德黑格爾研究》，武漢：武漢大學出版社，2001 年，第 376～377 頁。

這就意味着，俗文化的實踐研究不僅要研究各種俗文化本身具有的個別的、感性的目的，更要爲它們引入共同價值觀和理性目的論，一方面尊重并保護俗文化實踐者平等的文化權利和自由意志，另一方面以符合基本人權爲共同的價值底綫和實踐法則，促進不同俗文化的當代傳承和相互尊重，維護俗文化實踐者的人格尊嚴和自由意志，促使一些不符合人性和人權價值的俗文化内容或形式向更加符合人性和人權價值的方向發展。在中國，這是一項嶄新的和前所未有的艱難事業。不僅對俗文化研究而言，而且對整個中國學術和中國社會而言，確立普遍的價值底綫并踐行可普遍化的實踐法則都具有首要的價值和緊迫性。儘管俗文化在中國傳統中一直處於邊緣的劣勢地位，但這種地位并不能表明俗文化本身不應該首先承擔起覺識、承認共同價值并且踐行可普遍化的實踐法則的任務。因爲只有首先承擔起這樣的任務，各種俗文化才可能擺脱弱肉强食、以暴抗暴、以惡抗惡式的惡性循環，才可能不再"有朝一日東山再起，由多年的媳婦熬成婆，反過來再去欺壓自己原先的對立面和新的對立面"①，才可能真正具有自信和實力來認識、發展并豐富自己，也才可能真正以理性的方式適應現代化和全球化的合理方向，而不至於在諸多的非理性情緒中迷失自己，才可能不再陶醉於對無窮無盡的偶然性的單純追逐而自娛自樂甚至自欺欺人。也只有這樣，俗文化的研究才可能與俗文化一起完成華麗轉身和範式轉型，即從單純的客觀描述和理論觀察轉向以人權和共同價值爲基礎的實踐研究。也就是説，俗文化的實踐研究不是追求根本做不到也不值得追求的所謂價值中立，而是應該遵循可普遍化的實踐法則和共同價值立場，這也就意味着它不僅要看到俗文化的現狀和已然，更要看到俗文化的未然、可然和應然。它不僅要關注俗文化的過去和現在，更要關注俗文化的未來和將來。這裏應該强調指出的是，俗文化的實踐研究所持的價值立場絕非一時一地的地方性立場或意識形態立場，而是共同的人權立場和價值立場，也就是要從康德意義上的實踐法則出發，即純粹以可普遍化的實踐法則爲行爲動機，其中包括真正意義上的社會主義核心價值觀即民主、自由、平等、公正、法治。即便是所謂下層的、民間的俗文化及其實踐研究，也應該首先承擔起并真正踐行這些社會主義核心價值觀。因爲只有這樣，俗文化才能從中國傳統的"私"民社會轉化爲"公"民社會。"因爲中國的私民社會傳統并不提出單個的人與神簽約的要求，而是由血緣集體通過宗法體制自製條約，每個人在來到世界之前就注定了他的集體所屬性。所以，家長、家族和社會并不把他當作自由的人看待和尊重"②，在這樣的"私"民社會中存活的俗文化也難以成長爲現代的"公"民文化。只有勇於承擔并真正踐行共同價值，俗文化及其研究才可能避免單純沉迷於

---

① 户曉輝《民間文學的自由叙事》，北京：社會科學文獻出版社，2014年，第206頁。
② 陳春文《全球化格局與中國的私民社會傳統》，《科學·經濟·社會》1999年第2期，第79頁。

外在的偶然性而不能自拔，才可能超越各種外在的因果關係①，進而珍視并保護俗文化主體的自由意志和文化權利，而不是像以往那樣長期對這些東西視而不見或熟視無睹，俗文化也才可能逐步獲得自身一直在爭取的平等地位和文化權利。只有這樣，俗文化才可能在一個好社會中得到正常的生存權利和健康的發展空間，俗文化研究才可能不僅爲中國學術的知識積累，而且爲中國社會的理性化和法治化做出貢獻。說到底，也就是爲切實改善每一個研究者和每一個俗民的人生處境并且維護每個人的基本人權和人格尊嚴做出貢獻。

Human Rights as the Purpose of Cultural Diversity

—Also On Practical Principles of Folk Culture Study

Hu Xiaohui

Abstract：From perspective of political philosophy，UNESCO thinks highly of protecting cultural diversity，precisely because that cultural diversity has universal values for guaranteeing human rights and freedom. The ultimate aim of *Convention for the Safeguarding of the Intangible Cultural Heritage* and *Convention on the Protection and Promotion of the Diversity of Cultural Expressions* is not only safeguarding of ICH and cultural diversity，but rather protecting human rights，especially promote the modernization of cultural consciousness globally so as to laying foundation，namely human rights culture，for new global civilization. Since folk culture is one of the expressions of cultural diversity，human rights culture as practical principles is indispensable for folk culture and its practical study.

Keywords：cultural diversity；human rights culture；folk culture

作者簡介：户曉輝，男，中國社會科學院文學研究所研究員。

---

①　各種實證的社會科學，包括以往的俗文化研究，主要考察人及其文化受各種自然的、生理的外在條件和原因的影響所帶來的種種後果，這其實與醫學和弗洛伊德的精神分析學在方法論上沒有本質區別。在這種研究中，人都是被外在事物決定的，因而談不上超越性和精神自由。"醫學研究的是作爲自然軀體意義上的人，它和其他自然科學一樣，研究的是處於因果關係鏈條中的人，也是被因果關係決定的人。在一定程度上說，醫學中的人只是因果關係發生的一個場地或環節，就如同是疾病發生的一個場所一樣，醫生只需把身體上的病因找出來然後對症下藥就可以萬事大吉。民間文學或民俗學學者却不能這樣研究人，因爲我們更多地要面對人的精神世界，面對人的一些看不見摸不着的東西。最重要的是，民間文學或民俗學研究的不是處於自然世界中的人，而是處於人自己的世界即處於自由中的人。這一點決定了民間文學或民俗學與醫學等自然科學的研究對象有本質差異。"（户曉輝《返回愛與自由的生活世界：純粹民間文學關鍵詞的哲學闡釋》，南京：江蘇人民出版社，2010年，第13頁。）俗文化研究與民間文學或民俗學研究在方法論上應該是相通的。

Studies on Folk Literature ——————————

俗文學研究

張繼《剡縣法臺寺灌頂壇詩》之解讀

李小榮

提　要：唐人張繼《剡縣法臺寺灌頂壇詩》是密教文學史上教外作家所撰第一首較完整地展示三密特點的灌頂詩。若從詩題"灌頂壇"和詩歌本文所涉燈、幡、壇、印等意象分析，該詩敘述的當是密教化藥師壇場的宗教景觀。

關鍵詞：《剡縣法臺寺灌頂壇詩》　藥師壇場　密教解讀

一説起唐代詩人張繼，我們都會不約而同地想起他《楓橋夜泊》中的名句"姑蘇城外寒山寺，夜半鐘聲到客船"。在有唐一代近三百首涉及梵鐘的詩作中，最爲讀者耳熟能詳的莫過於此了[①]。細繹張氏開篇云"月落烏啼霜滿天，江楓漁火對愁眠"，顯然蘊含着濃重的羈旅行役、漂泊鄉思以及功名難就等愁苦，而寺院鐘聲恰好有息苦和驚醒塵世俗人之用，可見詩人對佛教苦諦有很深切的體驗，并希望能在悠悠梵鐘聲中實現離苦得樂的人生境界。

其實，就張繼一生行迹[②]而言，其游歷大江南北，所交名士多與佛法有緣，如靈一是著名詩僧，劉長卿、獨孤及、皇甫冉等則和禪宗關係密切，而所歷者如長安、洛陽、姑蘇、杭州、會稽、洪州等，又是寺院林立之地，故其詩作每每言及佛禪義理自在情理之中[③]。

在張繼生活的時代，佛教各宗派都有長足的發展，但過往研究最關注的是禪宗、净土對詩人創作的影響。實際上，其他宗派也不可小覰，比如由開元三大士掀起的密教信仰，就引起了盛唐以降一大批著名文士的注目，比如王維、高適、李

---

① 此統計數字，參李時銘《論梵鐘的起源與唐詩梵鐘的佛教意義》，《逢甲人文社會學報》第 8 期，2004 年 5 月，第 55～74 頁，特别是第 68 頁。

② 關於這方面的研究，可參傅璇琮《張繼考》，載《唐代詩人叢考》，北京：中華書局，1980 年，第 209～219 頁；儲仲君《張繼的行迹及其他》，《文學遺産》1991 年第 3 期，第 104～106 頁。

③ 不過，據凌鬱之考證，清編《全唐詩》卷二四二所輯張繼之詩《城西虎跑寺》《游靈岩》《宿白馬寺》，實爲元明人所作。參凌鬱之《〈全唐詩〉張繼詩混入元明人詩十一首考》，《文學遺産》2010 年第 1 期，第 138～140 頁，特别是第 139 頁。

白、李華、任華、元載、李端、盧綸、顧況、權德輿、孟郊、韓愈、盧仝、張籍、王建、白居易、柳宗元、劉禹錫、姚合、張祜、段成式、李商隱、司空圖、徐夤等，真是不勝枚舉了。對此，黃陽興博士已做了初步爬梳①，足資參考，不過，在文本細讀方面似有遺珠之憾，如本文要檢討的張繼《剡縣法臺寺灌頂壇詩》，竊以爲就很值得深入剖析一番。其詩曰：

> 九燈傳像法，七夜會龍華。月静金田廣，幡摇雲漢斜。香壇分地位，寶印辨根牙。試問因緣者，清溪無數沙。②

詩題中所説的法臺寺，宋高似孫撰嘉定《剡録》卷八"僧廬"條云：

> 惠安寺在剡縣之陽，舊曰般若臺寺，又曰法華臺寺。（晋義熙二年，南天竺國有高僧二人入金華。師道深，弟子竺法友，授《阿毗譚論》一百二十卷，甫一宿而誦通。道深遂贊法友："釋迦重興，今先授記。"遂往剡東峁山，復於剡山立般若臺寺。會昌廢，咸通八年重建，改法華臺寺。天祐四年，吴越武肅改興邑寺。大中祥符元年，改今額。）……寺有灌頂壇。（張繼《剡縣法臺寺灌頂壇詩》……）趙嘏有《早發剡中法堂寺詩》。（當是法臺寺。"暫息勞生樹色間……回首塵中見此山。"）寺有增勝堂，寺僧彦强所居，王銍題詩。③

由此可知，法臺寺肇始於東晋，本名般若臺寺，但遭遇會昌法難而廢，至懿宗咸通八年（867）才復建。若據《高僧傳》卷四竺法友傳④，則知法友之師是竺法（道）潛，字法深，法友所創之寺，本來就叫做"法臺寺"⑤，它和後來梁代會稽剡人釋曇斐所居"法華臺寺"⑥，可能指同一所寺院；《剡録》所説"道深"，則似混合竺法（道）潛的字號而致誤。至於趙嘏有詩紀法臺寺，至少説明該寺是剡中名勝之一。特別是張元忭撰《紹興府志》（萬曆刻本）卷二十一明確指出其舊有勝迹中有應天塔、灌頂壇、增勝堂等，所録除張繼《題灌頂壇詩》、趙嘏《早發法臺詩》、王銍《題增勝堂詩》外，尚有張性《寓惠安寺詩》，則知本寺自唐至明，題咏者代不乏人。

---

① 參黃陽興《咒語·圖像·法術——密教與中晚唐文學研究》，深圳：海天出版社，2015 年。
② 陳尚君輯校《全唐詩補編》，北京：中華書局，1992 年，第 892 頁。
③ 高似孫《談録》卷八，刻本，清道光八年（1828）。按，小括號内的文字，原爲高似孫之注，但筆者徵引時多有删節。又，南宋施宿撰《嘉泰會稽志》卷八所叙嵊縣惠安寺歷史淵源，與高氏所説大同小異，但未録張繼、趙嘏、王銍等人的詩作；而《剡録》所引趙嘏詩，《全唐詩》卷五四九題作"朝發剡中石城寺"，誤。另，李謨潤《〈全唐詩補編〉佛寺小考》[《河南師範大學學報（哲學社會科學版）》，2011 年第 6 期，193～196 頁，特別是第 194～195 頁]對法臺寺的歷史沿革有較詳細的説明，可看。
④ 參釋慧皎《高僧傳》，湯用彤校注，北京：中華書局，1992 年，第 156～159 頁。
⑤ 按，不同版本的《高僧傳》對此寺院名稱説法不一，《大正藏》校勘記指出："剡縣城南臺寺"之"南"字後，宋、元、明本多一"法"字。筆者以爲甚是，其意指法臺寺在剡縣城南。
⑥ 參《高僧傳》第 341～342 頁。

　　理解張詩的關鍵，主要在於準確把握詩題之 "灌頂壇"。顧名思義，灌頂壇是密教行儀中的壇場之一，它專用於灌頂。如唐菩提流志（？—727）神龍三年（707）夏至景龍三年（709）春譯出的《不空羂索神變真言經》三十卷，其卷三載《灌頂真言》必須用 "於灌頂壇内，左手執瓶，右手按頂，加持七遍，即爲灌頂結印發願"①。同人景龍三年冬譯畢《一字佛頂輪王經》五卷，其卷四又曰：

　　　　次爲灌頂。其壇西門外，當如法作四肘嚴飾灌頂水壇，如法結界懸繪幡花，如法安置一盤飲食，四角然燈。……阿闍梨當自擎取大壇中心佛前香水瓮，誦《一字頂輪王咒》，咒香水瓮一百八遍。出於壇外，一一次第喚引弟子到灌頂壇，右繞三匝，教令床上面東結跏趺坐。其阿闍梨，亦自上壇床邊端立。②

一行大師（683—727）撰《大毗盧遮那成佛經疏》卷八則説：

　　　　此灌頂壇又在火壇之北，亦令四方均等，唯置一門，門向壇開也。其壇四角外畫四執金剛：火方是東南，置住無戲論；涅哩底方，置虛空無垢；風方，置無垢眼；伊舍尼方，被雜色衣。壇中作八葉大蓮花王，鬚蘂具足。於四葉中，置四伴侶菩薩。③

總之，灌頂壇是密教壇場不可或缺的組成部分之一，它雖然專用於灌頂儀式，但同樣注重身、口、意三密（身密指手結印契，口密指咒語、真言和陀羅尼，意密指本尊之法相）的配合以及觀想尊像。灌頂的實施，是由阿闍梨對弟子進行秘密傳授，外人不得參與。而且，灌頂壇的布置自有程式要求，如尊像的排列，就得嚴格按照尊卑次第，地位最尊者置於壇中心。

　　北宋贊寧《大宋僧史略》卷上 "傳密藏" 條曾總結説："灌頂壇法始於不空，代宗永泰年中敕建灌頂道場處，選二七人爲國長誦《佛頂咒》，及免差科地税云。"④ 然據前引菩提流志譯經，則知完整的灌頂壇法至遲在唐中宗恢復帝位時就傳入中土。後來經玄、肅、代三朝皇帝不遺餘力的倡導，才形成了晚唐釋行琳《釋教最上乘秘密藏陀羅尼集序》所稱贊的 "秘教大布於支那，壇像遍模於僧宇"⑤ 之盛況。天寶十三載（754）到至德二載（757），張繼恰好在會稽太守于幼卿處做幕府⑥，期間作有《會稽秋晚奉呈于太守》《會稽郡樓雪霽》《酬李書記校書越城秋夜

① 《大正藏》第 20 册，影印本，臺北：新文豐出版公司，1983 年，第 242 頁中。
② 《大正藏》第 19 册，第 251 頁中。
③ 《大正藏》第 39 册，第 665 頁中。
④ 《大正藏》第 54 册，第 240 頁下。
⑤ 陳尚君輯校《全唐文補編》，北京：中華書局，2005 年，第 1108 頁。
⑥ 王輝斌《張繼生平訂正》，《淮南師範學院學報》2002 年第 4 期，第 37~38 頁。

見贈》，《剡縣法臺寺灌頂壇詩》亦應撰出於此時。而且，詩題明言"灌頂壇"，則知其內容定與密教有關。具體所指，我們細讀詩歌正文後可知它是指密教之藥師壇場。

中土藥師信仰流傳甚早，在題爲金剛智譯《藥師如來觀行儀軌法》① 之前的經典，歷代經錄所載主要有五種：一是題爲東晉帛尸梨蜜多羅譯《佛説灌頂經》卷十二之《灌頂拔除過罪生死得度經》；二是祐錄所載宋孝武帝大明元年（457）"秣陵鹿野寺比丘慧簡依經抄撰"而成的《灌頂經》一卷，僧祐還特別注明它"一名《藥師琉璃光經》，或名《灌頂拔除過罪生死得度經》""此經後有續命法，所以遍行於世"②；三是隋大業十二年（616）達摩笈多譯《藥師如來本願經》；四是唐玄奘永徽元年（650）譯《藥師琉璃光如來本願功德經》；五是義净神龍三年（707）譯《藥師琉璃光七佛本願功德經》（以上五種，後文簡稱《藥師經》）。而晉譯本與慧簡本，據方廣錩、伍小劼師徒之考證，都是中土僞經，它們西傳印度被譯成梵文後，再回傳中土，方先生把這種"出口轉內銷"的現象稱之爲"佛教發展中的文化匯流"③。此外，隋唐時期的《藥師經》譯本，則攜帶了當時興起於印度的密教文化之因子，尤其是義净譯本"可以明顯看出藥師佛的密教化傾向"，"在唐阿地瞿多譯《陀羅尼集經》中，也可以看到密教化以後的藥師佛形象"④。

正如僧祐説，晉、宋二本《藥師經》流行之因在於續命法，晉本介紹其法爲：

> 當勸請衆僧七日七夜齋戒一心，受持八禁，六時行道，四十九遍讀是經典。勸然七層之燈，亦勸懸五色續命神幡。阿難問救脱菩薩言："續命幡燈，法則云何？"救脱菩薩語阿難言："神幡五色四十九尺，燈亦復爾，七層之燈，一層七燈，燈如車輪。若遭厄難，閉在牢獄，枷鎖著身，亦應造立五色神幡，然四十九燈，應放雜類衆生至四十九，可得過度危厄之難，不爲諸橫惡鬼所持。⑤

據此，則知續命法的實施主體是僧人，實施時長是七日七夜，實施程式是讀經、燃燈、造幡和放生，目的在於爲有情衆生濟苦脱難，續命延壽。特別值得注意的是，儀式十分重視"七"與"七七"（四十九）。

與晉、宋本《藥師經》相比，唐高宗永徽五年（654）四月十五日譯畢的《陀

---

① 載《大正藏》第19冊，第22頁下～29頁上。

② 釋僧祐《出三藏記集》，蘇晉仁、蕭鍊子點校，北京：中華書局，1995年，第225頁。

③ 參方廣錩《藥師佛探源——對"藥師佛"漢譯佛典的文獻學考察》（《宗教學研究》2014年第2期，第90～100頁）、《關於梵漢〈藥師經〉的若干問題》（《宗教學研究》2015年第2期，第80～84頁），伍小劼〈灌頂拔除過罪生死得度經〉與"文化匯流"》（《南亞研究》2010年第2期，第112～122頁）、《〈大灌頂經〉形成及作者考》［《華東師範大學學報（哲學社會科學版）》2011年第3期，第105～111頁］等。

④ 《藥師佛探源》，《宗教學研究》2014年第2期，第99頁。

⑤ 帛尸梨蜜多羅譯《佛説灌頂七万二千神王護比丘咒經》卷十二，《大正藏》第21冊，第515頁中。

羅尼集經》卷二所輯《藥師琉璃光佛印咒》① 的主體内容雖然基本一致，但後者密教色彩更濃，比如配合燃燈續命法者，既要求持印，又增加了誦《法印咒》（一短一長，短者五句，長者又叫《藥師琉璃光佛大陀羅尼咒》，有二十一句），還特別交待了藥師壇場的治地法、供養法、主尊藥師佛及其眷屬在内外院落中的位次之類，顯然具有更強的操作性。佚名《陀羅尼集經翻譯序》② 又謂該經是由比丘大乘琮等十六人，英公（李世勣）、鄂公（尉遲恭）等十二人助成壇供後開譯，是從《大明咒藏》中撮要鈔譯《金剛大道場經》而成。換言之，阿地瞿多所傳藥師壇法，至遲在高宗初期就已經具備較完整的印度三密儀軌。義净譯本，踵事增華，程式更加繁複，所持神咒也更多。盛唐金剛智譯《藥師如來觀行儀軌法》、不空所譯《藥師如來念誦儀軌》③，除了主體内容與義净譯本相同外，還更詳細地介紹了印、咒的配合，尤其是不空譯本交代了加持用藥來對治心病身病的方法途徑，意在強調"藥師佛"無量無邊之"藥用"功德。而至德二載唐肅宗敕令釋元皎於鳳翔府開元寺置御藥師道場之舉，更是驚艷天下：

> 更擇三七僧，六時行道，然燈歌唄，贊念持經，無敢言疲，精潔可量也。
> 忽於法會内生一叢李樹，有四十九莖，具事奏聞，宣内使驗實。帝大驚喜曰："此大瑞應。"④

因"李"爲唐朝國姓，恰值安史之亂，元皎所建藥師道場能感生李樹，自然迎合了肅宗的中興夢，所以，他才喜出望外地說"瑞李繁滋，國之興兆"，并封元皎爲"内供奉"⑤。當然，李樹"四十九莖"之數，也與藥師續命法之"七七"相符。如果說以前續命法的施行目標多是個體生命對生死的超越，此時却有巨大的政治象徵意義，它要續的是大唐王朝之命。毫無疑問，肅宗熱切盼望佛教密法能永遠護佑着他的國家。而皇帝對鳳翔府開元寺瑞應事迹的大力宣揚，自然會引起天下諸寺的效仿，從而掀起建設藥師壇場的高潮。當時身在會稽的張繼，便極可能親歷了這樣的灌頂法會，并用五律描述了自己的觀感，現逐聯分疏如下。

一者，首聯的"燃燈"意象與"七夜"之法會持續時間，和前述五種《藥師經》所說相同。其"七夜"，實是對經文"七日七夜"的略稱；特別是金剛智譯《藥師如來觀行儀軌法》，明確要求皈依藥師佛者必須建立七日七夜的曼荼羅道

---

① 《大正藏》第18冊，第799頁上～下。
② 《大正藏》第18冊，第785頁上～中。
③ 按，是經《大正藏》第19冊有兩個編號：即NO.924A和NO.924B，前詳後略，後者最大區別是沒有續命法，筆者於此介紹的是詳本。
④ 贊寧《宋高僧傳》，范祥雍點校，北京：中華書局，1987年，第617頁。
⑤ 贊寧《大宋僧史略》卷下"内供奉并引駕"條則說："内供奉授僧者……元皎始也。"（《大正藏》第54冊，第250頁上）

場①。"九燈"一詞，稍有歧義，故有必要多説幾句。若把"九"理解爲實數，則與諸經所説"四十九"之燃燈數不符，但似乎也可視爲詩人因五言字數所限，所以才與第二句一樣用了省略法，即整聯表達的意思是：灌頂壇燃起了四十九盞明燈，衆僧在壇中不斷誦經，法會則要持續七晝夜。當然，從佛教文獻記載看，中印都偶有燃九燈之舉，如《高僧傳》載劉宋吳興餘杭釋净度每遇邑中齋集，"輒身然九燈，端然達曙，以爲供養，如此者累年"②。阿地瞿多譯《陀羅尼集經》卷一則説佛頂三昧曼荼羅應"莊九盞燈置道場中"③。但二者都無七日七夜連續燃燈齋供之説，因此，我們可以排除張繼"九燈"典出這兩種文獻的可能性。更可探究的是博研儒釋百家之學并一度身着道服的釋法琳（572—640），其《辯正論》卷二《三教治道篇》辨析佛道齋法時説：

> 《明真儀》云："安一長燈，上安九火置中央，以照九幽長夜之府。正月一日、八日、十四日、十五日、十八日、二十三日、二十四日、二十八日、二十九日、三十日夜中，安一長燈，令高九尺，於一燈上燃九燈火，上照九玄。"其佛家娑羅、藥師、度星、方廣等齋，威儀軌則，本無法象，世人并見，何所表明。④

此處所引《明真儀》，是道教齋儀之一。法國漢學家蘇遠鳴（Michel Soymié）在《道教的十齋日》一文中指出，"儀"乃"科"之誤⑤。《明真科》是東晉末南朝初所出《洞玄靈寶長夜之府九幽玉匱明真科》的簡稱（敦煌道經中有八件寫本），幸運的是，前揭法琳所引文字恰恰見於《正統道藏》本《明真科》，僅是個別地方略有不同（意義則基本相同）。如"安燈"云云，經文原作"又安一長燈長九尺，上安九燈置中央，以照九幽長夜之府"⑥；"正月一日"云云，原經前面多"常以正月、三月、五月、七月、九月、十一月，一年六月"諸字，"三十日"後則多"一月合十日，及八節日、甲子日、庚申日，於家中庭"等字，然後再叙"安一長燈"之事⑦，意謂一年六月中的十齋日、八節日（指農曆立春、春分、立夏、夏至、立秋、秋分、立冬、冬至）等一些特殊時日都要燃九燈。除了燃九燈外，該經又説"禳解天災"時，"春則然九燈，亦可九十燈，亦可九百燈；夏則然三燈，亦可三十燈，亦可三百燈；秋則然七燈，亦可七十燈，亦可七百燈；冬則然五燈，亦可五十

---

① 參《大正藏》第19册，第24頁上。
② 《高僧傳》第416頁。
③ 《大正藏》第18册，第787頁上。
④ 《大正藏》第52册，第497頁中。
⑤ 《法國漢學》第2輯，北京：清華大學出版社，1997年，第28～49頁，特別是第35～36頁及第48頁注28。
⑥ 《道藏》第34册，影印本，北京：文物出版社等，1988年，第387頁下。
⑦ 《道藏》第34册，第384頁下。

燈，亦可五百燈"①。由此可知，一則當時道教明真齋會的舉辦時間亦非連續的七日七夜，二則雖有燃九燈及其他燈數之説，却没有使用"四十九燈"。更可注意者，明真齋燃燈是在信徒家中舉行，此與張繼所説的寺院迥然有別②。所以，我們也可排除張氏"九燈"典出道教齋儀的可能性。而且，法琳對比佛道齋會時就以藥師等齋作爲釋家代表，對待兩教齋儀的態度，涇渭分明，其意在於堅守釋家本位，對抗初唐皇權袒護道教的政治威權③。

　　二者，頷聯重點強調了兩點：一是壇場所用之幡，此即諸《藥師經》所述續命法不可或缺之五色幡，而藥師壇場灌頂時它也是必備的法物之一，敦煌文書北大D180《藥師道場壇法》（原卷首題如是）即要求"用五色番（幡）一口，長四十九尺"，一行撰《藥師瑠璃光如來消災除難念誦儀軌》則説"奉香花果食，五色成幡蓋"④；二是灌頂時間，無論"月静""雲漢斜"，都表明是在夜深人静之時。本來密教灌頂，晝夜六時（晨朝、日中、日没、初夜、中夜、後夜）悉可，李頎《長壽寺粲公院新甃井》即説"鐘鳴時灌頂，對此日閑安"⑤，所謂鐘鳴時，指用六時鳴鐘磬（鐘磬，梵語 ghanta，音譯"犍稚"）來表示修道的時間單元⑥；權德輿《石甕寺》則説"石甕寒泉勝寶井，汲人回挂青絲綆。厨煙半逐白雲飛，當晝老僧來灌頂"⑦，此則謂日中之時也可灌頂。張繼之所以特別強調"月静"與"雲漢斜"之時（主要指中夜），可能有未發之覆。蓋灌頂時需用咒水，而咒水時間正如賈島《贈圓上人》"古塔月高聞咒水，新壇日午見燒燈"⑧ 所言，似多在月高人静時。此

---

　　① 《道藏》第 34 册，第 387 頁中～下。

　　② 據唐一行大師撰《藥師琉璃光如來消災除難念誦儀軌》曰"得持明灌頂，阿闍梨印可。然後乃修持，山林閑静處，河池及海岸，或自居住處。塗拭曼拏攞，方圓隨本意"（《大正藏》第 19 册，第 20 頁中），則知藥師灌頂壇也可建於自家居所，但一定要事先得到阿闍梨的灌頂和印可。壇城形狀，則方圓隨意。

　　③ 參尹富《十齋日補説》，《世界宗教研究》2007 年第 1 期，第 26～34 頁，特別是第 28 頁。

　　④ 《大正藏》第 19 册，第 20 頁中。

　　⑤ 彭定求等編《全唐詩》，影印本，上海：上海古籍出版社，1986 年，第 313 頁上。

　　⑥ 如中唐詩人王建《新修道居》云"世間無所入，學道處新成。兩面山有色，六時聞磬聲"（《全唐詩》第 752 頁上），明末清初曹洞宗高僧天界道盛禪師（1592—1659）《武夷西來岩記》則説"予與二三子，磅礴翠微間，六時鐘梵，每漏遍於九曲之岸"（《明版嘉興大藏經》第 34 册，臺北：新文豐出版公司，1987 年，第 723 頁中）。

　　⑦ 權德輿《權德輿詩文集》，郭廣偉校點，上海：上海古籍出版社，2008 年，第 107 頁。又，"寒泉"之"寒"，一作"靈"。而所汲石甕寺泉水，加持後用於灌頂。一般説來，灌頂之水多取於井，菩提流志譯《佛心經》即謂召諸龍法為"但取井水一椀，咒經一千遍"（《大正藏》第 19 册，第 14 頁上）；當然，也可用泉水，如不空譯《佛説金毗羅威德童子經》載欲得他心智者，當"取藥誦咒，泉水服之"（《大正藏》第 21 册，第 372 頁中）；甚至是井水、泉水混用後再咒之（參阿質達霰譯《穢迹金剛説神通大滿陀羅尼法術靈要門》，《大正藏》第 21 册，第 158 頁下）。泉水井水，皆天然之水，只是動静形態有別而已。細究權詩之意，則知當時灌頂多用井水，不過，由於石甕寺自有洞中深泉（中唐馬戴《題石甕寺》即云"修綆懸林表，深泉汲洞中"，此與權詩前兩句，正可互參。馬詩見《全唐詩》第 1423 頁上），所以才不用尋常井水。

　　⑧ 齊文榜校注《賈島集校注》，北京：人民文學出版社，2001 年，第 458 頁。另，對本詩的分析，可參拙撰《賈島佛教詩研究二題》，載《佛教與中國文學散論——夢枕堂叢稿初編》，南京：鳳凰出版社，2012 年，第 163～168 頁。

外，該聯"金田"，典出給孤長者黃金布地建祇園精舍而供養佛陀之故事①，此喻剡縣法臺寺。

三者，頸聯則抓住了密教灌頂道場主尊眷屬像的等級、位次以及印契使用法等特點。"香壇分地位"，指藥師佛（主尊）及其眷屬（如十二藥叉大將）在壇場中的位次安排。雖說各神像都有自己固定的座臺，他們在灌頂壇這一神聖空間卻與世俗社會一樣，是按尊卑順序排座次的。一行《藥師瑠璃光如來消災除難念誦儀軌》"塗拭曼拏攞，方圓隨本意。置二閼伽水，安排下七位"② 所說，正好透露了這層意思。日本真言宗所傳《覺禪鈔》卷三之藥師法，則詳細介紹了藥師三尊（又稱東方三聖，中尊是藥師如來，其左右脅侍分別爲日光遍照菩薩、月光遍照菩薩）、八菩薩（一指文殊、觀音、大勢至、寶檀花、無盡意、藥王、藥尚、彌勒。另有其他說法，不贅）、十二藥叉（按一行所述，他們可與中土十二時神對應）的由來、圖像及其在壇場中的位次③，亦可參考。"寶印辨根牙"一句，則指阿闍梨修密法時需自始至終都使用手印（梵語 mudrā，又譯印契），但最重要的是根本印（心印），它通常配合根本咒（心咒）或大咒，一行《藥師瑠璃光如來消災除難念誦儀軌》即說其根本印之結契法是"二羽內相叉，兩腕稍相去，開張三二寸"，所用真言爲"曩謨婆誐嚩帝……"④，共十三句。不空《藥師如來念誦儀軌》亦云藥師如來根本印是"以左右手頭指以下八指反叉入於掌，以二大指來去"而成，此與一行所說區別不大，根本印真言作"唵，戰馱祇哩，娑婆訶"⑤，則更簡明，未知孰是，俟考。

四者，尾聯"因緣者"指包括作者在內的灌頂壇之參與者，其自問自答的句式，既與首聯所說"七夜會龍華"（龍華，此指灌頂道場）相呼應，又總結了自己灌頂後的感受："無數沙"，一方面比喻一切眾生悉有平等佛性，另一方面讚頌了密教即身成佛的功德，其迅疾性，就像清澈溪底的細沙，一望便可顯現。同時，本聯表明作者對密教灌頂護國佑民之用，似有較高的認同感。

以上主要多層次、多角度地分析了題目與詩歌文本中的幾個關鍵詞，我們便基本上可以推定張繼所寫佛教法會內容是藥師道場之灌頂景象。該詩在密教文學史上具有相當特殊的地位，它不但是教外作家第一首較完整地展示三密特點的灌頂詩，也是最具密教特色的藥師讚。雖說李頎《長壽寺粲公院新甃井》、權德輿《石甕寺》、盧綸《送契玄法師赴內道場》、李洞《終南山二十韻》等詩都說到了釋家灌頂之事，卻都一筆帶過，未有手印、尊像位次等方面的任何說明；而梁蕭《藥師琉璃

---

① 北宋道誠《釋氏要覽》卷上"金地"條曰："或云金田，即舍衛國給孤長者側布黃金，買祇陀太子園建精舍，請佛居之。"（《大正藏》第 54 冊，第 263 頁上）
② 《大正藏》第 19 冊，第 20 頁中。
③ 《大正藏》圖像部第 4 冊，第 413 頁下～422 頁下。
④ 《大正藏》第 19 冊，第 21 頁下～22 頁上。
⑤ 《大正藏》第 19 冊，第 29 頁下。

光如來畫像贊》《藥師琉璃光如來繡像贊》，呂溫《藥師如來繡像贊》，穆員《繡藥師琉璃光佛贊》，清晝《畫藥師琉璃光佛贊》，郭崧《藥師像贊》等作，僅重在贊頌藥師如來的無量功德，却未涉及藥師壇法的任何灌頂要素。此外，張繼之詩也從側面印證了晉唐藥師信仰的密教化進程。本來敦煌文獻、傳世文獻都有大量的寫經、造像題記及藥師懺、藥師會一類的儀軌性作品①，其中中晚唐時期的一些應用性文書也交代了藥師印、咒一類的密法及曼荼羅之尊像排列法，不過，都不如張詩說得簡約而相對完整。而張氏之前俗家所撰藥師信仰之作，與相關密法無關，如南朝陳武帝的《藥師齋懺文》②，依然只强調晉宋本《藥師經》續命幡燈法的禳災祈福之用。北周張元七日七夜燃七燈轉《藥師經》而使其祖父盲而復明之故事③中，轉讀僧也沒有用三密法，更遑論灌頂儀式了。

　　一般而言，密教壇場在儀式結束後都要被清理拆除，不復留下任何痕迹，所以，佛教考古發現的壇城實物屈指可數④。而張繼詩所說灌頂壇，從嘉定《剡錄》卷八到萬曆《紹興府志》卷二十一都有記載，按後者的說法，寺中舊有灌頂壇等勝迹，大概是元至元（1335—1340）中廢，因此，唐時所立的灌頂壇至元末都似有所保留，這也算是密教史上的一段奇迹吧。

　　最後，由本詩解讀引申出一個小話題，即在佛教諸派中密教最重神秘儀式，那麼，對反映其形態的詩歌如何才能更好地作出有效闡釋呢？孫紹振先生曾主張：“文學文本是由表層的意象、中層的意蘊和深層的規範形式構成的立體結構”，文學文本的解讀任務，只有“借助多層次的具體分析”，才可能“達到最大限度的有效性”⑤，其所論雖重點針對世俗題材，但它對宗教題材之文學作品的解讀也有啓迪之用，即在扣住宗教儀式特點的前提下，我們可從教派史、教派文學史及佛教社會史的視角切入文學文本，進而揭示出作者所寄寓的特殊的宗教情感。易言之，從文學文本的表層結構入手而揭櫫其深層宗教意蘊，既是研讀宗教文學作品的難點和重點，也是最有效的途徑之一吧。

---

　　① 　相關介紹，可參拙撰《敦煌密教文獻論稿》第五章《藥師信仰》（北京：人民文學出版社，2003 年，第 182～233 頁）、黨燕妮《中古時期敦煌地區的藥師佛信仰》（《南京曉莊學院學報》2013 年第 6 期，第 84～94 頁）等。

　　② 　釋道宣《廣弘明集》卷二八，《大正藏》第 52 册，第 334 頁中～下。

　　③ 　釋道世《法苑珠林》卷六二，《大正藏》第 53 册，第 761 頁中。又，張元之事，《周書》卷四七本傳亦載，它宣揚了釋家之孝。

　　④ 　參張寶璽《安西發現密教壇場遺址》，《敦煌研究》2005 年第 5 期，第 7～9 頁。

　　⑤ 　參孫紹振《文論危機與文學文本的有效解讀》，《中國社會科學》2012 年第 5 期，第 168～184 頁。

Interpretation of Zhang Ji's *Poem about Abhisheca Altar of Fatai Temple in Shan County*

Li Xiaorong

Abstract：Written by Zhang Ji who was one of the secular poets in the Tang Dynasty，*The Poem about Abhisheca Altar of Fatai Temple in Shan County*，was the first abhisheca song that completely conveyed Triniguhyani in the Esoteric Buddhism literature. By analyzing "Abhisheca Altar" in the title，and poetic imageries of Light（dipa），Streamer（patākā），altar（mandala）and fingerprint（mudrā），this article affirms that this poem was describing a religious landscape about the Pharmacist Buddha（Bhaisajyaguru）.

Keywords：*Poem about Abhisheca Altar of Fatai Temple in Shan County*；Pharmacist mandala；Esoteric interpretation

作者簡介：李小榮，男，福建師範大學文學院教授。

不一樣的孟姜女故事

——《銷釋孟姜忠烈貞節賢良寶卷》解讀

尚麗新

提　要：孟姜女故事的研究一直是文學界、民俗學界的熱點問題。明代的《銷釋孟姜忠烈貞節賢良寶卷》是"孟姜女寶卷"中最爲特殊、最爲重要的一種，它是一部具有濃厚的故事色彩的北方教派寶卷。它改編了民間極爲流行的孟姜女故事，在全忠全孝的表象之下宣傳了黃天教的教理、教義和修行方法，并隨着民間教派的傳教活動在北方寶卷系統內發生了深刻的影響。它對研究寶卷系統的孟姜女故事和明代孟姜女故事的流傳極有價值。

關鍵詞：寶卷　孟姜女　民間教派　《銷釋孟姜忠烈貞節賢良寶卷》　南戲

1924 年 11 月 23 日，顧頡剛先生在《歌謠周刊》上發表了《孟姜女故事的轉變》一文，由此開闢了孟姜女故事研究的新紀元。學者們在廣泛發掘歷史文獻（史志、詩文、碑刻等）、戲曲（古代和近現代各地方戲曲）、説唱唱本（寶卷、彈詞、鼓詞、小曲等）、通俗小説和民歌等資料的基礎上，構建了孟姜女故事發展跨越 2500 年的"歷史的系統"和遍及山東、陝西等 15 個省區的"地域的系統"。顧頡剛等人的"孟姜女故事研究"至今仍爲中國民間文學和民俗文化學研究的一個典範。此後，作爲中國古代四大民間傳説之一，孟姜女故事的研究一直是文學界、民俗學界的熱點問題，吸引着中外大批優秀學者，也誕生了一批不俗的研究成果。

"孟姜女寶卷"是孟姜女故事的重要組成部分。它種類繁多、形式多樣、流傳時間久、流布地域廣，影響深遠，是寶卷研究中不可多得的典型個案。而且，寶卷信仰、教化、娛樂合一的特殊性質決定了它絕不僅僅是一種"民間文學"，它能更深更廣地反映民間社會和民間文化。因此，"孟姜女寶卷"研究必將使成熟的孟姜女故事研究更爲豐富而深刻。

《銷釋孟姜忠烈貞節賢良寶卷》（以下簡稱《銷釋》）① 是"孟姜女寶卷"中最爲特殊的一種。它是明末黃天教或弘陽教的教派寶卷，將孟姜女送寒衣、哭長城的故事賦予教派修行的意義，内容上最爲"特殊"。同時《銷釋》也是孟姜女故事寶卷中最爲重要的一部，它是北方諸本之源，後來的《長城寶卷》和河西的"孟姜女寶卷"均出於《銷釋》。

一、《銷釋》的故事情節和故事來源

《銷釋》并不是要講述一個暴政背景下的愛情故事，它致力講述的是一個修行故事。其故事情節爲：轉輪古佛下凡的秦始皇夢見衆人扯衣求救，陰陽官爲之解夢，認爲是民衆"祭賽鬼神，不信正法""天意不順，賊兵反亂""大地男女，無處超生"。爲求安寧，秦始皇決定召集天下民夫修萬里長城。華州華陰縣十六歲的秀才范喜郎盡忠盡孝，替父服役。母舅蒙恬感其忠孝，奏明始皇，始皇封范喜郎爲給事中，總管修長城。蒙恬心生妒忌，騙范喜郎回鄉探親，又以"背主還鄉"之罪捉拿范喜郎。弘州弘水縣許員外十五歲的女兒許孟姜，胎中吃素，自幼信佛。爲了孝養雙親，發願招婿。太白金星奉玉帝之旨撮合范孟二人的婚事。范喜郎在還鄉途中被太白金星的大風刮到孟姜女家的雙林樹上，二人結爲夫妻。街坊傳聞孟姜招了逃夫，二人成親時范喜郎被抓。范喜郎要求孟姜爲他送寒衣。范喜郎押解途中在鐵橋關遇到算卦先生嚴子平，嚴子平算他有去無還，范喜郎寫下血書托人捎給孟姜。范喜郎被打入九宫而亡，十王因他"閃君王抛父母撇妻子"將其收在枉死城中，只等將來孟姜送寒衣來，方可解救。孟姜收到范郎血書，決定去送寒衣。孟姜女爲范郎織了四件寒衣，同時也爲秦始皇織了一件赭黄袍。父母、街坊苦勸孟姜不要去，孟姜不聽，由田四郎陪同去送寒衣。一路經過青龍關、白虎關、潼關、黄草關、涼山廟、九江口。潼關守吏要求獻寶，孟姜女拿出赭黄龍袍，得以過關。過黄草關時被關入南牢，太白金星將二人救出。孟姜女夜宿涼山廟時，范喜郎托夢給她，説明被害真相，并囑托孟姜爲他洗冤後可同登極樂。到了長江邊的九江口，田四郎還鄉報信，無生老母駕法船將孟姜女送到長城六羅山。到了六羅山，見到蒙恬，孟姜女假意答應給蒙恬做小，讓蒙恬將黄袍獻給秦始皇。蒙恬不知孟姜女已將黄袍換作黑袍，進袍而獲罪。秦始皇召見孟姜女，被其忠孝感動，要封她爲昭陽統領後宫。孟姜假意應允。孟姜在長城上大哭，虚空諸神，齊來助力，推倒長城。孟姜滴血認骨。秦始皇領四十萬人馬爲范喜郎送葬。孟姜抱夫主骨襯跳入東海。孟姜、范郎東海團圓，龍王聖母等人與他二人做了圓滿大會。他二人本是寒暑菩薩下界，玉皇招二人升天，掌定寒暑。上方又送下石馬、趕山鞭與始皇，始皇趕七十二座寶山入東

---

① 《銷釋孟姜忠烈貞節賢良寶卷》，明刻清遞修本。本文所用均爲此種版本，下不出注。

洋大海，與孟姜、喜郎一起升天，同赴蟠桃會。

顯然，《銷釋》的孟姜女故事是民間宗教家根據民間流傳的孟姜女故事改編的。明正德年間，羅夢鴻《五部六册》之《正信除疑無修證自在寶卷·化賢人勸衆生品第六》中無極祖托化的第一位賢人就是孟姜女："無極祖來托化孟姜女，哭長城十萬里勸化衆生。"① 可見早在明初，孟姜女故事已受到民間宗教家的高度重視。後來孟姜女故事被改編爲《銷釋孟姜忠烈貞節賢良寶卷》就不足爲怪了。不過，《銷釋》的故事來源是相當複雜的。它的遠源是宋元南戲中的孟戲，近源是河北一帶的孟姜女故事。

《銷釋》與宋元南戲以及宋元南戲系統的地方戲在情節安排、人物設置、特殊細節上高度相似，有一定的淵源關係。《風月錦囊》所收《孟姜女寒衣記》應承宋元舊本而來②，《銷釋》與之基本情節相似，且同樣對帝王朝廷多加美化③。此外，《銷釋》與作爲宋元南戲遺存的孟姜女地方戲有着直接或間接的承繼關係。徐宏圖《南戲遺存考論》一書共列出六種孟姜女地方戲：浙江永康的醒感戲、浙江紹興的調腔、福建泉州的梨園戲、福建莆田仙游的莆仙戲、安徽貴池儺戲、江西廣昌孟戲④。其中廣昌孟戲中特有的田四郎也出現在《銷釋》之中。貴池儺戲和《銷釋》都有孟姜女泗州堂發願的情節，且都有六羅山這一地名。《銷釋》中有范喜郎被抓後在鐵橋關算卦的情節，貴池儺戲中有"鐵橋搜檢"的關目，廣昌曾家孟戲中説田四郎本是天上的守爐童子，因打破香爐被貶去西川路口鐵板橋；鐵橋關、鐵橋、鐵板橋不會是簡單的巧合。除了上述所列幾例，還有諸多相似之處，此不贅述。總之，可以肯定《銷釋》與南戲系統的孟姜女故事的關係極爲密切。

《銷釋》是明末黃天教或弘陽教的教派寶卷，黃天教或弘陽教的活動中心在北直隷（今天的華北地區）。《銷釋》應與華北地區的孟姜女故事有一定的關係。在顧頡剛先生關於直隷孟姜女故事研究的基礎上⑤，車錫倫先生推測《銷釋》產生在静海（今屬天津市）地區，且與静海流傳的小卷《孟姜卷》非常相似。具體推論概述如下：河北是孟姜女故事的重要流傳地，唐代已有杞良爲燕人的傳説，唐以後又出現了孟姜女傳説的遺迹，《銷釋》稱孟姜女是弘州弘水縣（今河北衡水）人，似表明《銷釋》可能產生于河北⑥。再者，《銷釋》與顧頡剛先生親見的衡水東北静海

---

① 王見川、林萬傳《明清民間宗教經卷文獻》第 1 册，臺北：新文豐出版公司，1999 年，第 706 頁。

② 孫崇濤、黃仕忠《〈風月錦囊〉箋校》，北京：中華書局，2000 年，第 634 頁。

③ 《〈風月錦囊〉箋校》第 633~647 頁。

④ 徐宏圖《南戲遺存考論》，北京：光明日報出版社，2009 年，第 91~106 頁。

⑤ 顧頡剛《孟姜女故事研究》，載《孟姜女故事研究集》第 1 册，上海：上海古籍出版社，1984 年，第 30 頁。

⑥ 車錫倫《中國寶卷研究》，桂林：廣西師範大學出版社，2009 年，第 584 頁。

流傳的小卷《孟姜卷》在故事上有聯繫①，特別是作爲故事特徵的“織赭黃袍”。如果顧頡剛關於静海織工發達的推測成立，則《銷釋》很可能就産生在静海地區。

總之，《銷釋》的來源十分複雜，很難推測它是據某一種孟姜女故事改編的，還是參考多種孟姜女故事綜合改編的。《銷釋》是一部北方的教派寶卷，而其間却多有南方孟姜女故事的因素，尤其是與南戲系統的孟姜女故事的關係極爲密切。明代的孟姜女故事遠比我們今天從史料中鈎稽出來的複雜得多。南北方的孟姜女故事，或者説不同地域的孟姜女故事之間的傳播影響狀況也比我們想象的要複雜。

二、《銷釋》的主題、性質

從《銷釋》的内容來看，它要講述的是一個全忠全孝的故事。孟姜女、范喜郎、秦始皇、蒙恬這四個主要人物最能表現忠孝這一主題。先來分析這四個人物中最爲獨特的蒙恬。

蒙恬出現在孟姜女故事中由來已久。雖然蒙恬進入孟姜女故事的具體時間不詳，但據南宋周煇《北轅録》的記載，在金代已經出現了范郎、孟姜、蒙恬同處一廟的情況②。明代曲選《風月錦囊》所收《孟姜女寒衣記》中有蒙恬，作爲宋元南戲遺存的江西廣昌孟戲、安徽貴池儺戲、福建梨園戲、福建莆仙戲中都有蒙恬，可見在宋元南戲中蒙恬這一角色就存在了。在不同的作品中，蒙恬的形象是不一樣的，大多作反面形象，也有作正面形象，也有亦正亦反者。《銷釋》中設置蒙恬這一角色是對宋元南戲的沿襲。不過，《銷釋》把蒙恬設計成一個十足的惡人。蒙恬是范喜郎的母舅，起初將范喜郎引薦給秦始皇，但當秦始皇封范喜郎爲給事中，令其代替蒙恬監管修造長城時，蒙恬心生嫉妒，設計騙范喜郎回鄉探親，同時又以“背主還鄉”之罪名奏報始皇，直接造成了范喜郎的悲劇結局。蒙恬又是個好色之徒，他見到孟姜後又要孟姜做小。他的嫉妒殺死了范郎，又貪戀孟姜的美色，中了孟姜的換袍之計，顯得十分愚蠢。設計這樣一個蒙恬，是爲映襯秦始皇的英明和范、孟（尤其是孟）的全忠全孝。

《銷釋》之中，秦始皇是個明君，他被范郎的忠孝打動，封他爲給事中；當蒙恬上奏説范郎私自逃跑時，秦始皇也未輕信，只是下令將范郎帶回問明後再説。范郎之死與秦始皇是没有一絲干係的。而秦始皇欲納孟姜不是出於好色，而是因爲孟

---

① “小卷説許孟姜七歲即念佛行善，十五歲，由父母命嫁范杞郎。剛三日，范郎被點赴役。他不耐苦，逃歸，給官兵追回，在長城堤打殺，築在城内。他托夢給她，她就織了一領赭黃袍，又織寒衣（卷中描寫織的花紋極詳）。織就後親自送去，把黃袍獻與始皇。始皇要娶她，她請在葬夫後。她到長城堤下痛哭，土地與城隍把城牆推倒了。她滴血認骨，要求始皇用黃金棺殯殮，一下子撩了羅裙跳入水中。始皇敬重她，造了一座姜女廟。”（《孟姜女故事研究》第43頁。）

② 周煇《北轅録》，載陶宗儀編《説郛》卷五十四，北京：中國書店，1986年，第8册，第12頁。

姜的賢德："好個女釵裙，上下何理，大小安心，又不殺害，又不貪嗔，古今少有，這等孝賢人。"這樣一個轉輪古佛轉世的"有道君王"自然有資格與范孟二人同升天宮、共赴蟠桃盛會了。美化秦始皇的孟姜女故事都產生在明代，這是因爲明代政府的高壓政策。明成祖在永樂九年（1411）頒布《永樂禁令》：

> 今後人民倡優裝扮雜劇，除依律神仙道扮，義夫節婦，孝子順孫，勸人爲善，及歡樂太平者不禁外，但有褻瀆帝王聖賢之詞曲、駕頭、雜劇，非律所該載者，敢有收藏傳誦、印賣，一時拿送法司究治。奉旨："但這等詞曲，出榜後，限他五日，都要乾淨將赴官燒毀了，敢有收藏的，全家殺了。"①

不過，《銷釋》對秦始皇的美化與其他明代孟姜女故事還是稍有不同的。如果說在明代的其他孟姜女故事中對秦始皇的美化是迫於"永樂禁令"等官方高壓政策，那麼《銷釋》則是以一種積極的態度主動去美化秦始皇的。

范、孟二人是忠孝的化身。范郎以替父當夫、盡忠報孝出場，忠孝是他的最高的價值追求，但因聽信蒙恬之言，成了"閃君王，拋父母，撇妻子"的不忠不孝之人，"打爲頭替親爺盡忠報孝，把君王丟閃下說你無情。第二件信別人回家見母，半路裏不見母兩處無功。第三件與孟姜招爲夫主，你把他年紀小閃在途中。你著他送寒衣投奔那個，閃別人無歸落你也無功"。這樣一來范郎死於非命是必然的懲罰，只能等待全忠全孝的孟姜的救贖。孟姜生來具有善根："胎中吃素，心慈好善，看經念佛。"她拒絕媒人上門提親，希望孝敬父母而決定招女婿。孟姜在忠孝上的見識也遠遠高過范郎，當她決定爲范郎送寒衣時，先爲秦始皇織黃袍，希望"君王見了黃袍，說我二人全忠全孝，留名在世"。孟姜的忠還體現在"恕"上，她不僅請求不要株連蒙恬家人，甚至寬恕了蒙恬。孟姜是當得上"忠烈貞節賢良"之名的，所以《銷釋》總結道："正是王有道，也是姜女有孝心，感動君王慈悲主，一人修下衆人功。"

在《銷釋》裏，到處都是對以皇權爲核心、以忠孝爲標準的正統社會秩序、正統價值觀念、倫理道德的極力維護。但這只是最表層的東西，并不是《銷釋》的真義所在。孟姜招夫是爲了孝養雙親，但要去尋找生死未卜的丈夫就意味着拋下雙親，即使是夫權大於父權，這多多少少也是"不孝"的行爲。面對父母的極力阻攔，孟姜拋出這樣的理由："十個女，當不得，一個兒郎。""你今就死，我也難替，大限來臨，不管老少。子母恩情，重於泰山，也要離別。"前一條可以說是搬出正統的封建倫理，以夫綱凌駕於父綱之上；後一條則最爲屬害，不講倫理，也不講道理，而是直接用死亡來威脅，不異於當頭棒喝。"你今就死，我也難替"，話說得極

---

① 顧起元《客座贅語》卷十一"國初榜文"條，譚棣華、陳稼禾點校，北京：中華書局，1987年，第347～348頁。

其無情，但并不是孟姜的真意所在。孟姜去送寒衣，是要去救丈夫，是一種修行，是通過這種修行來超越生死。孟姜只有通過送寒衣的一系列考驗才能修行圓滿，不僅救贖夫主，且能超度范喜郎乃至秦始皇"證無生""上天宮""同開九葉蓮"，同赴蟠桃會。那麽，客觀上是將修行置於"忠孝"之上的。這才是隱藏在"忠孝"背後的真實意圖。這個精心構思的故事顯然不是一個荒誕的故事。《銷釋》是借"忠烈貞節賢良"的外衣來傳教，實際上它已經偏離了正統的價值觀念和倫理道德。"尋著我未生前娘的本面，送在我東洋海得見龍王。進龍宮編了號墜上天榜，自然的天書詔享賽十方，到那裏得證果還源本位，赴王母蟠桃會才是一場。"民間教派把一個虛構的天堂視爲終極歸宿。爲了這個虛構的天堂，既可以全忠全孝，也可以不忠不孝，這正是民間教派的兩面性所在。《銷釋》用忠孝來掩飾那個虛構的天堂，典型地體現了尚未"越軌"走向反政府的明代教派寶卷的特性。《銷釋》在改編孟姜女故事上用心極深，下了極大的力氣，這與後世教派寶卷改編民間故事有明顯的區別。

《銷釋》也將黃天教的修行方法融入其中。在修行方法上黃天教采用的是道教內丹派的修煉方法。各種內丹術語使整部寶卷充滿了神秘氣氛。孟姜女尋夫一路經過青龍關、白虎關、龍虎山方寸寺、潼關、汴國河南黃草關、涼山廟、蘆花寨萬里長江、九江口、齊州丹陽縣九河。這些中只有一個潼關是真實地名。汴國河南黃草關、涼山廟、蘆花寨萬里長江、九江口、齊州丹陽縣九河，這些都是虛實合成的地名，"汴國河南""齊州丹陽縣"這類不倫不類的地名在歷史記載上是找不到的。"黃草關""涼山廟""蘆花寨""九江口"這類地名又太泛。中國叫涼山的地方多的是，只要是一座清涼之山就有可能被叫成涼山；同樣，只要是多條河流交匯的地方就有可能叫九江口，不一定就真是江西的九江。青龍關、白虎關顯然是從古代神秘文化六神中的青龍、白虎衍化出來的，不是實際的地名。龍虎山方寸寺是道教內丹術語，龍虎指性命元神，方寸指心。因爲孟姜尋夫的過程實際上是修行的過程，這些地名根本就不需要落實，它們是修行的暗喻。例如孟姜走到九江邊，遇到化身老公公的無生老母指點她過江去長城一段：

> 老公公叫賢人聽言端的，九江口從頭數説在心中。九江口有八水串通一處，有五湖通四海上下周行。有三百大孤河上接下稍，有六十小黃河節節雙行。有二百四十座龍宮海藏，有一百二十間水閣涼亭。有一座七寶池三明四暗，有一座八功殿體透玲瓏。當陽處有一座古刹寺院，那寺裏有古佛無字真經。寺中間有一座玲瓏寶塔，塔周圍有四至八面威風。往東至甲乙壬干河一道，往北至壬癸廟苦水龍宮。往西至費安府金城一座，往南至新火縣對塔當中。塔前邊十字街鼓樓一座，塔後邊渠江殿鐘鼓齊鳴。殿前首峨嵋山雙林寺院，寺下邊重樓殿華蓋山中。從重樓往上去長城大路，重樓下華蓋寺那是中

城。到齊州丹陽縣九河下稍，過胎州蘆花寨就是黃庭。那裏有火焰山華藏寺院，呂公橋甲兒嶺也到長城。起旱脚走連城二十四座，你可打玉枕關徑到孤峰。

很明顯，這段話是以道教內丹修煉爲主幹，又融合了中國古代的神秘文化和佛教文化，由此我們可以看出三教合一的民間神秘文化是怎樣合成的。

總之，從性質上説，《銷釋》是一部正宗的教派寶卷，它改編了民間極爲流行的孟姜女故事，在全忠全孝的表象之下將黃天教的教理、教義和修行方法巧妙地掩藏其中。

三、《銷釋》的流傳和影響

北方的"孟姜女寶卷"幾乎都是源出於《銷釋》，這足以證明寶卷的流傳與民間宗教的傳播有着至爲密切的關係。大約康熙、乾隆年間流行於河北、山東的《長城寶卷》，直到今天仍在山西永濟流傳的《孟姜女寶卷》，甘肅河西地區流行的《繡龍袍寶卷》和《孟姜女哭長城寶卷》都是據《銷釋》改編的。

雖然這幾種寶卷都有一定的變化，諸如地名的變化、人名的變化、情節的變化、形式的變化①，但它們都保留了《銷釋》的主幹情節和重要內容，判斷其源出《銷釋》是毫無疑問的。《銷釋》能在北方大範圍傳播，應該是得益於民間教派的傳教活動。《長城寶卷》和河西的"孟姜女寶卷"都流露出民間教派影響的痕迹。《長城寶卷》：

> 開卷"詩云"："《長城寶卷》奧無窮，奉勸大衆苦用功。爲人修的長城好，無有死來光有生。"説明改編者仍然暗示這部寶卷包含了宗教修功的奧義。卷末 [耍孩兒] 曲："勸善人，聽我明，聽著我，説長城，這部寶卷無有影。本是佛法傳大道，編成熱鬧敬明公，一編編了一年整。衆明公要問此卷，這部寶卷出在北宮。""北宮"是民間教團組織。卷中仍保留了九江口無生老母廟，無生老母接待孟姜女、田四郎，送孟姜女躲過"賊船"等情節。孟姜女過潼關，又遇到了一位"先天老母"。以上説明這部寶卷是有民間教團背景的宣卷人改編的。②

河西"孟姜女寶卷"中最早的《繡龍袍寶卷》的開卷偈云："始皇坐定人王主，無極點化打長城。佛祖感應孟姜女，哭倒長城十萬里。却説這兩句題詞出於羅祖的真

---

① 《長城寶卷》的形式最爲特殊，通篇説唱道情 [耍孩兒]。山西永濟、甘肅河西的幾種孟姜女寶卷的形式用的是民間寶卷的形式。

② 《中國寶卷研究》第585~586頁。

言經中。"① "無極" "羅祖" 都明確表明《繡龍袍寶卷》與民間教派有着極爲密切的關係。這也就不難理解爲什麼北方寶卷系統的孟姜女故事未被當地的孟姜女故事同化掉。《繡龍袍寶卷》的整理者在 "校記" 中說："《繡龍袍寶卷》在酒泉農村廣爲流傳，但我們搜集到的只此一本，酒泉上壩鄉農民田光有收藏。在酒泉流傳的故事傳說、小曲民歌中，‘孟姜女哭長城’種類較多，内容大同小異。唯此卷在故事情節、人物形象等方面都與其他傳說故事大不一樣，具有獨特之處。"② 正是民間教派的特有的傳播渠道使得北方的 "孟姜女寶卷" 打上獨特的烙印。

但是這些源出《銷釋》的北方 "孟姜女寶卷" 與《銷釋》有着本質的不同。《銷釋》是教派寶卷，而源出《銷釋》的這幾種北方 "孟姜女寶卷" 都是民間寶卷。在這幾種寶卷中，《銷釋》的宗教性質最多只留下一個淺淺的影子，孟姜女故事又還原了它的民間性：秦始皇又成了遭受報應、不得好死的暴君，孟姜女送衣尋夫不是爲了修行，而是出於一片赤誠。故事的風格也變得活潑起來了，不再是《銷釋》的神秘和莊重。如《長城寶卷》中孟姜女泗州堂燒香還願一段關於泗州堂的描寫很有趣："就在本莊村東邊，好大一片破寺院"，"進了山門往裏看，哼哈二將都栽倒，四大天王像不全，走過正殿合陪殿，轉過了玲瓏寶塔，泗州堂就在眼前"③。無生老母給孟姜女和田四郎做飯吃，吃的是米飯和鹹菜。這是極有民間氣息的。在河西的 "孟姜女寶卷" 中，因爲没有泗州大聖信仰，泗州堂就變成了家堂神廟。《銷釋》中的范郎被風刮到雙林樹上，到了河西寶卷裏雙林樹變成了雙杈樹。在《繡龍袍寶卷》中有一段寫老和尚因害了相思而 [哭五更]："一更裏來冷清清，和尚得了個相思病，眼珠子想得跌出來，鼻疙瘩想得歪過來。我的佛爺，鼻疙瘩想得歪過來！"④ 這也是極有民間情趣的文字，亦可見這幾種北方民間的 "孟姜女寶卷" 的功能由《銷釋》的信仰轉向了娛樂。

那麼，爲什麼源出《銷釋》的北方 "孟姜女寶卷" 會重歸民間性，《銷釋》的宗教性質是如何被淡化乃至消亡了的呢？清政府對教派的打壓應該是最主要的原因。當一個教派走向衰亡，信徒減少時，普通民眾是不會勞心費神地索解那些精緻而神秘的教義的。《銷釋》要想繼續存在，只能回歸民間。從教派人士將民間的孟姜女故事改編成《銷釋》到《銷釋》再重歸民間，這一循環往復的過程體現了孟姜女故事雖千變萬化却永不消亡的頑强的生命力和永恒的魅力。

在探討《銷釋》的影響時，我們專注它對北方寶卷中孟姜女故事的影響。我們還發現《銷釋》與北方寶卷系統之外的孟姜女故事没有深刻的聯繫，二者之間没有

① 酒泉市文化館編印《酒泉寶卷》中編，酒泉：酒泉市文化館，2001 年，第 173 頁。
② 《酒泉寶卷》中編，第 194 頁。
③ 路工《孟姜女萬里尋夫集》，上海：古典文學出版社，1957 年，第 251 頁。
④ 《酒泉寶卷》中編，第 188 頁。

相互的影響。而且，南北"孟姜女寶卷"之間也沒有相互影響。雖然南戲及南戲遺存是《銷釋》的重要來源，但《銷釋》對南方的"孟姜女寶卷"沒有任何影響。離開了民間教派傳教的强大力量，《銷釋》的影響也就僅能局限於北方民間寶卷之中。

《銷釋》是北方"孟姜女寶卷"中最爲重要的一部，不管是從寶卷研究的角度來看，還是從孟姜女故事研究的角度來看，《銷釋》都扮演着非常重要的角色。從寶卷研究來説，它是教派寶卷改編民間傳説的典範之作，展現了改編民間故事的那類教派寶卷取之民間、還之民間的變遷過程；同時它也是我們研究教派寶卷傳播、影響的典型個案。對孟姜女故事的研究來説，它的存在也意義非凡。在對它的來源的考證過程中我們已經發現明代的孟姜女故事遠比我們今天從史料中鈎稽出來的複雜得多，南北方的孟姜女故事，或者説不同地域的孟姜女故事之間的傳播影響狀況也比我們想象的要複雜。總之，《銷釋》之中尚有諸多未解之謎，學界對《銷釋》的研究仍有很大的開掘的餘地。

Another Version of Mengjiangnü Story
—Interpretation of *Expounding the Valiant and Virtuous Mengjiang*

Shang Lixin

Abstract：The research of Mengjiangnü story is always a hot issue in literature and folklore academia. *Expounding the Valiant and Virtuous Mengjiang* written in Ming Dynasty is one of the most special and important versions because it，as *Baojuan* of northern folk sects，is of obvious characteristics of story. By rewriting the popular folk story of Mengjiangnü，which superficially preaches total loyalty and filial piety，it disseminated the religious dogmata，doctrine and practice method of Huangtian Sect. Meanwhile，it influenced deeply on the *Baojuan* system in the north as the folk sects' propaganda. In all，*Expounding the Valiant and Virtuous Mengjiang* is extremely valuable for researching the Mengjiangnü story and its circulation.

Keywords：Baojuan；Mengjiangnü；the folk sects；*Expounding the Valiant and Virtuous Mengjiang*；southern opera

作者簡介：尚麗新，女，山西大學國學研究院副教授。

明清公案小説判詞與明清實際訴訟判詞的差異①

高　璐

提　要：中國古代的公案小説在明清兩代進入其發展的繁榮期，這一時期的公案小説的發展與前代相比達到了新的高峰。就表現方式而言，明清公案小説中的判詞是以擬判的形式、文學性的實質，幫助作者實現了其公案小説作品的最終完成。就思想内容而言，兩種判詞各自所代表的價值觀不同，使得它們都對當時的實際律條有所偏移，且偏移程度并不相同。

關鍵詞：判詞　明清　公案小説　偏移

關於判詞與公案小説的關係、判詞在公案小説中的作用等問題，先已有苗懷明在其《論中國古代公案小説與古代判詞的文體融合及其美學品格》等文章中做出了論述，但并未進一步將公案小説判詞與實際訴訟判詞進行比較，從而對二者的性質、作用以及它們對明清的實際訴訟情況的反映加以細緻的分析。作爲中國古代判詞高度成熟時期所孕育出的產物之一，明清公案小説中的判詞典型地表現出了與小説融合的文學性特徵，并由此與同時期的實際訴訟判詞在性質、作用乃至對明清實際訴訟情況的反映等方面有着本質的區別。

中國古代的判詞在前人的研究中大體被分爲實判與擬判兩種。實判是實際訴訟中所產生的判詞，是司法官員對案件審理後所作出的裁判，屬於法律公文并具有法律效力。而擬判則是文人仿照實際訴訟判詞所擬作的判詞，它主要包括文士或爲消遣娱樂或爲應舉制辭的類比之作以及文學作品（例如公案小説）中根據故事情節需要而撰寫的判詞這兩大部分②。按以上方法劃分，明清公案小説判詞屬於擬判範疇，而明清實際訴訟判詞則屬於實判範疇。

---

① 基金項目：本文係蘭州大學中央高校基本科研業務費自由探索項目（15LZUJBWZY002）成果。

② 苗懷明《中國古代判詞的發展軌迹及其文化蘊涵》，《廣州大學學報（社會科學版）》2002年第2期，第6頁。

　　明代中後期是公案小説發展的黄金時代，這一時期公案小説的發展達到了新的高峰，公案小説中的判詞也隨後逐漸發展成爲整部小説作品中不可或缺的一個組成部分。此時乃至之後的大部分出色的公案小説中的判詞，尤其是話本體小説中的判詞，往往對小説中各個人物形象的定型與故事情節結局的最終完成等各方面都起到了極爲重要的推動作用，幫助作者實現了其公案小説作品整體的完成。因此可以説，此類小説判詞大都徒具判詞之形而大行其文學性之實，文學性逐漸成爲明清公案小説判詞的本質屬性。而明清公案小説判詞亦以其文學性，與明清實際訴訟判詞的法律公文性形成了本質的分野。當然，需要説明的是，明代中晚期出現了一類書判體公案小説集，其中的判詞往往占據着小説篇幅的較大比例，甚至有直録當時的實際訴訟判詞而無情節敷衍的情況。如在余象斗所編纂的《廉明公案》一書中，有64篇全部直接抄録《蕭曹遺筆》中的判詞，而没有故事情節的編寫。筆者認爲，其直接原因是當時的書判體公案小説集的作者或編者在一定程度上還未能自覺地對實際訴訟判詞進行加工、整理、潤色并使其文學化，從而使得書判體小説中的判詞表現出了逐漸從法律公文性的實際訴訟判詞向文學性的小説判詞過渡的特點。而其根本原因在於，公案小説雖然在宋元時期成熟并正式與判詞結合①，但是它與判詞融爲一個和諧的整體却仍有一段摸索的長路要走。也就是説，二者的正式結合與完全融爲一體并不同步。明代書判體公案小説中的判詞正是處於判詞與公案小説完全融爲一體之前的一個過渡階段，因此典型地表現出了逐漸從法律公文性的實際訴訟判詞向文學性的小説判詞過渡的特點。在此期間，公案小説判詞以書判體公案小説判詞爲代表，同時具有法律公文性與文學性的兩栖特徵。因此，也不能够否認其爲小説服務的一面②。之後以話本體小説"三言""二拍"爲代表，公案小説與判詞正式走上了融爲一體的新道路③。明代晚期由馮夢龍編纂的著名小説集"三言"之一《醒世恒言》中《錢秀才錯占鳳凰儔》《喬太守亂點鴛鴦譜》等篇的判詞即爲力證。延及清代，主要以話本體與文言筆記體這兩種小説形式爲代表，公案小説判詞進一步發展，均在不同程度上幫助作者實現了其小説作品的最終完成，充分體現出了公案小説判詞的文學性實質。可見，公案小説判詞的文學性是隨着公案小説一步

---

　　① 苗懷明《論中國古代公案小説與古代判詞的文體融合及其美學品格》，《齊魯學刊》2001年第1期，第111頁；苗懷明《尋夢逐歡市井間——公案小説在宋元時期的成熟及其文學特質》，《海南大學學報（人文社會科學版）》2001年第3期，第61頁。

　　② 苗懷明在《明代短篇公案小説集的商業特性與文學品格》一文中對明代書判體公案小説的判詞做出如下評價："不可否認，有不少篇目狀詞、訴詞、判詞占了很大的篇幅，有些喧賓奪主。但它們仍是小説的一個組成部分，所起作用再大，還是爲整篇小説服務的，并不就是小説本身。"（《社會科學》2001年第3期，第74頁。）

　　③ 苗懷明《論中國古代公案小説與古代判詞的文體融合及其美學品格》："……這些判詞（指明代擬話本公案小説中的判詞）屬根據故事情節發展需要而專擬的判詞，與作品内容協調，風格一致，成爲一個和諧的整體。"（《齊魯學刊》2001年第1期，第114頁。）

步發展而獲得的。

一、明清公案小説判詞與明清實際訴訟判詞在表現方式上的差異

（一）行文——駢四儷六與淺顯暢達

苗懷明曾對"三言"、"二拍"、《型世言》中的 20 篇有判詞的公案小説作出過大致統計分析："這二十篇判詞以駢體爲主，有十四篇采用駢體，一篇采用詩歌體，五篇采用散體，與書判體公案短篇集有較大的不同。"① 由此，明清小説判詞的駢儷化程度較高的情況可見一斑。事實上，明清公案小説判詞作爲出自文人之手或經由其手改編潤色而成的擬判，經常是四六成文，駢儷化程度較高；注重音節韻律，使得判詞節奏鏗鏘、朗朗上口；文辭多使事用典，使得判詞文采斐然。例如凌濛初《拍案驚奇》中，《韓秀才乘亂聘嬌妻　吳太守憐才主姻簿》中的判詞駢儷化程度就非常高：

> 韓子貧惟四壁，求淑女而未能；金聲富累千箱，得才郎而自棄。只緣擇婿者原乏知人之鑒，遂使圖婚者爰生訴訟之奸。程門之約，兩兩無憑；韓氏新姻，彰彰可據。百金即爲婚據，幼女准屬韓生。金聲、程元、趙孝搆釁無端，各行杖警。②

再如馮夢龍《醒世恒言·錢秀才錯占鳳凰儔》中的判詞，圍繞小説中錢青代顏俊到高家相親而得良緣的故事情節而作，也以駢體行文爲主，文采斐然：

> 高贊相女配夫，乃其常理；顏俊借人飾己，實出奇聞。東床已招佳選，何知以羊易牛；西鄰縱有責言，終難指鹿爲馬。兩番渡湖，不讓傳書柳毅；三宵隔被，何慚秉燭雲長。風伯爲媒，天公作合。佳男配了佳婦，兩得其宜；求妻到底無妻，自作之孽。高氏斷歸錢青，不須另作花燭。顏俊既不合設騙局於前，又不合奮老拳於後。事已不諧，姑免罪責。所費聘儀，合助錢青，以贖一擊之罪。尤辰往來煽誘，實啓釁端，重懲示儆。③

這篇判詞對仗工整，較爲注重音節韻律的協調，語句平仄和諧，節奏鏗鏘，讀來朗朗上口，尤以"不讓傳書柳毅"與"何慚秉燭雲長"上下兩句音律、字句最爲工整妥帖。判詞中"東床已招佳選""以羊易牛""指鹿爲馬""不讓傳書柳毅""何慚秉燭雲長"均爲使事用典。以上引文典型地反映出了明清公案小説判詞在圍繞其小説

---

① 《論中國古代公案小説與古代判詞的文體融合及其美學品格》，《齊魯學刊》2001 年第 1 期，第 114 頁。

② 凌濛初《拍案驚奇》，北京：人民文學出版社，1991 年，第 173 頁。

③ 馮夢龍《醒世恒言》，北京：華夏出版社，2008 年，第 107 頁。

情節撰寫的同時，在行文格式上注重駢四儷六、音律和諧，在用典使事上注重與故事情節融化無痕，在遣詞造句上注重精雕細刻，突出地體現了明清公案小説判詞的文學特質。

入清以後，公案小説判詞的駢儷化程度更是有增無減，同時作者也更爲注意小説判詞中音節韻律的協調與使事用典的炫人眼目，并且還使用了借代、雙關、比喻等文人常用的其他修辭方式，由此進一步加强了公案小説判詞的文學特質。《聊齋志異》中《胭脂》《席方平》裏的判詞即是兩個典型例證。在駢儷化方面，兩篇判詞從頭至尾均爲四六駢文，音律節奏和諧，典故層出不窮，充滿了文學氣息。雙關者，如"争婦女之顔色，恐失'胭脂'；惹鷙鳥之紛飛，并托'秋隼'"[①]之句，以"胭脂"雙關卞胭脂之名和女子所擁有的美色，以"秋隼"雙關鄂生之名和宿介、毛大二人如鷙鳥之品行。借代者，如"蓮鉤摘去，難保一瓣之香；鐵限敲來，幾破連城之玉"[②]之句，以"蓮鉤"借代女子的繡鞋，以"鐵限"借代公堂上的刑具。比喻者，以"飛揚跋扈，狗臉生六月之霜；隳突叫號，虎威斷九衢之路"[③]明喻小説中陰司隸役的横行無忌，暗喻當時社會上鷹犬爪牙的胡作非爲。

與之相比，實際的訴訟判詞中這類"騷人炫文"的雅興減少了許多，而文辭暢達、淺顯易懂則成爲這一時期實際訴訟判詞的實際需求。儘管對自唐代以來的駢判格式有所繼承，但是隨着時間的推移與判詞本身體制的不斷發展，明清實際訴訟判詞愈到近代愈趨於質樸曉暢，散體行文成爲其主要形式，即使用典也較爲貼切自然。正如汪世榮所言："在明清判詞中，駢判逐漸被淘汰，散判占絶大多數。叙事清楚、説理分明、文理通順、語言平實是製判的基本要求。"[④]以袁枚的鄉民搶米案判詞爲例：

> 審得米商程楚材控鄉民搶劫米糧一案，經本縣一再查詢，均云爲遏糶而起，實緣年荒歲歉，情急出此，與尋常盗劫不同。因召集鄉民，好言撫慰，倉廩無恙，仍歸舊人，米粟難求，再尋新客。該商人既歸趙璧，應即出疆。衆鄉民從寬釋回，各安本業。此判。[⑤]

此案判詞以散體行文，明白如話，言辭極爲懇切。袁枚着重指出此案件的性質是"爲遏糶而起，實緣年荒歲歉，情急出此，與尋常盗劫不同"，迅速起到了安撫穩定民衆情緒的作用。在此判詞中，只在"該商人既歸趙璧，應即出疆"一句中運用了"完璧歸趙"的典故，既淺顯自然又貼近案情。

---

① 蒲松齡《聊齋志異》，北京：華夏出版社，2008年，第580頁。
② 《聊齋志異》第580頁。
③ 《聊齋志異》第568頁。
④ 汪世榮《中國古代判詞研究》，《法律科學》1995年第3期，第80頁。
⑤ 金人嘆、吴果遲《斷案精華》，福州：海峽文藝出版社，2003年，第176頁。

另有李鴻章對龐士恩抗糧一案的判詞，也顯示出了明清實際的訴訟判詞文辭淺近散行，用語平易曉暢的顯著特色：

> 龐士恩之始而抗糧也，是謂藐法，藐法者，罪不容寬；繼而盡完也，是謂畏法，畏法者，情屬可宥。王者立法，不過使民畏之而已，豈必置之死地而後快乎？所請寬宥，准開一面。此判。①

此判分別從正反兩個方面對龐士恩始而抗糧，繼而盡完的行爲事實進行了評判，以短短 68 字的篇幅囊括了案件的基本事實、正反兩方面的推理判斷、案件的法律定性、准予寬宥的判決結果以及得出此判決結果的依據。讀來一氣呵成，言簡意賅，全無贅詞冗句之弊，誠所謂"不能使增減一字"也。

由此可見，在行文方面，明清公案小説判詞的文學性更强，往往四六成文，注重音節韻律，多使事用典。在此方面，明清公案小説判詞與當時其他類型的文人擬判（例如爲應舉、消遣等目的而作的判詞）較爲相近。而明清實際的訴訟判詞往往文辭顯暢質樸，散體行文，偶爾用典也較爲貼切自然。

（二）體例——點石成金與遵章守度

明清公案小説中的判詞總是處於小説篇尾，在位置上就決定了它是一個推動小説情節與人物最終完成的關鍵力量。占據着篇尾這個讀者關注的重要位置，明清公案小説判詞的出現不僅對整部作品的結局作出了交代，更爲重要的是，它對小説中形形色色的人物作出了勾勒與定型。此外，明清公案小説判詞中往往暗含着作者主觀對各個小説人物的評價，并借清官之口宣揚，能够極强地影響甚至左右讀者判斷②。由此，明清公案小説中的判詞對小説中各個人物形象以及故事情節的最終完成也形成了一個最後的推動力量。

例如蒲松齡《聊齋志異·胭脂》篇中的判詞，一改以往小説判詞在前半部分對故事情節進行大體的概括、後半部分下達判決并點出故事結局的做法，主要以小説中出場的各個人物爲中心，逐一進行了概括總結。此判詞用駢文加以典故的形式，從外貌、動作、心理等各個方面勾勒了人物的形象，并簡要地叙述了圍繞人物所發生的故事情節，爲他們分別作出了"蓋棺定論"，從而使得小説中各人物形象更加生動鮮明。整篇判詞分爲三個部分，分別以涉案的宿介、毛大、胭脂爲中心進行叙

---

① 《斷案精華》第 111 頁。

② 苗懷明《論中國古代公案小説與古代判詞的文體融合及其美學品格》："判詞在叙事文學作品中可以起到這種效用，作者可以通過判詞，借審案官員之口向讀者表明他對作品中人物和事件的看法。判詞的寫作爲他在直接的表露之外，又提供了另一種傳達方式。結合公案小説的創作來講，審案官員等清官本來就是一類理想色彩較濃的形象，借其傳言，自然也爲作者所樂意采用。這樣，清官對案件的定性和處理，其實代表的就是作者個人的見解，因爲清官的所言所行都是由作者設計的，決定權在作者手裏。"（《齊魯學刊》2001年第 1 期，第 111 頁。）

述，不僅描寫了人物的外貌，如胭脂"月殿之仙人""霓裳之舊隊"般的姣好姿容；而且逼真地描繪出人物的動作，如宿介"將仲子而逾園墻，便如鳥墮"的翻墻動作；另外還細緻地刻畫出了人物的心理，如胭脂偶見鄂生時，懷有"感關雎而念好述，竟繞春婆之夢；怨摽梅而思起士，遂離倩女之魂"的暗慕之情，又如毛大在覬覦胭脂之色時，懷有"開户迎風，喜得履張生之迹；求漿值酒，妄思偷韓掾之香"的無賴心理：由此完成了對各個人物形象的細緻刻畫，生動而逼真地將各個人物的外貌、動作、心理一一展示於讀者面前，幫助作者完成了對小説中主要人物的定型。

此外又有蒲松齡《聊齋志異·席方平》中的判詞，也同樣采用了以小説人物爲主分別進行叙述與評判的形式，與上例的體例類似。其判詞自上至下圍繞小説中涉案的各個反面人物進行了逐一數説和細緻逼真的形象刻畫，分別勾勒了冥王、城隍、郡司、隸役、羊某等一個個人物形象，爲這一系列爲官不仁者進行了最後的形象定型。

此類公案小説判詞與其説是判詞，毋寧説是對小説中各個人物形象所做的最後的點睛之筆，對各個人物在小説中的行迹做出了總結。由此可見，明清公案小説中的判詞已經開始有意識地注重於表現人物，而其中的佼佼者甚至已經成爲小説人物形象刻畫的重要組成部分。它們在公案小説的篇尾出現，并由象徵正義的清官或天神作出宣判，對整篇小説中的各色人物作出了"蓋棺定論"，爲小説畫上了圓滿的句號，小説的人物與情節均由此完成。

與人物刻畫的重要地位相比，明清公案小説判詞對相關案情的描述顯得簡略而無足重輕，呈現出了與實際訴訟判詞截然不同的特點。明清實際的訴訟判詞并不以表現人物爲務，而需要圍繞案情進行裁奪。因此，它一般會對案情作詳盡描述與合理推斷，并且注重援引證據與律條，有着既定的、成熟的體例和内容。

首先，在内容方面，與明清公案小説判詞不同，明清實際的訴訟判詞一般儘量會對案情作具體詳盡的描述與合情合理的推斷。以民事判詞爲代表，明清實際的訴訟判詞一般包括事實、理由和判決結果三部分[1]。現舉袁枚判詞一例如下：

> 勘得周姚兩姓争地。一謂周姓祖傳，一謂姚姓私産。既無官契，又無界石，窮搜舊案，遍詰鄰人，亦均無可指實。蓋以荒廢五十年矣。所不别者，周遇春富有資財，倉箱萬千，每歲開支，據供有五六百千，何不以急急潤屋，而一聽其荒廢。豈與中心有所慊，而故遲遲其謀耶。顯見周遇春堅執該地爲周姓祖遺者，正不可靠。不然，五十年前，何不即行建築。在姚之讓貧無立錐，雖有其地，徒喚奈何，而周姓則非此類也。是周姓祖遺之説，殆不足信。雖然，

---

① 《中國古代判詞研究》，《法律科學》1995 年第 3 期，第 81 頁。

若以是而即謂姚姓資產，亦有未安。姚姓房屋，四周均有界石痕迹。今雖界石泯滅無存，而挖掘至三寸下，即有可見。姚姓界石，既在其屋之下，則此一畝空地，必非姚姓之產可知。否則何以不移植於空地之外，而植於空地之內，屋角之下。若曰并非界石，則此印象更有何物，是姚姓私產之說，亦難憑信。查本縣現正建築育嬰堂一所，謀購位址，本案爭地，既不能斷歸周姓，又不能斷歸姚姓，曷若捐之公家，以成好事。誰無子女，誰非人子，育嬰保赤，雖曰官吏之職責，地方人士亦應量力玉成，以助其事。況該地本非周姚兩姓所應得，歸入公家，何施不可。着即息爭，毋再多瀆。後日育嬰堂告成，即以此判刊入碑志，作周姚兩姓捐贈之地，以垂不朽。庶法與情兩得其平。至今萬里長城在，不見當年秦始皇。兩造亦俱可釋然矣。此判。①

此判文中，自開頭至"蓋以荒廢五十年矣"爲案件的事實部分，清楚而具體地表述了周姚兩姓爭地的棘手情況："既無官契，又無界石，窮搜舊案，遍詰鄰人，亦均無可指實。"

自"所不別者"至"是姚姓私產之說，亦難憑信"是本案的理由部分，分別從周姚兩姓各自的實際情況出發，結合對周家家計情況的推理分析與對姚家界石的實地勘測取證，得出了此地既不屬於周家，也不屬於姚家的結論。值得注意的是，此判詞在這裏已經運用到了供詞、界石等實際證據，表明了明清實際訴訟判詞對援引證據的注重。

自"查本縣現正建築育嬰堂一所"至全判詞結束，是此判詞的裁判結果。袁枚在得出此空地的所有權既不屬於周家，也不屬於姚家的結論之後，便勸説兩家放棄爭地，將之捐入公家作爲建育嬰堂之用，并許諾兩家"後日育嬰堂告成，即以此判刊入碑志，作周姚兩姓捐贈之地，以垂不朽"，以期求得息兩家爭訟而玉成鄉里好事，達到情法兩平的結局。

其次，在援引律條方面，明清公案小説判詞對律條基本不作援引，主要注重的是其文學性特質的表現。與之相比，明清實際訴訟判詞對律條的援引較爲注重，在不與傳統禮法倫常衝突的前提下，各級官吏會儘量依律條做出判決。這一特徵較之前代的實際訴訟判詞，也不失爲一大進步。正如汪世榮所言："從法律適用上看，明、清判詞中'援律比例'徹底改變了唐代駢判'不歸於律格'的現象。"② 現分別舉袁枚所寫民事訴訟案件判詞一例與李鴻章所寫刑事訴訟案件判詞一例爲證。其一曰：

審得劉敬叔呈控劉宏德一案，本縣業已審問明白，不必再傳親族，累及多

① 《斷案精華》第 141 頁。
② 《中國古代判詞研究》，《法律科學》1995 年第 3 期，第 80 頁。

人。查律凡無子者，應以最近昭穆相當者之子爲嗣，不得紊亂。此劉敬叔呈控之理由也。又查律凡無子者，得於應嗣者外，別立鍾愛者爲嗣。此劉宏德所持之根據也。劉槐在日，既極鍾愛宏德，視若己子，而臨沒又遺命立之爲子，則於律劉宏德入嗣爲劉槐之子，并無不合；但劉敬叔在昭穆上爲最相當之人，自應與劉宏德并嗣，以別親疏而合倫常。仰既遵照，毋再生隙。[1]

其二曰：

> 查例載同謀共毆人，傷皆致命。如當時身死，則以後下手者當其重罪；若過後身死，以傷重者坐罪；若原謀共毆，亦有致命傷，又以原謀爲首。推詳其意，所以嚴首惡，懲好鬥也。此案鄒長青以其友人洪梅生與吳公逸買賣起釁，被吳小石所毆，打抱不平，乃率領鄒四、洪杏生等出而助毆復仇。傷及吳小石左肋，并致命左耳竅連耳輪，及致命右肋等處。自應照例以原謀爲首，鄒長青擬絞監候。鄒四、洪杏生等，依照餘人律，擬各杖一百。[2]

以上兩起案件，一爲與遺産繼承相關的民事案件，一爲毆鬥致死人命的刑事案件。雖然案件性質有別，但是兩篇判詞都鮮明地體現出了對援引律條和依律判決的注重，顯示出了明清訴訟審判較前代的發展進步。需要説明的是，在實際訴訟判詞中所體現出的依律判決有一個大前提，即其案情本身沒有與古代社會賴以維繫的禮法體系構成衝突。如果案情的性質與造成的影響從正面或反面關涉到了禮法倫常的維護，就會使得參與審判的官吏作出對當時實際律條有所偏移的判決結果。此點在下文還要論述到，在此暫不贅述。

通過以上比較可以發現，明清公案小説中的判詞對小説人物做出了勾勒與定型，由此對小説人物形象以及故事情節的最終完成形成了推動力量。與那些或爲應舉，或爲消遣而作的文人擬判相比，這是明清公案小説判詞所獨具的一個特徵。而明清實際的訴訟判詞有着既定的成熟體例，注重援引證據與律條，儘量對案情做出具體詳盡的描述與合理的推斷。

（三）語言——熱烈高昂與淳樸無華

明清公案小説判詞作爲公案小説的重要組成部分，其語言的抒情鼓動色彩往往非常強烈。一方面，通過這種方式，能夠調動讀者情緒，進而對小説中的作惡者産生同仇敵愾的情感，收到很好的感染效果。另一方面，由於小説中的清官總是象徵着小説中正義的一方，因此作者樂於運用具有抒情鼓動色彩的語言來顯示出他們的

---

[1] 《斷案精華》第 103 頁。

[2] 《斷案精華》第 179 頁。"則以後下手者當其重罪"，原文作 "則以後下手重者當其重罪"，前一 "重" 字似爲衍文，當刪。

威嚴以正視聽，進而肯定判決的合理公正性。

明清公案小説判詞的語言所表現出的這種抒情與鼓動色彩，以蒲松齡《聊齋志異·席方平》中的判詞較爲典型。作者特地借灌口二郎神君之口對分別冥王、城隍、郡司、隸役、羊某的作惡多端、橫行霸道進行了痛斥，可謂酣暢淋漓，大快人心：

> 勘得冥王者：職膺王爵，身受帝恩。自應貞潔，以率臣僚；不當貪墨，以速官謗。而乃繁纓榮戟，徒誇品秩之尊；羊狠狼貪，竟玷人臣之節。斧敲鑿，鑿入木，婦子之皮骨皆空；鯨吞魚，魚食蝦，螻蟻之微生可憫。當掬西江之水，爲爾煎腸；即燒東壁之床，請君入甕。

> 城隍、郡司：爲小民父母之官，司上帝牛羊之牧。雖則職居下列，而盡瘁者不辭折腰；即或勢逼大僚，而有志亦應強項。而乃上下其鷹鷙之手，既罔念夫民貧；且飛揚其狙獪之奸，更不嫌其鬼瘦。唯受髒而枉法，真人面而獸心。是宜剔髓伐毛，暫罰冥死；所當脫皮換革，仍令胎生。

> 隸役者：即在鬼曹，便非人類。只宜公門修行，庶還落蓐之身，何得苦海風波，益造彌天之孽？飛揚跋扈，狗臉生六月之霜；驀突叫號，虎威斷九衢之路。肆淫威於冥界，咸知獄吏爲尊；助酷虐於昏官，共以屠伯是懼。當於法場之內，剁其四肢；更向湯鑊之中，撈其筋骨。

> 羊某：富而不仁，狡而多詐。金光蓋地，因使閻魔殿上，儘是陰霾；銅臭熏天，遂叫枉死城中，全無日月。餘腥猶且役鬼，大力直可通神。宜籍羊氏之家，以賞席生之孝。[①]

這篇判詞語言的鼓動色彩非常強烈，節奏鏗鏘有力，字字擲地有聲。作者借此對小説中乃至當時現實社會中的各階層貪贓枉法者、陰謀構陷者、魚肉百姓者進行了痛快淋漓的批判。小説虛構出了代表正義的玉帝皇子九王和灌口二郎神君，由他們主持正義，將這些作惡者一網打盡，統統正法，并滿心歡喜地分別爲他們安排了煎腸入甕、剁肢撈骨、剔髓伐毛、脫皮換革的悲慘下場。凡此種種都在客觀上調動了下層民衆的情緒，引起了他們的廣泛共鳴，增強了小説文字的感染力，達到了令讀者同仇敵愾的良好效果。

與之相比，明清實際訴訟判詞并不以鼓動讀者情緒、增強作品的感染效果爲務。作爲具有法律效力的正式公文，其語言并不適宜出現過分的抒情鼓動色彩。一般來説，明清實際訴訟判詞是以法律公文的形式向雙方涉案人員作出宣判，并希圖對之施行教化，因此往往采用曉之以理、動之以情的方式。這就使得其語言不僅趨

---

① 《聊齋志異》第 568 頁。

於樸實無華，而且有着以理服人、以情感人的特點。其中的佼佼者不僅能教化當事雙方，而且能感服四方黎庶，有着"以一判而止百訟"的長遠效果。

試舉清代官吏于成龍判詞兩例爲佐證。其一案情爲：顧懷森與萱寶之父沈浩如原爲舊友，沈浩如遭亂先死，遺其女萱寶於其弟沈浩然撫養。顧懷森貪故友之女姿色，賄賂沈浩然，欲納萱寶爲妾。于成龍就顧懷森的行爲在此案判詞中對之進行了循循善誘，以期喚醒顧懷森的羞恥之心：

> ……須知朋友爲五倫之一。朋友之子女，即己之子女也。己所不欲，勿施於人。顧懷森與萱寶之父，幼同硯，長同案，彼此均爲文字之交。一旦欺其孤弱，納之後房，後日人靜宵深之際，苟一念及其父在日時之交好情狀，於心安乎不安？使易地而處者，汝在九原，痛乎不痛？天道有知，汝其終無後乎。色欲薰心，滅倫欺友，不特名教所不容，抑亦國法所不宥。[1]

其二案情爲：廣西羅城地方趙、廖兩家僅爲五畝土地進行械鬥，招致雙方傷亡慘重，房屋財物損毀無算。兩家持之不下，又一起上控。于成龍對此械鬥惡行痛心疾首，并苦口婆心、入情入理地對雙方進行說服與感化。其判文曰：

> ……何苦來！何苦來！故械鬥一事，非天下之笨拙者，必不爲此。即以本案言，趙廖兩姓之所爭者，不過一區區五畝之土地耳，其價以每畝二十千計，亦不過一百千。兩姓果有誠意者，不妨出以公平之心解決之。或分其地而耕也，或共其地而耘也，何至出此下策。再不然決之以法，亦不難由官廳爲之解決。充其量即一方完全敗績，其損失亦不過一百千。乃不此之謀，必出以械鬥爲快。至今趙姓死者三十八人，廖姓死者四十七人。人之生命，至爲寶貴。以三十八及四十七人之性命，殉諸價值不過一百千之五畝土地。果孰得孰失，孰利孰害，此不必本縣明言，爾等當亦可恍然悟也。況趙姓房屋，又焚毀者七十二家。而此七十二家之財產，與五畝荒地相較，又孰得孰失，孰利孰害。然此仍不能解決爾等所爭之案也，仍須來縣訴之於法。使爾等早十日前即來投訴者，此三十八人與四十七人之性命，均可保全。即此七十二家之房屋財產，亦何至化爲灰燼。爾等靜言思之，痛乎不痛，是本縣不能不爲爾等垂涕以道者也。[2]

這兩例判詞，均以飽蘸情感的筆墨對當事人進行了諄諄教誨，對其行爲的謬誤作出了入情入理的分析，爲他們的過錯感到極爲痛惜，以期使之幡然悔悟，重新做人。這種樸實無華的特點，正是明清實際訴訟判詞在語言方面的一大特徵。

以上從表現方式對兩種判詞在行文、體例、語言三方面進行了比較。由此可

---

① 《斷案精華》第 13 頁。
② 《斷案精華》第 41 頁。

見，明清公案小説判詞在性質方面與明清實際訴訟判詞有着本質的分野。與明清實際訴訟判詞的法律文書性質不同，明清公案小説中的判詞是以擬判的形式、文學性的實質，幫助作者實現了其公案小説作品的最終完成。

二、明清公案小説判詞與明清實際訴訟判詞在思想内容上的差異

（一）兩種判詞的宣判結果都對當時的實際法律條文有所偏移

明清公案小説判詞的判決結果往往樂於迎合市民階層的價值觀，在某種程度上反映出了市井細民廣泛的願望，表現出對市井細民的思想觀念的認同。仍以蒲松齡《聊齋志異·胭脂》判詞爲例。此小説中判詞所宣布的判決結果使得胭脂這位懷春的下層小户人家的女子與所慕男子鄂生最終得以結爲連理，小説也遂成爲了大團圓的美滿結局。在小説中，代表民衆的社會輿論和代表統治階層的官府都能够理解她少女懷春的情愫。吴南岱判曰：“葳蕤自守，幸白璧之無瑕；縲絏苦争，喜錦衾之可覆。嘉其入門之拒，猶潔白之情人；遂其擲果之心，亦風流之雅事。仰彼邑令，作爾冰人。”[1] 這樣一來，使得有情人終成眷屬，而民衆對之的反應亦是“案既結，遐邇傳頌焉”[2]，從而忽略了胭脂老父因之帶累橫死的事實，指向了與傳統禮法觀念相左的大團圓結局。與此相類，馮夢龍《醒世恒言·喬太守亂點鴛鴦譜》中的判詞也突出地代表了當時市民階層的價值觀：

> 弟代姊嫁，姑伴嫂眠。愛女愛子，情在理中。一雌一雄，變出意外。移乾柴近烈火，無怪其燃；以美玉配明珠，適獲其偶。孫氏子因姊而得婦，摟處子不用逾墙；劉氏女因嫂而得夫，懷起士初非炫玉。相悦爲婚，禮以義起。所厚者薄，事可權宜。使徐雅别婿裴九之兒，許裴改娶孫郎之配。奪人婦人亦奪其婦，兩家恩怨，總息風波。獨樂之不若與人樂，三對夫妻，各諧魚水。人雖兑換，十六兩原只一斤；親是交門，五百年决非錯配。以愛及愛，伊父母自作冰人；非親是親，我官府權爲月老。已經明斷，各赴良期。[3]

小説中的孫玉郎與慧娘各有婚約却私定終生，終因家長們互相争執不休而對簿公堂，抖出了小兒女韻事。然而喬太守却不僅没有道學家的頭巾氣，反而憐惜二人，有心成全，向他們大開了方便之門。而民衆們非常支持這一判決，反響極爲熱烈：

> 此事鬧動了杭州府，都説好個行方便的太守，人人誦德，個個稱賢。自此各家完親之後，都無説話。……太守不予處分，反作成了孫玉郎一段良緣。街

---

① 《聊齋志異》第 580 頁。
② 《聊齋志異》第 580 頁。
③ 《醒世恒言》第 123 頁。

坊上當做一件美事傳説，不以爲醜。①

小説借此表明，儘管喬太守的判決與禮法倫常相左，但因代表了廣大下層市井小民的意願，故而被交口稱頌，贊嘆不已。

然而，在明清實際的訴訟案件中，作爲統治階層的忠實代表，各級官吏對訴訟案件的判決往往更容易傾向於對於禮法倫常的維護，出於維護禮法目的做出判決甚至比依律條判決更爲重要。因此，明清實際的訴訟判詞與當時的審判情況及其所代表的傳統倫理的價值觀念相應，總以維護倫常爲務，集中地體現出古代社會禮大於法的典型特徵。

在中國古代社會漫長而艱難的法制化進程中處處可以看到“禮”的影子。早在西漢，判詞就表現出了運用儒家經典進行“經義決獄”的顯著特徵，董仲舒即有判詞爲開脱藏匿養子的父親而援引了《詩經》：“《詩》云：‘螟蛉有子，蜾蠃負之’。《春秋》之義，‘父爲子隱’。甲宜匿乙，詔不當坐。”② 此判詞雖係擬判，但不同於後世文人滑稽游戲之筆。可以説，這種迴護倫常的思想對實際案件的判決具有極大的影響力，後世“以禮代律”的治獄思想正是在這種主張的影響下發揚光大的。在此舉清代張問陶判詞一則爲例：

> ……查律載殺死人者，斬立決。有故者，減一等。挾恨報仇，情出義憤者，減一等。又查康熙八年，陝甘總督奏准，凡人子爲父母報仇，而殺死人者，按照挾恨報仇情出義憤律，處絞監候。又康熙三十二年奉上諭，凡人子欲爲父母報仇者，應先報官控訴，如不得勝，再圖報復，不得擅行殺戮，以紊法紀。違者以擅殺人例。又雍正五年，奉上諭，凡人子爲父母報仇殺死仇人者，無論曾否報官，一律處絞監候。該令判處龔大大絞監候，實既根據於此。合之律例，尚無不合。但此案死者楊世南，不保賄通獄卒毒死龔大大之父龔泰興，且用強搶奪龔大大之母龔王氏，龔大大忍辱含羞，已歷二十載，始有今日之事。是不僅報殺父之仇，抑亦雪奪母之恨。與尋常報父母之仇者，微有不同。況楊世南爲一鄉之土豪，聲氣廣通，龔大大不過一細民，何能與之相匹，投牒涉訟，適以取辱。且使楊世南有以戒備，反無從下手。故其不報官而擅行復仇，實非故意蔑視王法，紊亂國憲，蓋亦不得已而爲此。且龔大大一農民耳，口未嘗讀聖賢之書，耳未嘗聞聖賢之教。乃純動以忍性，虛二十年而手刃父仇。從容投案，不屈不撓。是其孝性天成，當非兇悍慘酷。吾朝以仁孝治國，凡遇仁人孝子，無不曲法施恩，以旌於國，以示於朝。如順治十二年陝西巡撫奏准，孝子黃大偉因報母仇，殺死宗用儀。按律減輕三等，杖五十，流一千

里。又乾隆二十一年，浙江巡撫奏准，孝子許有年爲報母仇毆斃孫劍秋。按照順治十二年陝西黄大偉殺宗用儀案，將凶手杖五十，流一千里。最近如去歲之江蘇孫承甫毆死李浩良，山西閻百牛之毆死閻百序，均以報復父仇之故，僅施流杖。本案龔大大毆死楊世南，雖事前未經報官，與所述上開各案稍有不同，而其孤詣苦心，仁孝剛毅，實與上開各案無殊。自應仰體皇上仁孝之心，免予一死。杖五十，流一千里。①

此案情節較爲曲折。十七年前，案犯龔大大之母龔王氏被本鄉土豪楊世南强搶作妾，其父龔泰興被楊世南賄通盜匪、獄卒扳誣下獄，又在獄中被毒死，其時龔大大年方四歲。後龔大大由叔父撫養成人，長成後即爲父報仇縊死楊世南。此案初審依律判處龔大大絞監候，張問陶也認爲其"合之律例，尚無不合"。但在他看來，出於對統治階層賴以生存的禮法倫常體系的維護，對這樣的孝子應當網開一面："吾朝以仁孝治國，凡遇仁人孝子，無不曲法施恩，以旌於國，以示於朝。"因此他不惜舉出此前衆多因維護禮法而對實際刑律作出偏移的案例爲證，以爲此案作出參考比附。然而龔大大一案與前有案例的法律性質不同，此案并未先經報官，張問陶也承認這一點，但是他馬上爲其找到了没有先行報官的理由，爲之開脱，"故其不報官而擅行復仇，實非故意蔑視王法，紊亂國憲，蓋亦不得已而爲此"，并稱"其孤詣苦心，仁孝剛毅，實與上開各案無殊"，從而對其做出了"杖五十，流一千里"的終審判決。此類判詞典型地表現出了明清實際訴訟判詞因維護禮法的需要，而不惜對當時實際律條做出偏移的情況，突出了傳統社會"禮大於法"的特徵②。

由此可見，在思想傾向方面，明清公案小説中的判詞往往偏向於體現市民的價值觀念，有時與禮法倫常相左，而明清實際的訴訟判詞却偏向於維護禮法倫常。儘管它們各自的傾向有所不同，但却造成了大體一致的結果，即無論是明清公案小説中的判詞還是明清實際的訴訟判詞，它們所宣布的判決結果都會對當時實際的法律條文有所偏移，而往往不能够嚴絲合縫地符合當時實際法律條文。兩種判詞在此方面都不約而同地對當時實際的律條做出了折中的處理，可謂殊途同歸。

（二）兩種判詞的偏移程度并不相同

需要進一步指出的是，兩種判詞對實際律條的偏移程度是有所不同的。明清公案小説是經過當時底層文人改編或創作的文學作品，與當時市民價值觀相聯繫，爲迎合市民的口味而較大程度地背離官方的主流思想是不可避免的。相較而言，明清公案小説判詞所宣判的結果對實際法律條文的偏移程度較大。

---

① 《斷案精華》第 306 頁。
② 關於明清訴訟案件的判決所體現出來的這一特徵，詳可參看劉愫貞《清代判詞語言的法文化視角》，《學術交流》2005 年第 11 期，第 135 頁。

　　正如汪世榮在《中國古代判詞研究》一文中所言："文學作品中的判詞所針對的擬判事實是作者自己所創作的故事情節。作者在擬制作品中的判詞時，主要考慮的并非當時法律的規定，而是作者所認爲的情理，是文學作品本身所要求的表達效果。"① 明清公案小説判詞典型地體現出了這一特徵。例如在《醒世恒言·錢秀才錯占鳳凰儔》的判詞中，縣大尹并不追究錢青事實上是夥同顏俊騙婚的同黨，反而誇贊他"兩番渡湖，不讓傳書柳毅；三宵隔被，何慚秉燭雲長"②，稱其騙來的姻緣是"風伯爲媒，天公作合""佳男配了佳婦，兩得其宜"③，作出郎才女貌終爲夫妻的大團圓判決，由此極大地迎合了市井民衆的審美價值觀念。

　　而明清實際的訴訟判詞是當時現實存在的、嚴肅的法律訴訟過程結束後所産生的正式判詞，即使對實際法律條文有所偏移，也是出於對禮法倫常的遷就與維護。事實上，它所努力迎合的正是官方主流的價值體系，因此其偏移的程度較小。現有清代端方的一則判詞可作參看：

> 判得孀婦招夫，本爲惡俗。馬武氏於夫死後，招耿炳觀爲夫。原圖贍養，不料遇人不淑，反將馬武氏之現款田地，於三年間消耗殆盡。至今人財兩空，耿炳觀絶足不至。至即赴該府縣起訴，均遭批斥不准。來轅上控，業經集訊明確。耿炳觀既家有原配，斷無再爲人正式後夫之理。周杜氏必非媒妁，實屬牽綫。馬武氏與耿炳觀必非嫁娶，實係苟合。苟合原屬混帳，何怪始亂之而終棄之心也。兩造都屬無恥男女，一并重責，以爲無恥者戒。此判。④

按當時律條，寡婦再嫁并無不妥，然而端方將此斥爲惡俗，并因此没有爲孀婦馬武氏伸張正義，顯然有着維護禮法方面的考慮。此案情中，耿炳觀以已婚之身再做寡婦馬武氏之夫，已屬騙婚性質，又在婚後將其現款田産揮霍一空，本人亦溜之大吉。媒人周杜氏將已婚者與寡婦馬武氏牽綫搭橋，亦屬失職。寡婦馬武氏屬於此案中的受害者，應當予以保護。但是端方出於對禮法倫常的維護，做出了"兩造都屬無恥男女，一并重責，以爲無恥者戒"的判決。

　　察其判詞，紕漏甚多。如僅以"耿炳觀既家有原配，斷無再爲人正式後夫之理"將案情定性爲耿炳觀、馬武氏二人苟合，從而否定了耿炳觀的騙婚行爲。然而即使是苟合，馬武氏控告耿炳觀騙其現款田地的事實也應當成立，而不當以馬武氏不該責其"始亂之而終棄之心"爲由不對耿炳觀作出查懲。端方對雙方當事人"一并重責"的判決結果對耿炳觀來講量刑不够清晰，而對受害者馬武氏進行重責則完

　　① 《中國古代判詞研究》，《法律科學》1995 年第 3 期，第 79 頁。
　　② 《醒世恒言》第 107 頁。
　　③ 《醒世恒言》第 107 頁。
　　④ 《斷案精華》第 474 頁。

全是出於正風化、移風俗，維護禮法的需要。

另外此判詞中還有兩點值得注意。其一，端方是知道馬武氏處於"原圖贍養，不料遇人不淑……至今人財兩空"這樣一個境地的，但他出於對禮法的維護仍然沒有爲受害者伸張正義。其二，馬武氏在此之前已經幾次起訴但均被拒絶立案，"至即赴該府縣起訴，均遭批斥不准"。這説明，當時的官吏對此類牽涉到禮法倫常的案件所采取的態度是驚人的一致：他們不約而同地没有爲受害者主持公道，甚至大部分官吏都不願立案。由此可見，明清實際訴訟判詞所宣布的判決結果往往會出於對傳統禮法的維護而對實際律條作出偏移。儘管這種偏移幅度較小，甚至不易爲人所察覺，但是它仍然從當時的實際訴訟判詞中體現了出來。

以上分别從表現方式與思想内容兩個方面，完成了對明清公案小説判詞與明清實際訴訟判詞的比較。明清公案小説中的判詞在性質方面，因其主要作用在於幫助作者實現其公案小説作品的最終完成，其實質爲文學性，與明清實際訴訟判詞的法律公文性有着本質的區别。在對明清實際訴訟情况的反映方面，兩種判詞各自所代表的價值觀不同，使得它們所宣布的判決結果都對當時的實際法律條文產生了偏移，而往往不能够嚴絲合縫地符合當時實際法律條文。并且，兩者的偏移程度并不相同：明清公案小説判詞所宣布的判決結果對實際法律條文的偏移程度較大，明清實際的訴訟判詞所宣布的判決結果對實際法律條文的偏移程度較小。

Differences between Legal-Case Novels' Verdicts and Actual Courts' Verdicts in Ming and Qing Dynasty

Gao Lu

Abstract：Ancient Chinese legal-case novel flourished in Ming and Qing Dynasty，and reached a new peak. As for the mode of presentation，legal-case novel's verdicts helps authors complete novels with their literary essence and legal disguise. As for the ideology，legal-case novels' verdicts and actual courts' verdicts represent different values，so both of them deviated from the then law at different degrees.

Keywords：verdicts；Ming and Qing dynasty；legal case novel；deviation

作者簡介：高璐，女，蘭州大學文學院講師。

從民間故事看西域與中原的文化交流^①

劉春燕

提　要：西域與中原的交往自古有之，政治、經濟、文化等各方面均有深入的交流。本文以一則孔子故事、一則三國故事的流傳，從民間故事的角度考察西域與中原的文化交往。民間故事的流動性和開放性，加之西域文化的包容性，使中原文化在西域的流傳成爲可能。

關鍵詞：民間故事　西域　中原　文化交流

新疆與中原的交往源遠流長。1976 年，在河南安陽商代好女墓中挖掘出大量玉石雕品，據鑒定，玉雕材料爲新疆和田玉，這説明早在 3000 年前，新疆與中原之間就存在着一條玉石之路。公元前 138 年，張騫鑿空西域，正式建立了新疆與中原的官方聯繫，自此之後，兩者間的交往未曾斷絶，政治的、軍事的、經濟的、宗教的往來始終保持，文化的交流、融合成爲不可避免的趨勢。文化的交流、融合是一個漫長而持續的過程，是不可否認的客觀存在，新疆的民間故事，即是新疆與中原文化融合的一個例證。在新疆民間故事中，會發現很多和流傳在中原尤其是漢民族中的故事相似的故事，如關於十二生肖中鼠的排名的故事，在維吾爾族故事中就有和中原漢民族故事非常類似的情節。

一、一則孔子故事在新疆的演變

柯爾克孜族中流傳着這樣一個故事：

> 一天，阿克勒曼坐着大車，陷入沉思。路當中，有個小孩正在玩耍。小孩看見大車來了，却一動不動地繼續玩着。

① 基金項目：本文係新疆師範大學人文社會科學重點研究基地項目 "新疆民間故事的兒童教育價值研究——以維吾爾族爲例"（XJET1301）和優秀青年教師科研啓動基金項目 "小學語文教師語文素養意義内涵及培養途徑研究"（XJNU0725）階段性成果。

　　阿克勒曼問：“哎，小孩，爲啥不給我的大車讓路？”

　　小孩直起腰來，把阿克勒曼從頭到脚地看了一遍，説：“這不能怪我，你沒看見嗎？我正在修築一座城堡呢！城堡怎麼能給大車讓路呢？”

　　阿克勒曼聽了孩子的回答，十分吃驚，走到孩子跟前，説：“看來，你的年紀不大，智慧還不少呢！”

　　小孩説：“小兔子生下來三天後，就跟着它的媽媽到處奔跑，我已經是七歲的人了，還能不知道這些？”

　　阿克勒曼微笑着，説：“説得好！我問你幾個問題，你若能回答上來，才算你有真本領呢！”

　　小孩説：“好啊，請問吧！”

　　“那麼，什麼樣的火不冒煙？什麼樣的水中没有魚？什麼樣的山没有石頭？什麼樣的樹木不發芽？請你回答。”

　　“燒旺的火不冒煙，噴水的泉没有魚，沙山上没有石頭，枯朽的樹木不生枝芽。”

　　阿克勒曼十分滿意孩子的回答。這時，小孩説：“我也有個問題要問你！”

　　“好啊！你問吧！”

　　“回答我的問題，我先提個條件。如果你能回答我的問題，我就給你的馬車讓路；如果你回答不上來，你就要從我的城外繞過去。”

　　“行，我同意你提的條件。”

　　“那好，你聽着，藍天上有多少顆星星，請回答。”孩子説。

　　“噢，我可愛的孩子！你怎麼問離我們那麼遠的東西啊，請你問離我們近一點的東西，讓我回答！”阿克勒曼説。

　　“好啊，你的眉毛有幾根？”

　　阿克勒曼被小孩問得目瞪口呆，只好趕着大車繞過小孩修築的城堡走了。（《孩子和阿克勒曼》）①

這個故事單獨來看，僅僅是一個在新疆民間故事中常見的智慧人物故事，表現一個孩子的機智聰明，將所謂的有智慧的成人都難倒了。可是從這個故事的内容、形態上探究，我們發現它與在中原地區廣泛流傳的“孔子師項橐”故事極爲相似。通過對比可以發現，柯爾克孜族的《孩子和阿克勒曼》實爲“孔子師項橐”故事在新疆的演變。

　　“孔子師項橐”故事在中原地區的流傳可以追溯到先秦時代。最早的文獻記載

---

　　① 中華民間故事大系編委會《中華民間故事大系》第十卷，上海：上海文藝出版社，1995年，第536頁。阿克勒曼，原意爲有智慧的人。

見於《戰國策・秦策五》："文信侯欲攻趙以廣河間，使剛成君蔡澤事燕三年，而燕太子質於秦。文信侯因請張唐相燕。……張唐辭……甘羅曰：'臣行之。'文信侯叱去曰：'我自行之而不肯，汝安能行之也？'甘羅曰：'夫項橐生七歲而爲孔子師，今臣生十二歲於茲矣！君其試臣，奚以遽言叱也？'"① 秦國丞相文信侯（呂不韋）想要聯合燕國攻打趙國來擴大自己河間（今河北獻縣）的封地，因此請張唐去做燕國宰相，張唐推辭了。甘羅自告奮勇地請求去説服張唐，文信侯斥責他年紀太小，甘羅舉出典故"項橐七歲爲孔子師"證明雖然年齡小亦能做大事。最後，甘羅成功説服張唐出任燕國宰相。從甘羅自如運用"項橐七歲爲孔子師"典故可知，這個故事在當時已爲人熟知。之後的史籍如《史記・樗里子甘茂列傳》、《漢書》、《淮南子》中的《修務》和《説林》、《論衡・實知》及《三國志・魏書・楊阜傳》裴松之注均有提及。近年來在山東、江蘇、河南、陝西、四川等廣大地域出土的漢代石闕、祠堂、墓葬畫像中有大量的孔子師項橐圖，更爲此故事於漢代中原地區廣泛流行的力證②。只不過，不管是上述典籍記載，還是畫像圖案，對該故事的内容都没有詳細的介紹。稍微詳細的記載始見於曹魏時代，如《玉燭寶典》卷四引嵇康《高士傳》："大項橐與孔子俱學於老子。俄而大項爲童子，推蒲車而戲。孔子候之，遇而不識，問：'大項居何在？'曰：'萬流屋是。'到家而知向是項子也，交之，與之談。"③ 其中"推蒲車而戲"句，正與漢代壁畫中内容相吻合。如陝西出土定爲西漢晚期至新莽時期的老墳梁壁畫墓中的孔子問禮圖，其中繪圖爲老子、孔子及處於二者之間的手牽鳩車的項橐。但嵇康所記，仍没有涉及孔子受教於項橐的具體情節。直到 1976 年，新疆吐魯番阿斯塔納古墓群出土的一批殘存的文獻資料，其中一三四號墓中存有的《孔子與子羽對語雜抄》殘卷④對這個故事作了較爲詳細的記載。據學者張鴻勛研究，《孔子與子羽對語雜抄》大致成於唐太宗時期⑤。此殘卷中，略記有"孔子問無""孔子邀子羽共游""孔子子羽論博戲""孔子子羽論屋上生松事""孔子子羽論夫婦父母"等事。

而且，在《吐魯番文書》第 7 册中，又有《唐景龍四年（710）卜天壽抄〈十

① 劉向《戰國策》，上海：上海古籍出版社，1985 年，第 282 頁。

② 王元林《試析漢墓壁畫孔子問禮圖》，《考古與文物》2012 年第 2 期，第 73～78 頁。

③ 楊守敬等輯《古逸叢書》，揚州：廣陵古籍刻印社，1990 年，下册，第 450 頁。

④ 國家文物局文獻研究室、新疆維吾爾自治區博物館、武漢大學歷史系編《吐魯番文書》，北京：文物出版社，1981—1991 年，第 5 册，第 97 頁。

⑤ 張鴻勛在其文章《〈唐寫本孔子與子羽對語雜抄〉考略》（《敦煌學輯刊》1984 年第 1 期，第 55～63 頁）中，根據《吐魯番出土文書》卷五收入該寫本時注"本件抄自男屍紙鞋，在（一）之二、三行間有'龍朔二年'（公元六六二年）四字，且（二）之三行'民'字諱作'𠃊'，故疑本件寫於是年"，認爲是在公元 662 年寫成。但在其後發表的文章《敦煌本〈孔子項託相問書〉研究》（《敦煌學研究》1985 年第 2 期，第 99～110 頁）中，又將《唐寫本孔子與子羽對語雜抄》抄卷的年代提前至太宗時期，認爲該故事最遲應該編成於太宗時期（626～649）。

二月新三臺詞〉及諸五言詩》①，其中《十二月新三臺詞》第一首，根據前人校注，應爲："正月年首初春，□□改故迎新。李玄附靈求學，樹夏（下）乃□□（逢子）珍。項訖七歲知事，甘羅十二想（相）秦。□（若）無良妻解夢，馮唐寧得忠辰（臣）。"② 這首六言詩中，頸聯提及項訖（橐）典故。這首詩歌，具有明顯的民間文學特點，從此詩透露出的信息可知，在民間文學的創作當中，人們已能熟練運用孔子師項橐典故。

由上述兩則材料可以斷定，在初中唐時期，關於"孔子師項橐"典故及孔子子羽辯難故事已經在新疆流傳，并且，在新疆流傳的形式絕對不是案頭文學，應該是流行於民間社會的口耳相傳的民間文學形式③。

孔子子羽辯難故事變而爲孔子師項橐故事的轉換出現在敦煌遺書《孔子項訖相問書》中。現存《孔子項訖相問書》抄本 16 個，其中漢文抄本 13 個，藏文抄本 3 個④。關於敦煌本《孔子項訖相問書》的研究成果頗多，蘇遠鳴、王重民、劉銘恕、馮蒸、張鴻勛、項楚、鄭阿財、黃征、張涌泉、土小盾等先生都有涉及，或校錄、題記，或專論、校注。⑤ 其中張鴻勛考證了孔子項訖相問故事的流傳及演變，

---

① 《吐魯番文書》第 7 册，第 549 頁。

② 關於此詩的校注和釋義，有郭沫若《卜天壽〈論語〉抄本後的詩詞雜録》（《考古》1972 年第 1 期，第 5～7 頁）、龍晦《卜天壽〈論語〉抄本後的詩詞雜録研究和校釋》（《考古》1972 年第 3 期，第 54～57 頁）、任半塘《敦煌歌辭總編》（上海：上海古籍出版社，2006 年）及業師項楚的《〈敦煌歌辭總編〉匡補》（成都：巴蜀書社，2000 年）。

③ 關於這個問題，在朱玉麒《中古時期吐魯番地區漢文學的傳播與接受——以吐魯番出土文書爲中心》（《中國社會科學》2010 年第 6 期，第 182～194 頁）一文中有論及，他在文中將卜天壽抄《十二月新三臺詩》歸入民間文學類。

④ 漢文抄本爲：一、S. 395，卷端殘，題"孔子項訖一卷"，末有題記："天福八年（公元 934 年）癸卯歲十一月十日海王寺學郎張□保記。"二、S. 1392，存八十三行，題"孔子項訖相問書一卷"。内容雖全，錯別字却極多。三、S. 2941，存開端十九行，題"孔子項訖相問書一卷"。四、S. 5529，殘。題"孔子項訖相問書一卷"。同卷尚抄《五更調》，且末有題記："龍文成文書册子 龍延昌文書。"五、S. 5530，殘。六、S. 5674，全。題"孔子共項訖一卷"。七、P. 3255，殘。八、P. 3754，殘，兩面書。九、P. 3826，殘，抄於和戒文卷背。十、P. 3832，小册子，十四頁，題"孔子項訖相詩一首"。抄於《王梵志詩卷第三》之後，詩卷末有題記："丙申年二月十九日蓮臺寺學郎王和通寫記。"十一、P. 3882，殘。同卷尚有"□元清傳"殘文，王重民先生謂："元清爲曹議金外甥。"十二、P. 3883，卷端稍殘。尾題"孔子項訖相問書一卷"。十三、李木齋藏卷，見《李氏鑒藏敦煌寫本目録》，後售於日本人某。藏文抄本爲：P. 992、P. 1284、S. 724。

⑤ 法國蘇遠鳴（Michel Soymié）《孔子項訖相問書研究》（L'entrevue de Confucius et de Hiang T'o），（刊於 Journal Asisatique，242，pp. 311－392，1954）；王重民《敦煌變文集》（北京：人民文學出版社，1957 年，第 231～243 頁）；馮蒸《敦煌藏文本〈孔丘項訖相問書〉考》，載金雅聲等主編《敦煌古藏文文獻論文集》，上海：上海古籍出版社，2007 年，下册，第 496～511 頁）；《敦煌遺書總目索引》劉銘恕之題記，（北京：中華書局，1983 年，第 117 頁）；張鴻勛《〈唐寫本孔子與子羽對語雜抄〉考略》（《敦煌學輯刊》1984 年第 1 期，第 55～63 頁）、敦煌本《孔子項訖相問書》研究》（《敦煌學研究》1985 年第 2 期，第 99～110 頁）、《〈孔子項訖相問書〉故事傳承研究》（《敦煌學輯刊》1986 年第 1 期，第 28～40 頁）；業師項楚《敦煌變文選注》（成都：巴蜀書社，1990 年，第 473～487 頁）；鄭阿財《敦煌寫本〈孔子項橐相問書〉初探》（載《敦煌文獻與文學》，臺北：新文豐出版公司，1993 年，第 201～213 頁）；黃征、張涌泉校注《敦煌變文校注》（北京：中華書局，1997 年，第 357～369 頁）；王小盾《越南本〈孔子項橐問答書〉讞論》（載王昆吾《從敦煌學到域外漢文學》，北京：商務印書館，2003 年，第 289～313 頁）。

梳理了此故事從先秦魏晋到明清的流傳脉絡，并將吐魯番出土的唐寫本《孔子與子羽對語雜抄》和敦煌出土的《孔子項託相問書》相對比，發現二者無論内容、結構、句式等都基本一樣，從而得出結論，認爲二者是不同時期、不同地區流行的異本。他指出：“最初流傳的是子羽難孔子，由於子羽不爲人們熟習，所以晚唐五代時，就逐漸改爲更爲人們所熟知的項託，這就是敦煌遺書中保存的《孔子項託相問書》。”① 此後，這個故事形態就穩定下來，一直流傳。到明代，仍有此故事流傳。王重民先生在《敦煌變文集》中對《孔子項託相問書》做的校記中説道：

> 按此故事在敦煌所有俗文中，傳本最多，流傳亦最廣。更從其他有關資料觀之，不但流傳最廣，亦最長。明本《歷朝故事統宗》卷九有《小兒論》一篇，文字尚十同八九。明本《東園雜字》也有這一故事。又解放前，北京打磨廠寶文堂同記書鋪，還有鉛印《新編小兒難孔子》在出售，與敦煌本文字猶十同七八。②

此故事不僅在中原、西域地區流行，還在藏族、蒙古族等民族中流行③，甚至傳至域外④。

從上述對“孔子師項橐”故事産生、流傳的梳理來看，新疆柯爾克孜族故事《孩子和阿克勒曼》故事明顯是發源於中原地區的“孔子師項橐”故事，是其在新疆的流傳和演變，其傳播中介很可能就是初唐時期流傳在新疆的“項託七歲爲孔子師”典故和孔子子羽辯難故事。中唐時期，新疆地區與中原地區的交流十分頻繁，尤其是新疆吐魯番地區的高昌政權效仿中原的文化制度，成爲漢文化在西部邊疆傳播的前沿。朱玉麒《中古時期吐魯番地區漢文文學的傳播和接受》一文在分析吐魯番地區漢文學傳播途徑時指出了内地移民傳播的途徑：“中原的移民從内地直接帶來文學的文本，是一個重要的傳播途徑”，其中“民間通俗文學没有文化制度的傳承保證，這些文本的出現自然都是由移民傳播帶入吐魯番的，其中有些可能是口耳相傳”⑤。從前文提到的吐魯番唐寫本《孔子與子羽對語雜抄》和敦煌寫本《孔子項託相問書》來看，對這個故事流傳到新疆的途徑我們可以做出這樣的推測：這個

---

① 《〈唐寫本孔子與子羽對語雜抄〉考略》，《敦煌學輯刊》1984 年第 1 期。
② 《敦煌變文集》第 236 頁。
③ 現存有敦煌藏本《孔子項託相問書》三種，馮蒸認爲敦煌藏文本寫卷最晚爲公元 10 世紀左右的漢文譯本；郝蘇民在其文章《西蒙古民間故事〈騎黑牛的少年傳〉與敦煌變文抄卷〈孔子項託相問書〉及其藏文寫卷》（《西北民族研究》1994 年第 1 期，第 171～193 頁）中提到，早在 1893 年就發現了《孔子項託相問書》的蒙古文本譯文，而且還收集到了流傳在當代蒙古族的此故事。
④ 《孔子項託相問書》被譯爲日語、越南語、爪哇語等，王小盾在其論文《越南本〈孔子項橐問答書〉謅論》（《從敦煌學到域外漢文學》第 289～313 頁）中論及越南本《孔子項橐相問書》三個版本，其中一本大致是在 1890 年抄寫；流傳到日本的故事收在日本古小説《今昔物語集》中（《敦煌遺書總目索引》劉銘恕之題記，第 117 頁）。
⑤ 《中古時期吐魯番地區漢文文學的傳播與接受》，《中國社會科學》2010 年第 6 期，第 190 頁。

故事是由來自中原的移民直接帶到新疆地區的，并没有經過其他的中間環節。根據張鴻勛的考證，吐魯番出土的唐寫本《孔子與子羽對語雜抄》抄寫年代大致爲唐太宗時期，也就是 626—649 年間，而敦煌寫本《孔子項託相問書》的抄寫年代最早大致在 848—936 年①。也就是説，相比而言，前者比後者早了近 200 年的時間。既然此故事在新疆的流傳比在敦煌的流傳時間要早，那麽，是不是可以基本判定，該故事并不是經由敦煌的渠道傳入新疆的呢？不乏這樣的例子存在。如朱玉麒的文中曾提到“《前秦擬古詩殘本》（Dx111414＋Dx102947），據徐俊考訂，這一擬古詩抄是前秦建元八、九年至十三年之間（372、373—377）的抄本”，并推測：“詩的傳鈔地點或許就在前秦都城長安，未必經過輾轉傳鈔，亦即説不是涼州、敦煌、高昌或其他河西地區寫本，而是隨着建元十二年（376）八月前西征前涼的大軍流徙至涼州、高昌，一年之後在當地被剪裁成小張，以作券契文書用紙。”②

　　但是現今流傳的新疆《孩子和阿克勒曼》故事，已經不是吐魯番出土《孔子與子羽對語雜抄》故事的原生態，通過比較，我們發現它更接近明代的本子。根據黄征、張涌泉的《敦煌變文校注》，現將明代《小兒論》摘録如下：

　　　　孔子一日領衆徒出游，見諸兒戲，一兒獨不戲，乃駐車而問之。答曰：“凡戲無益。衣破裏空，必有争鬥；勞而無功，虧體辱親，誠亦僞事，故乃不戲。”遂低頭以瓦石作城。夫子責其何不避車，答曰：“城當避車乎？車當避城乎？”夫子勒車偏道下而問曰：“小子，汝年尚幼，何多詐乎！”答曰：“人生三日别於父母，魚生三日游於江湖。天生自然豈爲詐乎？”夫子嘆曰：“善哉！汝居何鄉？何里？何名？何字？”小兒答曰：“在敝鄉賤里，姓項名託，尚未有字。”子曰：“我欲與游戲，汝意若何？”答曰：“家有父母當事，兄長當敬，幼弟可教，名師可學，焉可戲也！”子曰：“吾車中有十二棋子，欲與賭博，未知可乎？”答曰：“天子好博，其事不理；諸侯好博，不利於己；君子好博，學問荒廢；小人好博，失却家計；奴婢好博，必被鞭笞；農夫好博，耕種失時。是以無博也。”子曰：“欲與平治天下，汝意若何？”答曰：“天下不可平也，或有高山，或有江湖；或有王侯，或有奴婢；平却高山，鳥獸無依；填却江湖，魚鱉無歸；除却王侯，民多是非；舍却奴婢，君子使誰？天下蕩蕩，豈可平乎？”子曰：“汝言天下何火無煙？何水無魚？何山無石？何樹無枝？何人無婦？何

------

① 李江峰《敦煌本〈孔子項託相問書〉成書時代淺談》（《河西學院學報》2004 年第 1 期，第 28～31 頁）中認爲“《孔子項託相問書》的最後寫定，極有可能在公元 848 年—公元 936 年這一段大約八十年來的時間内；最少，也在公元 781—公元 936 年這一段一百五十年的時間之内”。當然，寫本的時間并不能確定故事流傳的時間，作爲敦煌講唱文學，其故事的流傳極有可能先於寫本時間，但寫本出現的時間，至少可以判定在此時期内該故事的普遍流行。

② 《中古時期吐魯番地區漢文文學的傳播與接受》，《中國社會科學》2010 年第 6 期，第 190 頁。

女無夫？何牛無犢？何馬無駒？何雄無雌？何爲君子？何爲小人？何爲不足？何爲有餘？何城無使？何人無字？”答曰：“螢火無煙，井水無魚，土山無石，枯樹無枝，仙人無婦，王母無夫，石牛無犢，木馬無駒，孤雄無雌，賢爲君子，愚爲小人，冬日不足，夏日有餘，空城無使，小兒無字。”子曰：“汝知天地之綱紀，陰陽之終始，何左何右？何表何裏？何父何母？何夫何婦？風從何來？雨從何起？雲從何出？露從何至？天地相去幾千里？”小兒曰：“九九八十一是天地之綱紀，八九七十二是天地之終始，天爲父地爲母，日爲夫月爲婦，東爲左西爲右，南爲表北爲裏，風發蒼梧雨生郊市，雲出四方露從地起，天地相去萬千餘里，東西南北皆有等爾。”子曰：“汝言父母夫婦何爲至親？”答曰：“父母親，夫婦不親。”子曰：“夫婦生則同衾枕，死則共棺槨，何得不親？”答曰：“人無父母，如樹無根帶，根一死枝葉便枯。一日纔無父母，諸子悉皆孤薄。以婦比母，不亦遠乎？人生無婦，如車無輪，所造更得其新。婦死更索，必得其親。三窗六牖，不如一戶之光；衆星朗朗，不如孤月獨明。父母之恩，昊可論也。”孔子嘆曰：“善哉！”小兒問曰：“適來問託，一一答之。託欲請問數事，幸弗見棄。假如鵝鴨何以能浮？鴻雁何以能鳴？松柏何以冬夏常青？”夫子答曰：“鵝鴨能浮爲脚足方，鴻雁能鳴爲咽頸長，松柏冬夏常青爲心中剛。”小兒曰：“不然。魚鱉能浮豈爲脚足方？蝦蟆能鳴豈爲咽頸長？竹亦冬夏常青豈爲心中剛？”小兒曰：“天上零零夫子知有幾星子？”曰：“適來問地何得談天？”小兒曰：“地下碌碌知有幾屋？”子曰：“只論眼前，何得談天説地？”小兒曰：“若論眼前，眉毛數得其有幾莖？”夫子不答而去，故有後生可畏之語。（明李廷機考正丘宗孔增釋《歷朝故事統宗》卷九，萬曆二十三年周日校刻本）①

新疆流傳的《孩子和阿克勒曼》故事應該和明代流傳的上述故事有着更近的淵源。這説明，新疆流傳的故事在原來吐魯番流傳的故事基礎上，吸收了明代故事的部分，從而形成現在的形態。王小盾曾認爲，孔子師項囊故事：

> 大略有北方、南方兩個同源異流的傳播系統。敦煌本顯然可以視爲北方系統的代表，因爲其故事一直在中原流傳，而作品篇末所附詩却富於敦煌地方特色（其中“百尺樹下”云云很可能是指敦煌地名“百尺下”）。與之相對，越南本、藏文本、明代《小兒論》具有更爲密切的血緣關係，同屬於《孔子項囊相問書》的南方系統。②

① 《敦煌變文校注》第 367 頁。
② 《越南本〈孔子-項囊問答書〉讕論》，《從敦煌學到域外漢文學》第 310 頁。

我們認爲這個説法有待商榷。故事的傳播有其穩定性，亦有其變化性。藏文本的發現就説明了這個問題。藏文本"孔子師項橐"故事在敦煌本的基礎上就有了改造，如漢文本中孔子向項託提出了 40 餘個問題，藏文本中孔子向孩子提出了 12 個問題；藏文本中故事最後一段爲漢文本没有的，漢文本最後的"詩曰……"一段爲藏本所無；藏文本中孩子的姓名没有出現，直接稱之爲"孩子"。藏、漢文本的不同再次説明，民間故事在流傳過程中最易變動的部分是故事的主人公，各民族人們在講述故事時，會將故事主人公改爲自己所熟知的名字，或者直接模糊主人公的姓名，代之以"孩子""老人""姑娘"等等。并且在故事的流傳中，會添加進本民族所熟知的另外的母題，形成具有本民族特色的故事形式。

如果説敦煌本是北方系統的代表，何以北方系統的流傳没有延續？而與敦煌在地理位置上如此相近的新疆，流傳的"孔子師項橐"故事却如此接近所謂的南方系統？在我們看來，也許并没有什麽北方、南方傳播系統，而是同一個故事在流傳的過程中不斷被加工、改造，原有的版本被逐漸遺棄，新的版本逐漸形成繼而又不斷流傳。藏文本的不同是藏族人民在流傳的過程中根據自己的民族心理、民族風俗而改造加工的，越南本即是明代故事在越南的流傳。這一點，在蒙文本中也有體現。蒙文本的結尾與之前幾個文本均不同，其結尾爲夫子問難聰明孩子的父親。此情節是新疆民間故事中常見的難題型故事的一種情節。其中的一個難題是"公牛產奶"，孩子解決的方法是以難制難，以"父親坐月子"的回答讓夫子自己承認這是個悖論，從而使他承認公牛無法產奶的事實。"公牛產奶（公羊產羔）"難題在哈薩克族故事《聰明的仙女》和柯爾克孜族故事《傑依能且欠的聰明兒媳婦》中都有出現。這説明，在流傳過程中，人們會在故事中增加本民族的母題去豐富它，使它帶有本民族的特色。

"孔子師項橐"故事在蒙古族、柯爾克孜族中流傳時均改變了故事的主人公，不再是漢民族所熟悉的孔子和項橐，而是聰明的孩子和智者，這也很容易理解。孔子、項橐在少數民族中間并不爲人們所熟悉，因此，在講述故事時，主人公被置換成了本民族熟悉的人物。在柯爾克孜族中，孔子就成了"阿克勒曼"，意爲"有智慧的人"。并且，民間故事的傳播有時并不是完整地被另一個地區的人們接受，而是被拆分成幾個部分，靈活地和其他的母題鏈接，從而形成新的故事，也就是常説的母題和母題的組合，形成新的形態。如"孔子師項橐"故事中的"孔子項橐論避車"母題，在維吾爾族故事《少年國王》中就曾出現。

綜上所述，"孔子師項橐"故事最早形態的文獻在吐魯番出現，説明此故事在初中唐時期就已經在新疆流傳；現代流傳在柯爾克孜族和維吾爾族中的相關故事，是在初中唐流傳故事的基礎上，吸收了明代故事的部分情節而形成的。這充分説明，新疆和中原之間的文化交流源遠流長。

二、一則三國故事在新疆的演變

三國故事廣爲流傳，尤其是元末明初長篇小説《三國演義》的出現，使得三國故事遍布大江南北。其故事，不僅在漢族百姓中家喻户曉，而且在少數民族中也得到廣泛的傳播。在新疆哈薩克族中，流傳着一則和三國故事相似的故事。哈薩克族故事《額勒曼的智慧》中的一個情節與中原民間流傳的三國曹魏大將司馬懿之死極爲相似。

司馬懿是三國時傑出的政治家、軍事家，曾任曹魏政權的大都督、大將軍、太尉、太傅，是輔佐曹魏三代的托孤輔政之重臣。後來司馬氏篡奪曹氏政權，司馬懿被追尊爲"宣帝"。關於他的死，史書這樣記載："六月，帝寢疾，夢賈逵、王凌爲崇，甚惡之。秋八月戊寅，崩於京師，時年七十三。"[1] 史書記載，嘉平三年（251）六月時，司馬懿重病，在病中夢見小人作怪，心情抑鬱。兩個月後，就病死在京師洛陽，時年七十三歲。這是史書記載，應是司馬懿之死的可靠記録。在流傳甚廣的長篇小説《三國演義》中，關於司馬懿之死，也是説他病死，不過添加了臨終遺言："至嘉平三年秋八月，司馬懿染病，漸漸沉重，乃唤二子至榻前囑曰：'吾事魏歷年，官授太傅，人臣之位極矣；人皆疑吾有異志，吾嘗懷恐懼。吾死後，汝二人善理國政。慎之！慎之！'言訖而亡。"[2] 無論正史還是文人作品，關於司馬懿之死説法都比較一致，都説是至老病死。然而在民間，却流傳着與病死説法迥然有異的另一種説法。

四川省是三國故事流傳較多的地區。在四川省宜賓市南溪縣流傳着一則名爲"死擒司馬懿"的故事，故事中説司馬懿和諸葛亮是老對頭，司馬懿屢屢敗於諸葛亮之手，對他深懷痛恨之心。諸葛亮對此心知肚明，判斷自己死後司馬懿必要挖墳，因此在定軍山安排了六六三十六座疑冢，好讓司馬懿摸不清情況。果然，司馬懿在得知諸葛亮的死訊後，聽説諸葛亮安排了三十六座疑冢，立刻派人挖墳。挖到第一個墳時，發現棺木中有一本書籍。司馬懿彎下腰去拿，没想到有一股無形的力量讓他不得不跪下去。在鎮定了情緒之後，司馬懿決定先拿到書再説，指不定那是諸葛亮留下的兵書呢。於是：

> 司馬懿把書揀起來打開封套，攤在左手上，習慣地用舌頭舔了舔右手食指，去翻那書面。這一翻不要緊，差點把司馬懿給氣死了。原來那一頁書上，只寫着這麽兩句話：生前不能擒司馬，死後司馬被我擒。

> 跪在諸葛亮墳前的司馬懿越看心頭越冒火。那厚厚一部書從第一頁到最後

---

① 房玄齡等《晋書》，北京：中華書局，1974 年，第 1 册，第 14 頁。
② 羅貫中《三國演義》，北京：人民文學出版社，2003 年，下册，第 897 頁。

一頁，頁頁寫的都是這兩句話。等他勉强忍住氣一頁一頁翻完這部書後，發覺自己又被諸葛亮作弄了時，像呆了一般，再也爬不起來了。此時，司馬懿才明白，眼前這本只寫着兩句話的書，是用毒藥水抹過的。他在翻閱時，反復用舌頭去舔指頭來翻書頁，便中了毒。等那部書翻完了時，他中毒已經很深了。再加上他年紀又大，又一連受了這麼多氣，他咋個受得了呢？咋個不像傻子一般呆呆地跪倒在諸葛亮墓前起不來呢？①

民間故事中，司馬懿中了諸葛亮疑冢中的僞兵書的毒，再加上年紀又大，因此身體承受不住，最終導致病死。由於受《三國演義》"尊劉貶曹"思想影響，加之四川地區是三國時蜀漢政權的所在地，因此四川人民對諸葛亮十分喜愛，對蜀漢政權的對立面曹魏政權的人物多有貶斥。故事中對"多智近妖"的諸葛亮推崇備至，生前不能擒住司馬懿，死後也會設計擒住他。從司馬懿不由自主跪倒在諸葛亮的墳前可看出四川人民對司馬懿的排斥，從諸葛亮死後仍有計謀整治對手可看出四川人民對諸葛亮足智多謀的推崇和喜愛。不得不說，利用書頁施毒使人中毒，可謂防不勝防，即使老謀深算、狡猾多疑的司馬懿也着了道。

這種奇謀被哈薩克族故事《額勒曼的智慧》巧妙吸收。《額勒曼的智慧》講述的是智者額勒曼的故事。額勒曼精通醫術，智慧超群，巴格達的皇帝聽説後，將他召到皇宮。可是額勒曼的智慧引起了首席大臣的嫉妒，他不斷地在皇帝面前進讒言，讓皇帝對額勒曼心生遠離之心，甚至想要除掉他。於是，大臣假借皇帝之口刁難額勒曼，向他提出兩個問題：一、如何將自己手下的敵人抓住并且殺掉？二、如何使皇帝統治下的人民富裕起來？大臣給了額勒曼兩周的時間讓他思考，額勒曼表示只要一周的時間就足夠了。一周後，大臣來找額勒曼，二人來到皇帝跟前，皇帝給額勒曼賞了一杯摻了毒藥的酒，額勒曼識破了皇帝和大臣的狠毒心思，於是將計就計：

> 他接過酒杯趁着皇帝和大臣沒有看見的時候，從口袋裏掏出一個象小球的東西，放到酒杯裏，將酒杯搖了搖，過了一會兒，等酒澄清之後，他就將紅酒喝下去了。然後他將沉積在酒杯裏的毒藥用小手指蘸了下來。自己又裝作好像喝了毒藥一樣，對大臣説："喂！大人，我的明燈，這本書的這一頁上寫的對你們最有用，特別是這一段。"額勒曼一邊說着，一邊將小手指頭上的毒藥都抹到書頁上。然後他裝得肚子難受，悄悄地退出了皇宮。皇帝和大臣急急忙忙地翻着書看，第一頁上寫着：無論誰，只要他將這本書翻看十頁，他的力氣就會更大。皇帝和大臣見了大喜。兩個人搶着用手蘸着舌頭上的唾沫翻書看，都

---

① 《中國民間故事集成·四川卷》，北京：中國 ISBN 中心，1998 年，上册，第 189 頁。

把額勒曼抹在書頁上的毒藥吃到了嘴裏，不一會，他們就死了。

這本書上寫着：要想使人民平安，無論是誰都要學會光明磊落，禮貌待人。要想使人民生活富裕，無論是誰都要勤勞勇敢，互相幫助。誰要是對人民暴虐欺壓，那他就會自食其果。①

額勒曼巧妙地將本要給他喝的毒酒抹到了書頁上，利用皇帝和大臣的貪婪本性和看書用手指蘸舌頭的習慣懲治了多疑的皇帝和歹毒的大臣。

對比四川地區流傳的《死擒司馬懿》和新疆地區哈薩克族中流傳的《額勒曼的智慧》兩則故事，會發現二者有很多相近之處。首先，故事都是關於智者的。《死擒司馬懿》講述的是諸葛亮的故事，諸葛亮的智慧形象已經深入人心。他熟知對手司馬懿對自己恨之入骨的心理和多疑的毛病，故意布下三十六座疑冢，引司馬懿上當。《額勒曼的智慧》主人公是額勒曼，一個懂得醫藥知識的智者。正是因爲懂得醫藥知識，他能分辨出毒酒。他的才智，使他能隨機應變，將計就計，將毒酒抹在書頁上。其次，他們的對手對自己都心懷仇恨。司馬懿屢敗於諸葛亮之手，恨不能將其鞭尸，於是，得知諸葛亮的疑冢後，迫不及待地派人發冢。額勒曼的智慧引起了首席大臣的嫉妒，於是大臣挑撥離間，說額勒曼早晚要取皇帝而代之，促使皇帝下決心要除掉額勒曼。對待要將自己置之死地的敵人，當然不能手下留情，定要斬草除根。最後，也是最重要的一點，二者都采用了相似的報復手法：把毒藥抹在書頁上，利用他人蘸唾沫翻書頁的習慣，使對手中毒於無形。這種奇特的計謀在不同地區出現，不能說僅僅是一種巧合，應該是其中一個故事受到了另外一個故事的影響。考慮到三國故事產生的時間較早，而中原與新疆地區自古就有着密切的交往，因此，我們大致論定，哈薩克族故事《額勒曼的智慧》是受到了中原文化的影響，是中原三國故事在新疆流傳的變異形式。

在新疆，我們可以很容易地找到來自中原的故事，那麼，同一個故事爲什麼會在不同的民族中產生呢？對這一問題，學者們做過很多研究。汪玢玲論述"故事相似的原因"說："世界各民族的同一母題的神話故事大多相似，甚至相距很遠的地區相互無文化往來關係，也會產生相同的故事。這一有趣問題早已引起過研究者的普遍注意。國外資產階級各學派曾有過偶然說、外借說、心理說、印度起源說、阿利安種子說、歷史說等。"② 但不同類型的民間故事有着不同的傳承形態，應作具體分析。關於同一故事發生和流傳的情況，日本學者伊藤清司認爲：

可大別分爲三類。其一爲繼承論，認爲故事、傳說發生於該民族集團所共有的精神的領域，即發生於神話與古老信仰。其二爲移動論（傳播），認爲故

---

① 銀帆編譯《哈薩克族民間故事選》，上海：上海文藝出版社，1986年，第445~447頁。
② 汪玢玲《天鵝處女型故事研究概觀》，《民間文學論壇》1983年第1期，第40~52頁。

事、傳説的梗概是超越空間而移動、傳播的。其三爲多元的發生論，認爲類似的故事、傳説是從人類共通的靈感、精神的才智發生的。①

地處歐亞腹地的新疆，有着和東西文化接觸的地理優勢，開放的新疆各民族對外來文化的包容態度，使得新疆民間故事具有多元化的顯著特點。同類型的故事通過傳播，游歷到另一地區，故事始終處於一種流動的狀態。

民間故事強大的流動性和自由性，使其能夠跨越時空，在不同的地區流傳。"在文本的複製、轉化和演變方面，民間故事表現得尤爲突出。因爲民間故事中的時間、地點和人物'三要素'的模糊性及不確定性，使之在傳播和發展的過程中可以擺脱地域及其他生活環境的束縛，任意地流傳、擴散、變換和增殖。"② 面對多方的來客，新疆民間故事采取了冷静的態度，有選擇地、有改造地吸收利用。對此問題，劉魁立先生的論斷最爲令人信服：

> 首先，這些作品是世世代代口耳相傳，這種口頭存在形式，就爲變異留下了廣闊天地。
>
> 第二，民間文學文體本身在傳承過程中，作爲一種規範，要求的不是機械記憶，而是對傳統的本質性的把握。傳承人熟知作品的內容，充分感知形象的內藴，對於作品的一切藝術手段有準確的感覺和把握。長期生活在民間文化和民間文學氛圍中的人，特別是經常參與這種文化活動的人，都掌握了一定的演述過程中重新再現文本的技能。
>
> 第三，流傳、借鑒、因襲得來的作品，落入新的民族、新的地域、新的社會環境，自然要相應的變異。在這種情況下，異文在很大程度上是適應過程的產物。
>
> 第四，社會歷史、生活、文化環境的變化，也在一定程度上影響着作品的面貌。
>
> 第五，由於各種功能的改變，作品也會相應地調整，和適當地自我匡正。
>
> 第六，演述人的個人創造的展示，也會在一定程度上給作品帶來某些新的印記。
>
> 當然還可能有其他許多原因，但我這裏要特別補充的是——第七，民間文學的一個本質性的創作機制，在於它不是一次完成、一勞永逸的過程。它似乎永遠沒有絶對的定本。在歷史的長河中，在流傳過程中，它在不斷更新，不斷變異。正是由於這種機制的作用，很多學者才把它比喻爲生命，比喻爲不停地

---

① 伊藤清司《〈故事、傳説的源流——東亞的比較故事、傳説學〉代序》，王汝瀾、夏宇繼譯，《民間文學論壇》1992 年第 1 期，第 76 頁。

② 萬建中《20 世紀中國民間故事研究史》，北京：北京師範大學出版社，2011 年，第 223 頁。

變化、發展、演進的生物體。①

當故事通過外來渠道進入新疆各民族中時，故事的講述者會根據本民族的習慣、社會環境、講故事時的具體情景，在講述的過程中對故事作相應的增加或刪減；講述者針對不同的聽衆、不同的時間，會有適當的變化；根據聽衆的不同反應，也會有一定的變化。總之，各種相關因素的改變，都會使故事隨之改變。

民間文學文本是無數文本中的一個文本。當一個民間文學"文本"成爲相對獨立的演述形式時，它四周已是一片無形的文本海洋。每一個文本都從流傳的語境中提取已被聆聽過、演述過的段落、片段和詞語，所以，對民間文學而言，從來沒有什麼"原初的"文本，每個文本中的一切成分都是已經演述過的，都是由其他文本的碎片組成的。民間文學中的文本之間不斷轉移、滲透、自相矛盾甚至顛覆。文本的這種"複數"的特點取消了一切中心和同一，有的只是各種相互關聯的文本在流轉、擴散、變換和增殖。②

Research on Cultural Exchanges of the Western Region and Central Plain through Folk Tales

Liu Chunyan

Abstract：There have been in-depth exchanges between Western Region and Central Plain since ancient times, in politics, economy, culture and ect. Based on a story of Confucius and a story of The Three Kingdoms, this paper inspects the cultural exchanges of the Western Region and Central Plain from the perspective of folklore. The fluxility and openness of folk tales, as well as the inclusiveness of western culture, makes it possible for the culture of Central Plain to spread in Western Region.

Keywords：folk tales; Western Region; Central Plain; cultural exchange

作者簡介：劉春燕，女，新疆師範大學新疆兒童發展與教育研究中心講師。

---

① 劉魁立《歷史比較法和歷史類型學研究》，載《劉魁立民俗學論集》，上海：上海文藝出版社，1998年，第96～97頁。

② 萬建中《民間文學引論》，北京：北京大學出版社，2008年，第34頁。

《茉莉花》曲新探①

王漢民

提　要：《茉莉花》是一首具有世界影響的民歌，最初源於［花鼓曲］"好一朵鮮花"套數。從《綴白裘》《十出奇》《百戲竹枝詞》等史料記載來看，［花鼓曲］"好一朵鮮花"套數在乾隆年間廣泛流行。晚清時期，套數前兩支曲子逐漸獨立成［鮮花調］；民國時期"好一朵茉莉花"獨立成曲。新中國成立後，［鮮花調］中"好一朵茉莉花"曲經何仿加工創作，成爲家喻户曉的名曲《茉莉花》。

關鍵詞：《茉莉花》　　［花鼓曲］　　［鮮花調］

《茉莉花》曲旋律優美，意象豐富，是一首風行大江南北，具有世界影響的民歌。從上世紀 80 年代開始，學術界發表了一系列研究成果，深入探討了該曲的歷史淵源、曲調形式、演唱風格等諸多問題，取得了可喜的成就，但仍有不少值得研究的問題。本文擬在前人研究的基礎上，利用本人掌握的史料，對《茉莉花》曲研究中的一些問題進行探討，以求正於專家。

一

《茉莉花》曲，之前的研究者見到的最早記載是玩花主人選輯、錢德蒼增輯，刊刻於乾隆年間的《綴白裘》第六集《花鼓》劇中的［花鼓曲］。［花鼓曲］是一組曲子，由九支曲子組成，用同一曲調演奏：

（貼做身段介）

［花鼓曲］好一朵鮮花，好一朵鮮花，有朝的一日落在我家。你若是不開放，對著鮮花兒罵。你若是不開放，對著鮮花兒罵。

［又］好一朵茉莉花，好一朵茉莉花，滿園的花開賽不過了他。本待要采

① 基金項目：本文係國家社科基金項目 "乾隆朝文人劇作研究"（12BZW052）階段性成果。

一朵带，又恐怕看花的罵，本待要采一朵兒帶，又恐怕看花的罵。

〔又〕八月裏桂花香，九月裏菊花黃，勾引得張生跳過粉墙。好一個崔鶯鶯就把那門關兒上，好一個崔鶯鶯就把那門關兒上。

（貼伏地伸卧做美人勢介）（付欲戲貼，净打鑼驚付介）（貼）

〔又〕哀告小紅娘，哀告小紅娘，可憐的小生跪在東墙。你若是不開門，直跪到東方兒亮。你若是不開門，直跪到東方兒亮。

（付背净摸貼介）（净）那裏去了？（付見鶯散介）（貼）

〔又〕豁喇喇的把門開，豁喇喇的把門開，開開的門來，不見了張秀才。你不是我心上人，倒是賊强盜。你不是我心上人，倒是賊强盜。

〔又〕誰要你來瞧？誰要你來瞧？瞧來瞧去，丈夫知道了。親哥哥在刀尖上死，小妹子就懸梁吊。親哥哥在刀尖上死，小妹子就懸梁吊。

（付、貼合嘴，净打鑼驚散介）（貼）

〔又〕我的心肝，我的心肝，心肝的引我上了煤山。把一雙紅綉鞋揉得希腦子爛。把一雙紅綉鞋揉得希腦子爛。

〔又〕我的哥哥，我的哥哥，哥哥的門前一條河。上搭著獨木橋，叫我如何過？上搭著獨木橋，叫我如何過？

〔又〕我也没奈何，我也没奈何，先脱了花鞋後脱裏脚。這的是爲情人，便把那河來過。這的是爲情人，就把河來過。①

在這九支曲子之後，又有〔雜板〕三曲，從文字上看，明顯不是〔花鼓曲〕旋律，因而不應納入〔花鼓曲〕中。九支〔花鼓曲〕、三支〔雜板〕曲都由"貼"一人獨唱完成。曲子以鮮花起興，通過歌咏張生、鶯鶯故事來表現情感。從"貼伏地伸卧做美人勢""付欲戲貼""付背净摸貼""付、貼合嘴"等科介動作來看，這組曲是花鼓女與公子曹月娥調情之曲。後面四支曲子與張生、鶯鶯西廂故事并無關聯。該套曲的第二支"好一朵茉莉花"曲詞與後來的《茉莉花》曲詞基本相同，因而人們認爲〔花鼓曲〕"好一朵鮮花"套曲是《茉莉花》曲之源。

很幸運的是，筆者在乾隆年間劇作家周大榜的《十出奇》傳奇中也看到了這組珍貴的〔花鼓曲〕套數。周大榜（1720—1787），字虎木，號珠士，浙江山陰人。一生以游幕爲生。著《十出奇》《慶安瀾》《一簾春》《一統錦》《晋春秋》《晚香亭》等劇，今存《十出奇》《一簾春》《慶安瀾》②。周大榜喜用當時流行的〔吹腔〕、〔梆子腔〕、〔高腔〕及俗曲入劇。〔花鼓曲〕套數出現在他的傳奇《十出奇》第九齣

---

① 錢德蒼輯《綴白裘》第六集，汪協如校，北京：中華書局，2005年，第3册，第48~50頁。
② 參鄭志良《山陰曲家周大榜與花部戲曲》，載《明清戲曲文學與文獻探考》，北京：中華書局，2014年，第416頁。

《退衆》中，該齣演公子富可求以文雅之法前去向雲家求親，衆人唱［花鼓曲］。這裏徵引如下：

（淨）趁有後場在此，何不作起細樂來，大家唱個花鼓曲，或者順風吹到小姐耳朵，一時聽得動情，即忙上轎，亦未可知。（衆）此言不但有理，兼且有趣。就請吉祥哥先唱，一面拜而跪之，何如？（生）使得。

［花鼓曲］（生拜唱）好一朵鮮花，好一朵鮮花，有朝一日落在我家。你若是不開放，對著鮮花兒罵。你若是不開放，對著鮮花兒罵。

［又］（淨拜唱介）好一朵茉莉花，好一朵茉莉花，滿園的花開，賽不過他。本待要摘一朵兒戴，又恐怕看花的罵。本待要摘一朵兒戴，又恐怕看花的罵。

［又］（衆拜唱介）八月裏桂花香，九月裏菊花黃，勾引得張生跳過粉墻。好一個崔鶯鶯，忙把門兒關上。好一個崔鶯鶯，忙把門兒關上。

［又］（生跪唱作敲門介）哀告小紅娘，哀告小紅娘，可憐的小生跪東墻。你若是不開門，直跪到東方亮。你若是不開門，直跪到東方亮。

［又］（淨跪唱介）豁喇喇把門開，豁喇喇把門開，開開門來，不見張秀才。你不是我心上人，倒是賊強盜。你不是我心上人，倒是賊強盜。

［又］（衆跪唱介）誰要你來瞧，誰要你來瞧，瞧來瞧去，丈夫知道了。親哥哥在關塞上逃，急得小妹子就懸梁兒吊。親哥哥在關塞上逃，急得小妹子就懸梁兒吊。①

《十出奇》中的這一組曲子共六支，比《綴白裘》少三支，曲詞也略有區別。如果從演唱張生、鶯鶯故事來看，曲詞更爲精練嚴整。從演唱形式上看，有"生拜唱""淨拜唱""衆拜唱""生跪唱作敲門""淨跪唱""衆跪唱"，有獨唱，有合唱，形式多樣。從伴奏樂器上看，《十出奇》中用"細樂"伴奏，《綴白裘》的《花鼓》劇中用的是花鼓、鑼，二者亦有區別。周大榜《十出奇》中的［花鼓曲］套數與《綴白裘》中的［花鼓曲］套數，可互相印證，對於我們瞭解《茉莉花》曲的淵源有重要的意義。

二

《花鼓》雜劇收錄於《綴白裘》第六集，本集前有葉宗寶序，序署"時乾隆歲次庚寅季春上浣桃塢葉宗寶題并書"，可知此集編刊於乾隆三十五年（1770）。周大榜《十出奇》雖然具體創作時間難以考定，但可肯定創作於乾隆年間。《花鼓》雜

---

① 周大榜《十出奇》，清鈔本，國家圖書館藏。標點爲筆者所加。

劇中［鳳陽歌］云："説鳳陽，話鳳陽，鳳陽元是好地方。自從出了朱皇帝，十年到有九年荒。大户人家賣田地，小户人家賣兒郎。惟有我家没有得賣，肩背鑼鼓走街坊……"① 從這首曲子的曲詞内容來看，該雜劇一般不會出現於明代。

清李聲振《百戲竹枝詞》中有《打花鼓》詩："賽會時光趁踏青，記來妾住鳳陽城。秧歌争道鮮花好，腸斷冬冬打鼓聲。"詩前提要云："（打花鼓）鳳陽婦人多工者，又名秧歌，蓋農人賽會之戲。其曲有'好朵鮮花'套數。鼓形細腰，若古之搏拊然。"② 李聲振在卷末自記云："業荒于嬉矣，然欲以滑稽三昧，下惰游一轉語也。丙子長至草創，皮高閣者十霜，挑燈重繕，倍以鹵然。丙戌八月朔日自紀。"③ 路工先生在《〈清代北京竹枝詞〉前言》中云："《百戲竹枝詞》，作者李聲振，號鶴皋，河北清苑（保定）人。原書是稿本，未見刻過。從内容與抄寫墨迹紙色去看，可以肯定是清康熙年間的作品。後記説寫於丙子、丙戌年間，即康熙三十五到四十五年（1696—1706）。"④ 路工先生對《百戲竹枝詞》創作時間的推論有錯誤。孟繁樹先生的《説〈百戲竹枝詞〉》文糾正了路工先生的錯誤，他在《保定府志》《清苑縣志》中找到李聲振"乾隆三十一年三甲四十八名進士"材料，進而認爲《百戲竹枝詞》"寫於乾隆二十一年丙子，修改并重抄於三十一年丙戌"⑤。據同治《清苑縣志》卷五《選舉》，李聲振，乾隆二十八年（1763）癸未科中進士，未參加殿試，乾隆三十一年（1760）丙戌科中三甲四十八名進士。⑥ 據嘉慶《南陽府志》卷四《秩官》，李聲振乾隆四十三年（1778）任新野縣知縣，乾隆五十年（1785）任唐縣知縣⑦。可知李聲振主要生活於乾隆年間，其《打花鼓》詩所咏乃乾隆中期之事。很多研究者仍襲路工先生推論，其結論可知矣。

《花鼓》劇出現的時代，《清稗類鈔》的"打花鼓戲"條云："《打花鼓》，本昆戲中之雜齣，以時考之，當出于雍、乾之際……"⑧《揚州畫舫録》卷十六："雕繪土偶本蘇州撥不倒做法，二人爲對，三人以下爲臺，争新鬥奇，多春臺班新戲，如《倒馬子》《打盞飯》《殺皮匠》《打花鼓》之類，其價之貴，甚于古之酈時田所製泥孩兒也。"⑨ 從李斗的記載中可知，揚州雕繪土偶所繪"多春臺班新戲"，其中就有《打花鼓》。《打花鼓》爲春臺班新戲，雖然此春臺班不一定就是江春的春臺班，但《打花鼓》劇出現在乾隆年間應無疑問。鄒嘯在《三談"打花鼓"》中云："還有仙

---

① 《綴白裘》第六集，第 3 册，第 47 頁。
② 楊米人等《清代北京竹枝詞（十三種）》，路工編選，北京：北京出版社，1962 年，第 153 頁。
③ 《清代北京竹枝詞（十三種）》第 170 頁。
④ 路工《〈清代北京竹枝詞〉前言》，《清代北京竹枝詞（十三種）》第 7 頁。
⑤ 孟繁樹《説〈百戲竹枝詞〉》，《戲曲藝術》1984 年第 3 期。
⑥ 李逢源修《清苑縣志》卷五，刻本，清同治十二年（1873）。
⑦ 孔傳金等修《南陽府志》卷四，刻本，清嘉慶十二年（1807）。
⑧ 徐珂《清稗類鈔》，北京：中華書局，1986 年，第 11 册，第 5067 頁。
⑨ 李斗《揚州畫舫録》卷十六，刻本，清乾隆六十年（1795）。

花調，即鮮花調，那又是小調了。這‘花鼓’最多是從清初民間秧歌來的。"①［仙花調］，《綴白裘》的《花鼓》劇中也有此調：

> ［仙花調］身背著花鼓。（净持鑼跳上）（旦）手提著鑼。夫妻恩愛并不離他。（合）咱也會唱歌，穿州遇府，兩脚走如梭。逢人開口笑，宛如接謳歌。（貼）風流子弟瞧著我，戲耍場中那怕人多？這是爲錢財，没奈何。漢子嚇！（净作坐身勢，回看貼介）嗳！（貼）哩囉嗹，唱一個嗹哩囉；哩囉嗹，唱一個嗹哩囉。②

從曲詞及旋律來看，似與［花鼓曲］"好一朵鮮花"不太相同。"仙花調即鮮花調"，或是音近而誤吧！

從《綴白裘》《十出奇》《百戲竹枝詞》《揚州畫舫録》《清稗類鈔》等記載來看，《花鼓》劇或出現於乾隆年間，［花鼓曲］"好一朵鮮花"套數應在之前已流傳。

三

從前面所引乾隆年間［花鼓曲］"好一朵鮮花"套數可知，第一支"好一朵鮮花"、第二支"好一朵茉莉花"，是民歌借花起興部分。李聲振的《百戲竹枝詞·打花鼓》提到"好朵鮮花"套數，或即《綴白裘》《十出奇》中的［花鼓曲］"好一朵鮮花"套數。清道光元年貯香主人所輯的《小慧集》中有［鮮花調］詞曲：

> 好一朵鮮花，好一朵鮮花，飄來飄去落在我的家，我本待不出門，就把那鮮花兒樂。（我本待又兩句，工尺同）。
>
> 好一朵茉莉花，（又二句），滿園花卉怎及得他。我本待采一朵帶，又恐管花人來罵。（又二句。此段同上，下仿此。）③

把［鮮花調］曲詞與《綴白裘》《十出奇》中的［花鼓曲］"好一朵鮮花"套數曲詞進行對照，可知［鮮花調］與［花鼓曲］套數的前兩支曲子基本相同。劉復在《幾首道光年間的小曲的開場》文中提到《小慧集》第十二卷中蕭卿主人的幾首小調譜，其中就有［鮮花調］。劉復認爲蕭卿主人的小調譜"重樂曲不重詞句的，所以每一譜中，只將第一或第一二兩章的詞句寫出，其餘從略"④。從［鮮花調］的提示"下仿此"來看，劉復的觀點是正確的。易人《芳香四溢的茉莉花》認爲《綴白裘》"第六集卷一中提到梆子戲《花鼓曲》記載了三段唱詞，一二段與《鮮花調》

---

① 鄒嘯《三談"打花鼓"》，《申報》1941 年 4 月 25 日。
② 《綴白裘》第六集，第 3 册，第 45 頁。
③ 貯香主人輯《小慧集》卷十二，道光元年序刊本。後面的重句乃據提示加。
④ 《幾首道光年間的小曲的開場》，《語絲》第 67 期，1926 年 2 月 22 日。

相似"①，觀點比較中肯。陳樹林在《茉莉花與打花鼓、打連厢》中認爲："將唱詞與前例對比，便不難看出〔鮮花調〕即〔花鼓曲〕。""從《打連厢》到《花鼓曲》（或《打花鼓》）、《鮮花調》，經歷了幾百年的歷史，而從《花鼓曲》到《茉莉花》，不過幾十年的時間。""這裏邊，《鮮花調》——《茉莉花》是影響最大的優秀民歌之一。"② 從所引陳樹林的文字中似可得出〔花鼓曲〕＝〔鮮花調〕＝《茉莉花》的結論，這個結論有值得商榷之處。

從歌詞角度來看，〔花鼓曲〕—〔鮮花調〕—《茉莉花》是一種發展的、簡化的過程。〔鮮花調〕曲詞與〔花鼓曲〕曲詞相似，從現在各地留存的〔鮮花調〕曲詞來看，〔鮮花調〕有組曲演唱，也有節曲演唱，即演唱《小慧集》中的兩支曲子。乾隆五十八年（1793），英國學者約翰·巴羅記録了《茉莉花》曲③，從翻譯曲詞來看，與《小慧集》中的〔鮮花調〕詞曲十分接近，應該即是〔鮮花調〕的節唱。在福建北路戲"輔助曲調"的雜調類中有〔茉莉花〕曲，是《鴛鴦帶》劇中所用曲，曲詞如下：

好一朵香花，好一朵香花，我本當折一支戴呀，又恐怕栽花人罵。

好一朵茉莉花，好一朵茉莉花，滿園百花賽呀麼賽不過它。我本當折一支戴呀，又恐怕栽花人罵呀！④

從曲詞來看，此曲與《綴白裘》《十出奇》中的〔花鼓曲〕套數不同，也與道光年間《小慧集》卷十二的小調不同，也與後來的《茉莉花》有區別，估計是在傳唱中獨成一體。葉明生先生説，福建北路戲中〔茉莉花〕曲原名〔鮮花調〕。從"好一朵香花"與"好一朵鮮花"音近來看，此曲還有着乾隆、道光時期〔鮮花調〕的特徵。

《茉莉花》曲，從曲詞上看，只是〔鮮花調〕中的一支曲子，一般認爲是 20 世紀 50 年代何仿加工而成。馬方玲《江蘇民歌〈茉莉花〉的藝術魅力初探》："年僅 14 歲的小文藝兵何仿，從當地民間藝人口中聽到了民歌《鮮花調》，後來在《鮮花調》的基礎上進行了再創作，形成了現在的《茉莉花》。"⑤ 事實上，清末民國時期《茉莉花》已非常流行。粵劇《難爲人婦》中，愛麗思"歌《茉莉花》小曲，言香句艷，清新可體"⑥。據《申報》記載，《小小茉莉》曲在上海非常流行，汪淡淡、珍珍、曼娜、雪琪、黎明健、張仙琳、英茵、黃韻、白虹、吳芳、陸峰、張白沙、

① 易人《芳香四溢的茉莉花》，《藝苑（南藝學報）》1982 年第 1 期。
② 陳樹林《茉莉花與打花鼓、打連厢》，《中國音樂》2006 年第 1 期，第 177～181 頁。
③ 參白潔《明清俗曲曲牌研究》，山東大學碩士學位論文，2007 年，第 34 頁。
④ 葉明生編著《北路戲音樂》，福州：海峽文藝出版社，2015 年，第 112 頁。
⑤ 馬方玲《江蘇民歌〈茉莉花〉的藝術魅力初探》，《中華文化論叢》2007 年第 2 期。
⑥ 《劇場消息》，《申報》1928 年 3 月 18 日。

楊雪群、周潔、露芬等衆多藝人都演唱過。因未見歌詞，不知與［鮮花調］是何種關係。趙景深先生在《説大鼓（下）》“大鼓與二黄戲的交涉”中云：“文明大鼓書詞第四册裏所舉的《小放牛》也與二黄戲相同，惟僅變物的情歌幾大段。唱片劇詞彙編，面六一三有張淑琴的《打花鼓》‘好一朵茉莉花’、‘八月裏桂花兒香’等段，也與二黄戲同。”① 從中可見，“好一朵茉莉花”或已單獨成曲。

從曲調角度來看，［花鼓曲］除在《花鼓》《十出奇》二劇中以曲牌形式出現外，暫未見在其他劇本中作爲曲牌出現。［鮮花調］應是［花鼓曲］的發展，其成爲一種曲調被運用出現在清乾隆時期。周大榜的《慶安瀾》傳奇中，有“［蓬萊曲］（鮮花曲舊調配笛唱）”，估計與《十出奇》中的［花鼓曲］調有相同或相近之處。在清末民國時期，［鮮花調］用得非常廣泛。守拙廳主在《大昌烟公司徵文》中就用［鮮花調］來爲大昌烟公司製作廣告詞：“［鮮花調］名烟一出廠，烟名到處響。可知我的烟捲兒氣味清香。你若是不相信嚇，買一包兒嘗嘗。”② 白潔在《明清俗曲曲牌研究》中説：“浙江寧波地區流行着［文鮮花］和［武鮮花］。有唱‘李白鬥酒論詩文’的稱爲［文鮮花］；唱武松和潘金蓮的故事的稱爲［武鮮花］。［文鮮花］和［武鮮花］均屬於［鮮花調］的派生曲。”③ 福建北路戲《鴛鴦帶》是文戲，《狄青比武》是武戲，其中所用［鮮花調］雖未明言［文鮮花］、［武鮮花］，或已有其實。隨着《茉莉花》影響的擴大，［茉莉花］也逐漸成爲一個曲牌，一些原名［鮮花調］的曲牌也改名［茉莉花］。

從歌詞、曲調上看，［花鼓曲］—［鮮花調］—《茉莉花》是一個動態的發展過程，在它們之間畫等號是不够妥當的。

綜上可知，清乾隆年間《綴白裘》《十出奇》劇本中有［花鼓曲］套數，以鮮花起興，主要演唱張生鶯鶯西厢故事。道光年間《小慧集》卷十二所録的［鮮花調］二曲曲詞與［花鼓曲］前兩支曲子曲詞基本相同，逐漸爲民間摘選演唱。民國時期，《茉莉花》逐漸從［鮮花調］中獨立出來；新中國成立後，經過何仿加工創作，成爲家喻户曉的民歌。

---

① 趙景深《説大鼓（下）》，《人間世》第 22 期，1935 年 2 月 20 日。《人間世》於 1934 年 4 月創刊，1935 年 12 月終刊，前後共出 42 期。

② 見《申報》1920 年 10 月 15 日。

③ 《明清俗曲曲牌研究》第 29 頁。

A New Study of the Song *Moo-Lee-Chwa*

Wang Hanmin

Abstract：*Moo-Lee-Chwa*，a song with worldwide influence，originally comes from "what a beautiful flower" sets of *Flower Drum Song*. From historical records such as *Augmented White Fur*，*Ten Miracles*，*Hundred Opera Bamboo Poetry*，we can confirm that "what a beautiful flower" sets of *Flower Drum Song* was very popular in Qianlong's period of the Qing Dynasty. The first two songs of these sets slowly developed into *Flower Tune* in the late Qing Dynasty，and "what a beautiful jasmine" became an independent song in the period of the Republic of China. After the founding of the People's Republic of China，"what a beautiful jasmine" of *Flower Tune* became the well-known song *Moo-Lee-Chwa* by He Fang's creation.

Key words：*Moo-Lee-Chwa*；*Flower Drum Song*；*Flower Tune*

作者簡介：王漢民，男，福建師範大學文學院教授，博士生導師。

Studies on Folk Beliefs ————————

俗信仰研究

世親之業論觀

林律光

提　要：佛於經中雖曾揭示"無我"之理，以破邪執。誠然，業感之輪迴主體，尚有許多疑團待爲詮釋。原始佛學以"業感緣起"來解釋生死之去向，由於這時期較注重實踐修持，故對此問題未加注意。隨着時代之變遷，思想之成熟，對此疑問不單是自教希望圓善其説，同時亦遭外道之質詢及攻擊。部派佛教時期，内部多重視學理的研究，毗曇學者屢創嶄新觀點，因而掀起論争，"業感流轉"成爲當時學界關注的重要課題。誠然世親回小向大後，因受大乘經論之啓發，思想國度亦隨之而擴闊，以會通小乘各部爲基礎，吸收大乘精妙之理，從而創立《大乘成業論》解釋部派佛教所帶來之"假我"配"業感"等難題，解決長久以來部派佛教、外道等對業報流轉所帶來的種種争辯，并將輪迴的主體變得更加合理化，確立了大乘種子學説之思想體系。本文通過世親從小乘過度到大乘對業論看法之轉變，作一探究。

關鍵詞：俱舍　世親　業感

佛在世時，隨緣施化，或爲了義，或爲方便，諸弟子中，無有異義，信受作禮。佛於經中雖曾揭示"無我"之理，以破邪執。誠然，業感之輪迴主體，尚有許多疑團待爲詮釋。原始佛學以"業感緣起"來解釋生死之去向，由於這時期較注重實踐修持，故對此問題未加注意。隨着時代變遷，思想逐漸成熟，對此疑問不單是自教希望圓善其説，同時亦遭外道之質詢及攻擊。部派佛教時期，内部多重視學理的研究，"毗曇學"屢創嶄新觀點，因而掀起論争，"業感流轉"成爲當時學界關注的重要課題。

衆所周知，世親之《俱舍論》以理爲宗，博采"經部"之義而破斥"説一切有部"等之異説。故此，經部對業論之説可視爲俱舍之觀點。然世親回小向大後，因受大乘經論之啓發，思想國度亦隨之而擴闊，以會通小乘各部爲基礎，吸收大乘精妙之理，從而創立《大乘成業論》，解釋部派佛教所帶來之"假我"配"業感"等難題。據當今學者李潤生先生之研究，疑難有三：

（1）原始佛學，許每一眾生今世的"煩惱"與"業"，依"五蘊假我"而作，來世"福、非福報"，依"五蘊假我"而感，但此"五蘊"假體於一期生（一世）後復由聚而散，如何可作"感果"之依？此其可疑之一。

（2）今生由"五蘊假我"所作的業，以何等功能足以聚而不散，以作來生之用？此其可疑者二。

（3）原始佛學既不許有常的"自我"以作業感果，而代之以"五蘊"假體，但此"五蘊"體起伏聚散而非常住，以何因緣足以決定每一眾生的諸業與果皆自作自受，而非自作他受，亦非他作自受，或自作共受，或共作自受？此其可疑者三。①

就以上問題，其實都離不開"因果"與"無我"引致眾生流轉所依之理論。阿含經曰：

若諸沙門、婆羅門見有我者，一切皆於此五受陰見我。諸沙門、婆羅門見色是我，色異我，我在色，色在我；見受、想、行、識是我，識異我，我在識，識在我。愚癡無聞凡夫以無明故，見色是我、異我、相在，言我真實不捨。②

故佛在世，以"無我"義，廣施教化，饒益有情，欲令眾生，離苦得樂。業感受果，由身口行，牽引而起，於此功能，發業生果，依種子因，彼彼熏習，受報輪迴，生生不息。世親大師，倡賴耶識，作受熏說，依此觀念，糅合諸家，集其精華，高建法幢，建立體系，息眾論爭，輪迴主體，得以解決。

一、略論佛家各部對業論之解說

首先，概括陳述小乘主要派別對業論之看法，并簡述其要點，進而指出世親轉入大乘後，確立對業論之解讀。竊以為，眾生依業，各自流轉，其所依者，為業力也。佛教初業，世尊釋經，眾生輪迴，皆以"我執"，為其主因。

完備體系，淵源所自，經千百載，蛻變成長，方成大乘。佛住世時，於阿含經，揭"無我"義，破"實我"執。誠其所然，"假我""業感"，兩相襯配，於義理上，疑難未決。佛滅以後，佛教學者，於阿含經，站穩基礎，窮研遺教，會通諸理，競立新義，增飾佛說，時有部派，各自立論，各倡其義。有部思想，論其輪

---

① 李潤生《佛家業論辨析》，載香港法相學會《法相學會集刊》第 1 輯，1968 年，第 8～9 頁。
② 《雜阿含經》卷二，《大正藏》，臺北：佛陀教育基金會出版部，1990 年，第 2 冊，第 11 頁。

迴，説其業論，建"無表色"，作果功能，甚稱創見。同屬五法，總攝萬有，其所主張，具陳如下：

> 謂能種種運動身思。依身門行。故名身業。身之業故。故名身業。言語業者。亦思爲體。謂發語思。依語門行。故名語業。語之業故。故名語業。言意業者。謂審慮思。及決定思。爲意業體。故此三業。皆思爲體。隨門異故。立差別名。依意門行。名爲意業。依身門行。名爲身業。依語門行。名爲語業。………此經於法處中。不言無色。故知法處中。實有無表色。若無無表色。此經闕減。便成無用。①

此部所執，有實自性，不能成立，彼二表業（身語表業），於因明學，相違過患②，無從補足，實不可取。

論正量部對業論之解説　小乘正量，主張有二。所言一者，"業之體性"；所言二者，"業之感果"。其心王法，心所有法，刹那生滅，必無行動，色身諸法，非刹那滅，故能存在，亦可"行動"，爲"身表業"，作爲自體，如《俱舍論記》卷十三言：

> 爲破此故。説非行動。正量部計。有爲法中。心心所法。及音聲光明等。許刹那滅。定無行動。身表業色。許有動故。非刹那滅。如禮佛等身動轉時。事若未終。此之動色無刹那滅。此身動時。表善惡故。故身表業。行動爲體，以諸有爲法有刹那盡故者。立理正破。以諸有爲有刹那故。定無行動。何以得知皆有刹那。以有盡故。既後有盡。知前有滅。故知有爲法。皆刹那滅。故頌盡故二字。釋上有刹那故也。頌中故字。兩度言之。有刹那故。盡故。此應立量。身表業色。③

又此部派，立"不失法"④，作爲"業行"，以此勢用，感果功能！當來感招，"業果業應"。如世親言："毘婆沙師説。有別物爲名等身。心不相應行蘊所攝。實而非假。所以者何。非一切法皆是尋思所能了故。此名身等何界所繫。爲是有情數。爲非有情數。爲是異熟生爲是所長養。爲是等流性。爲善爲不善。爲無記。"⑤ 部派正量，所言業論，動色爲體、"不失法"者，皆有患失。彼所計執，實有自性，作身表業，皆不應理，無力破邪，如何顯正，所據者何？意志爲思，推動色身，方爲

---

① 《俱舍論頌疏論本》卷十三，《大正藏》第 41 册，第 890~891 頁。
② 若無表色，離表而發，於欲界時，隨心存在，於色界時，無心二位（無想、滅盡二定），應無無表，心不起故，故不應理；又無表業，應無有無記身業，有違經教，故言相違。
③ 《大正藏》第 41 册，第 890 頁。
④ 不失法者，指相續不失招感異熟的業力。
⑤ 《阿毘達磨俱舍論》卷五，《大正藏》第 29 册，第 29 頁。

"身業"，"行動之色"，屬物質性，其所活動，唯身業耳，作工具焉。一如生粟，變化過程，微相難知，察其組織，剎那生滅，前後變化，才成熟粟。由此觀之，憑藉此例，證他事物，皆屬必然，難爲理據。依此分析，"語表業體"，皆應雷同，"身表業體"，屬無自性，并非實有。又"不失法"，與善惡業，俱時生起，不似業體，剎那生滅，至感果後，方能消失，此亦非理。不失之法，與業俱生，唯其自身，不是業故，亦非善惡，是無記法，是不相應，故其存在，爲業符號。故《中觀論》，徹底遮破，茲引一文，以作證明："不失法如券。業如負財物。此性則無記。分別有四種。見諦所不斷。但思惟所斷。以是不失法。諸業有果報。"① 是故此派，所謂不失，憑藉此法，實有自性，招引業果，正量計執，實有患失，不能證成。

論經量部對業論之解説　此經量部，施設業論，"主張諸行，過未無體"，"業即是思，無實身業，及語業等"；反"無表色"，唯瑜伽派，稽首認同，惟其建立，"色心互持"，"種子熏習"，其中道理，尚未周全，援引其文，以作分析："有作是説。依附色根種子力故後心還起。以能生心心所種子依二相續。謂心相續色根相續。"又言："非餘造業餘受果故。若所作業體雖謝滅。由所熏心相續功能轉變差別。能得當來愛等果者。處無心定及無想天心相續斷。"② 此派言論，"色心互持"，種子熏習，依"心相續"，得來生果，實不應理。所以者何？若有行者，入奢摩他，無想滅盡，心心所法，頓時沉没，其"心相續"，何以持種？若言心種，從色種生，二類種子，同生一芽，於經驗界，實不可得。

小乘部派　論"無表色"，"種子熏習""色心互持""業之體性""業之感果""不失法"等，所出理論，辨釋"作業"，"能感""所感""種子熏習"，皆有貢獻。惟於輪迴、感果功能，尚欠周密，未能服衆。是故慈恩，無著世親，立阿賴耶，建種子説，輪迴主體，感果功能，方能解決。③

二、世親建立大乘業論之體系

瑜伽行派對業論之解説　前言未密，後出轉精。原始佛教，業論流轉，小乘各派，無能解決，主體困難，仍欠周密。大乘中觀，破而不立，亦無交代。唯識學者，無著世親，肩負重任，檢討各部，重整理據，立賴耶識，業感流轉，輪迴主體，相應困難，圓滿解決。

阿賴耶識建立之義據　芸芸衆生，各具八識，於所有識，各有心所，心心所法，依相見分。故心心所，唯相見分，各依種子，自起而生，或同種生，或別所

① 《大正藏》第 30 册，第 22 頁。
② 《大乘成業論》，《大正藏》第 31 册，第 783 頁。
③ 林律光《略論佛家對業論之解説》，載《清水灣文集》，香港：科華圖書出版公司，2009 年，第 130～137 頁。

生，成一單體。故眾生者，一堆種子，相分見分，似盆散沙，無從統攝。唯識學者，觀其諸行，相見二分，排列有序，有條不紊，從定觀察，生生不息，似有統攝，細而察之，刹那生滅，連續之力，故名之曰"阿賴耶識"。其理有二：一曰含藏，一切種子；二爲七識，作根本依。立此識故，輪迴主體，業感所依，此中理論，各派論師，心悅誠服。

阿賴耶識受熏說之建立　世親論師，依《成業論》，立賴耶識，作受熏說，茲引下文，以作解釋："心有二種：一、集起心，無量種子集起處故；二、種種心，所緣行相差別轉故。"由此觀之，此"集起心"，即賴耶識，均屬色法、心法種子，聚集生起。又曰："能續後有、能執持身故，說此名阿陀那識。攝藏一切諸法種子故，復說名阿賴耶識。前生所引業果熟故，即此亦名異熟果識。"①

由此得知，阿賴耶識，能生業果，就作用言，名阿陀那；就含攝義，能藏諸色，心法種子，名賴耶識；就果報言，名異熟識。故"集起心"，是諸種子，組合之體，依類而起，爲根身性、器界所依，亦爲眾生，感果主體。異名雖多，唯識學者，多所選取，阿賴耶識，以其名義，建立"能藏""所藏""執藏"，作其意義。言"種種心"，謂前六識，心心所法，隨緣生起，與"集起心"，恒時相續，無有間斷，有所不同。阿賴耶識，隱伏微細，難察其妙，是故眾生，有所懷疑。世親亦云："若爾，經句當云何通？如說：云何識取蘊？謂六識身。云何識緣名色？識謂六識。應知此經別有密意，如契經說：云何行蘊？謂六思身，非行蘊中更無餘法，此亦應爾。說六非餘有何密意？且如世尊解深密說：'我於凡愚不開演'者，'死彼分別執爲我'故。何緣愚夫執此爲我？此無始來窮生死際，行相微細無改變故。"②

由於六識、所依所緣、行相品類，粗易了知，故雜阿含，只說六識，不提賴耶，密意而已。雜阿含經，雖言行蘊，括六思身，事實言之，不相應行，亦屬行蘊。六識賴耶，互相依存，關係密切。現行六識，熏習種子，存於賴耶，條件具備，始生作用，輾轉相生，相互不離，一切作業，感果功能，悠然而生！如《瑜伽師地論》卷五十一云：

謂略說阿賴耶識是一切雜染根本。所以者何。由此識是有情世間生起根本。能生諸根根所依處及轉識等故。亦是器世間生起根本。由能生起器世間故。亦是有情互起根本。一切有情相望互爲增上緣故。所以者何。無有有情與餘有情互相見等時。不生苦樂等更相受用。由此道理當知有情界互爲增上緣。又即此阿賴耶識。能持一切法種子故。於現在世是苦諦體。亦是未來苦諦生

---

① 《大乘成業論》，《大正藏》第 31 冊，第 784 頁。
② 《大乘成業論》，《大正藏》第 31 冊，第 785 頁。

因。又是現在集諦生因。①

是故高標，阿賴耶識，"有漏"人生，世界本源，方得解決。衆生於世，尚未解脱，上窮無始，下究無終，構成宇宙，有情世間。阿賴耶識，受熏之説，疏解業感，流轉疑惑，與此同時，澄清部派，有情生天（無想天、無色界、滅盡定），一切疑難。《大乘成業論》云：

> 應如一類經爲量者。所許細心彼位猶有。謂異熟果識具一切種子。從初結生乃至終没。展轉相續曾無間斷。彼彼生處由異熟因。品類差别相續流轉。乃至涅槃方畢竟滅。即由此識無間斷故。於無心位亦説有心。餘六識身於此諸位皆不轉故説爲無心。由滅定等加行入心增上力故。令六識種暫時損伏不得現起故名無心。非無一切。心有二種。一集起心。無量種子集起處故。二種種心。所緣行相差别轉故。滅定等位第二心闕故名無心。如一足床闕餘足故亦名無足。彼諸識種被損伏位。異熟果識刹那刹那轉變差别。能損伏力漸劣漸微乃至都盡如水熱箭引燒發力。漸劣漸微至都盡位。識種爾時得生果。便初從識種意識還生。後位隨緣餘識漸起。②

世親菩薩，破斥經部：滅定猶有，細心論者，當入滅盡，加行定心，停止六識，一切六識，心心所法，如是種子，潛伏不起。唯"集起心"，含藏種子，須不現行，相續不斷，存於賴耶。故滅盡定，猶存細心，實指賴耶，非第六識。隨時消逝，加行定心，漸趨微弱，前六識心，一切種子，復歸能力，先起意識，次五識生，名爲出定。如是疑難，"色心互熏"，"滅定細心"，兩者過失，盡得消除。由此可見，世親賴耶，受熏之説，會通佛理，釋疑解惑，建立業論，偃息論争。

輪迴主體之建立　釋尊創教，天竺圓音，立輪迴觀。依我佛教，輪迴之基，建於兩論，一"緣起論"，二"無我論"，離此兩者，皆非本教，如"一""常"論，"主宰""神我"……是故五蘊，假體實我，作輪迴體，皆不應理。瑜伽行派，爲解此難，作輪迴體，設五條件，方能釋疑，令人信服。何者爲五：第一緣生，無自性故；第二意志，非主宰性；第三色心，能發業行；第四攝持，功能感果；第五續轉，必相因待。具足此五，輪迴主體，所造"業行"，於倫理上，方得稱理，符合衆生，"自作自受"，流轉業論。今瑜伽師，立"賴耶識"，作有情體，與前七識，因果依存，而賴耶識，非實自體（亦非實體），非常不變，契合佛理，"緣起論"故，是故相應，"輪迴主體"，首項要求。"阿賴耶識"，是諸種子，積聚功能，組合而成，隨緣變化，非獨立性，亦無主宰，更非永恒，所以者何？衆生入滅，證涅槃

---

① 《大正藏》第30册，第581頁。
② 《大正藏》第31册，第784頁。

境，轉識成智，阿賴耶識，同時消失，合"無我論"，符轉世義，次項要求，得以滿足。"阿賴耶識"，含藏衆生，生命個體，物質精神，活動功能，能發業行，符第三義。"阿賴耶識"，以"業種子"，攝餘勢力，熏習相續，刹那生滅，寄存八識。行者證入，"無心定"時，前六識止，唯賴耶識，持種功能，續生效用，業種不失，合乎條件，第四者也。一期終結，阿賴耶識，以業種子，感招來生，根身器界，成業果報。是故當知，"發業主體""攝持感果、功能主體""感果主體"，全由衆生，各自具足，賴耶統攝，相因相待，轉化相續，合第五義。

三、近代學者對世親建立業論之評價

由是觀之，原始佛教，"輪迴"觀念，采"無我論"，納"緣起説"，依此義理，建立體系，"業感緣起""輪迴業論""感果功能"，一切矛盾，盡得消弭。於"造物主"，執"實自性"；立"神我"者，建"靈魂"説，其存在論，難於立足。瑜伽行派，經千百載，嘔心瀝血，論證爭辯，破邪顯正，作權威説。如上所言，五條規則，一應俱備，立"賴耶識"，釋疑解惑，"輪迴主體"，徹底解決。瑜伽學者，力主唯識，非離識種，作業熏種，依賴耶識，一貫相續，不斷變化，離此賴耶，無業可造、無種可熏、無果可報。世親菩薩，撰《成業論》，息大論爭，圓輪迴説，建佛業論。①

近人李孟崧在其碩士論文《俱舍論對業之批判》認爲經部之二元論尚未周全，而阿賴耶識之建立正是佛教理論發展的必然結果。同時，他認爲世親唯識學之成就，《俱舍論》對此有着莫大的貢獻。兹錄其原文如下：

> 經部直接由思心所的活動來説明業的本質問題時，提出思種熏習的觀念，所謂離思無異熟因，離受無異熟果。此謂熏習，就是前念熏生後念。但經部又主張色心種子互熏，在理論上，從而產生由色法種上生起心法種的疑難。雖然如此，經部的種子學説，仍比有部的無表業觀念來得進步。

> 經部的色心二元論的缺點，要到唯識學一元論才能得到解決。因爲唯識學建立阿賴耶識，是貯藏色心諸法種子的庫藏，即使在無心定時，心法不起現行，但心法種子仍相續不斷地存在阿賴耶識中，故能在出無心定後，即起現行。阿賴耶識建立，實亦承經部細心的進一步發展的結果。其實賴耶識的建立，實際亦是佛教理論發展的結果，如上座部的有分識，化地部的窮生死蘊，經部的一味蘊，都是此一思路的進展，唯識學的建立，即圓滿解決業力學説種種疑難。

---

① 《略論佛家對業論之解説》，《清水灣文集》第130~137頁。

俱舍論對業的思想提出討論，并偏於經部種子理論。世親是唯識學一代祖師，唯識三十頌實爲其唯識思想圓熟之代表作，而種子的性質（如種子之六義），及其如何能變現依正世界，唯識學都有圓滿的説明，故俱舍論之貢獻，實是奠定了唯識學的發展，唯識宗將俱舍論列爲法相之基礎，亦可見俱舍與唯識之緊密關係。①

而王頌之之《大乘成業論》分別引《攝大成論》和《成唯識論述記》指出世親未能把"有受盡相"及"無受盡相"② 二相之種子功能説得清楚，有所遺憾，并試圖推想其原因，兹錄原文如下：

故此，就種子的作用差別來説，有情作善、不善業後，熏習成善、不善性的"業種子"，這"業種子"受果有盡，只能感受一次異熟果報，便不能再感召果報。但另一方面，它的自體——"名言種子"仍然存在，能够不斷生起現行。這是因爲種子的體性，前滅後生，相似相續、恒轉無盡。所以每當遇緣時，便生起現行，現行起時又熏習新的種子；又能作思種子因緣，重行造業。這便是《攝論》所説的"無受盡相"了。故此，必須説明種子有受盡與無受盡二相，唯識學中業種酬果的原理才得明顯。

但世親在《成業論》中雖已透露業種酬果的原理，但仍未能清楚説明種子差別的作用，更未有提有"有受盡相"——"業種子"及"無受盡相"——"名言種子"不同的觀念，對業種酬果的解説仍只承襲經部舊義，這未免美中不足。但推想起來，原因可能有二：

第一、世親在撰作《成業論》的時候，是初習唯識不久，個人唯識學的思想并未完全成熟，所以不願在《成業論》中提這等深奥的義理。

第二、世親撰作《成業論》的目的只是對部派業論作出全面檢討，并以建立業感所依的大乘正義來疏解佛家無我而有業果理論的疑難。思想立場雖是大乘唯識學説，但立論的對象却是部派佛教學者，所以只在論中力圖完成作論的旨趣，而不急於建立進識思想的體系，這可説是用心良苦！③

李潤生先生之《佛家業論辨析》認爲世親把心分爲"集起心"和"種種心"能圓滿地解釋"生無想天"及"生無色界"出定之所依，并成功將經量部之"心物二

---

① 李孟崧《俱舍論對業論之批判》，香港能仁書院哲學研究所碩士論文，1983 年，第 296～298 頁。

② 無性菩薩造，玄奘譯《攝大乘論釋》卷第三云："有受盡相者。謂已成熟異熟果。善不善種子。無受盡相者。謂名言熏習種子。"（《大正藏》第 31 冊，第 398 頁。）簡要言之，從因到果，生命體變，種子成熟，謂異熟果，此異熟相，非同一貌，如種生芽，成異熟時，果報來臨，善業樂報，惡業苦報，受用有時，時到即結，故名之曰，"有受盡相"。由思所熏，成名言種，相續不斷，輾轉復生，無窮受用，故名之曰，無受盡相。

③ 王頌之《大乘成業論》，香港能仁書院哲學研究所碩士論文，1982 年，第 206～207 頁。

元論"轉到"唯心一元論",成爲佛家偉大哲學的貢獻。茲録原文如下：

  世親的"種子熏習"與前節所述的經量部的"種子熏習",在種子自身的涵義上無大差別,而世親主"種子熏習"而無"心互持"的負累者,其原因在唯識宗於"種子"與所依的"心"(阿賴耶識)之間,建立其精密而微妙的關係有以致之。

  然此間所謂"熏心相續"的"心"并非原始佛學中所説的眼等六識,而是唯識宗依經教與諸部思想所建立"阿賴耶識"。蓋世親在大乘成業論中,把"心"分爲二大類：

  一、集起心——無量種子所集起處,即阿賴耶識。

  二、種種心——所緣行相差別而轉,即餘心、心所。

  爲要解釋生"無想天"及"無色界"而後復能再起心、色的原理,世親以爲生"無想天",種種心雖停止其活動,而集起心則無不在活動之中,故一切心種色種俱可以"阿賴耶識"此"集起心"以爲所依,藏於其中而無過患,及於後時,出"無想天",心種亦能從"集起心"後起活動,生心、心所諸法。同一理趣,生"無色界"時,一切色種可藏於所依的"集起心"中,爲後時再起的親因。如是立"集起心"的"阿賴耶識"以攝藏種種法的種子,作一切作業與感果的所依,於是從經量部的"心、物二元論"轉到"唯心一元論"去,從原始佛學的"業感緣起"轉到唯識的"阿賴緣起"去。此外更立"末那識"以顯示有情無始時來的一貫我執的人格,使唯識思想體系更趨嚴密,而爲佛學哲學中的一大貢獻。世親以"種子"爲感果的媒介,以"阿賴耶識"爲作業與感果的所依,則上述"業感"的第一、第二疑難,遂得以周全與合理的解答。[①]

業爲佛法,中心論題。衆生輪迴、主體流轉、作業酬果,建於此理。欲爲解決,"輪迴流轉,主體困難"。小乘"有部",建"無表色";"正量部派",立"業體性";"經量部派",始創"色心"、互持種子,及"細心説";乃至大乘,"中觀學派","作諸法相,實有境界",破而不立,於佛理中,"業感緣起",漠不關心,仍無方法,圓滿解決。凡此種種,尚無方案,調解衆生,"主體輪迴",困難之處。綜觀小乘,所持論據,其理矛盾,漏洞百出,智者不取,學者不服。至公元時,約五世紀,大乘教派,瑜伽論師,無著世親,相繼出現,對此問題(業感緣起),衍生之難,博采諸家,兼容并蓄,取長捨短,集百家精,補瑜伽短,將之圓善,終以"緣起""無我"爲基,將佛業論,圓滿解決。

---

① 《佛家業論辨析》,《法相學會集刊》第 1 輯,第 19 頁。

綜觀上述，從事佛教業論的學者認爲："阿賴耶識"之建立是佛教業論的必然發展；有説，此世親之業論雖未盡善，仍能解決業報酬果之疑難；或説，由"業感緣起"到"阿賴緣起"，或從"心物二元論"到"唯心一元論"……由此證明了佛家的業論到了世親晚年已得到了破天荒的革新，解決長久以來部派佛教、外道等對業報流轉所帶來的種種爭辯，并將輪迴的主體變得更加合理化。故此，《大乘成業論》之面世，不單將小乘部派之業論疑難解決，而且確立了大乘種子學説之思想體系，這就證明世親從小乘過度到大乘對業論看法之轉變了。故研習"俱舍學"，既能掌握小乘各部之思想體系，又可爲研習大乘思想作一部署，它發揮着承先啓後的作用，對世親的個人思想及佛教理論發展之脉絡，自然一目了然。

Vasubandhu's Conception of Karma

Lam Lut Kwong

Abstract：The Buddha claimed the theory of "no self" that helps eliminate self－attachments. Nevertheless, Buddhist scholars have been struggling with the possibility of rebirth given that there are no selves, for there should be a subject to undergo rebirth. Since early Buddhism emphasized on practices like meditations and carried ethical conduct more than theoretical investigations, the above theoretical tension was not noticed. Only until a few hundred years after the Buddha's death, the problem has attracted more attention due to the evolution of Buddhist theories and the maturation of thoughts. Various solutions were discussed, but were attacked by non-Buddhist scholars.

During the period of Early Buddhist schools, Buddhist scholars started emphasizing on the theoretical and philosophical aspects of Buddhism. In particular, scholars of Abhidharma has proposed several novel ideas in support of the compatibility of "no-self" and rebirth, from which great dispute was triggered. The problem of karma and rebirth became one of the most important discussions.

After Vasubandhu's conversion from Hinayāna to Mahāyāna Buddhism, his theory has changed drastically thanks to the inspirations from the Mahāyāna School. In his renowned "Karmasiddhi-prakaraṇa", Vasubandhu adopted the basic tenet of various Hinayāna's Schools as a foundation. At the same time he borrowed certain subtlety of thoughts in the Mahāyāna School to establish a new system, and to solve the seemingly contradictory assertions between karma and "no-self". His theory was quite successful during his time in tackling the heated debate between the Buddhist and non-Buddhist scholars. He re-emphasized the necessity to establish a subject，whilst declaring the existence of a subject as compatible with the theory of "no-self". This theory is the starter of the Yogacara School，which proposes the existence of "seeds".

In this essay，I investigate the changes of Vasubandhu's theory of karma before and after his transition.

Keywords：Kusha-shū；Vasubandhu；karma

作者簡介：林律光，男，香港中文大學禪與人類文明研究中心講師。

海印三昧

——《華嚴經》海洋符號解讀①

穋 荻　李　娜

　　提　要：自古以來，《華嚴經》一直被大乘佛教諸宗奉爲修學最重要之經典，素有“經中之王”的美稱。其中所宣講之“海印三昧”，是佛陀成就正覺所得之三昧名，亦是圓滿頓教之最高境界。《探玄記》有云：“海印者，從喻爲名，如修羅四兵列在空中，於大海中印現其像。”在《華嚴經》中，大海作爲一個符號，以海洋本身所具之衆多屬性，譬喻菩薩名稱、定慧、功德、性相等諸多方面。本文擬從四個角度，梳理《華嚴經》中大海的符號性意義，用概念分析的方式，以信解行證爲邏輯綫索，解讀海印三昧之內涵。通過一系列考察，揭示《華嚴經》兼備“法喻因果”“理智人法”之主旨。

　　關鍵詞：《華嚴經》　大海　符號

《大方廣佛華嚴經》略稱《華嚴經》，清凉澄觀解釋經名爲：

> 大方廣者，所證法也；佛華嚴者，能證人也。大以體性包含，方廣乃業用周遍，佛謂果圓覺滿，華喻萬行披敷，嚴乃飾法成人，經乃貫穿常法。一經體用盡大方廣，五周因果皆佛華嚴，斯乃人法雙題，法喻齊舉，有體有用，有果有因，理盡義圓，該攝無外，包難思之義理爲一部之宏綱。②

此經主要講述了釋迦牟尼在菩提樹下覺悟成道後，在最初的二七日中，爲十方菩薩開顯其所覺悟境界的歷程。所謂覺悟，即證悟毗盧遮那佛法身境界，於“海印三昧”中普現諸法實相。《華嚴探玄記》曰：“海印者，從喻爲名，如修羅四兵列在空

　　① 基金項目：本文係 2013 年浙江省社會科學界聯合會重點研究課題（2013Z35）、中國計量學院哲學社會科學青年基金項目（SLY201205）的階段性成果。
　　② 澄觀《大華嚴經略策》卷一，《大正藏》，CBETA 光碟版，臺北：中華電子佛典協會，第 36 冊，第 1 頁。

中，於大海中印現其像。菩薩定心猶如大海，應機現異，如彼兵像故。"① 海印三昧是佛所證得之三昧名，一旦進入此定，諸法便在佛智的觀照下呈現出自然而然的情景，就如大海般能映現一切事物，即《華嚴經》所謂："眾生形相各不同，行業音聲亦無量，如是一切皆能現，海印三昧威神力。"② 佛法身即是法界全體，在佛而言法身，就法而說法界，之所以有法身、法界，都是由如來藏佛性使然。被煩惱覆蓋的真如為如來藏，出於煩惱謂之法身，如來藏即眾生本具的無量功德，乃眾生成佛的可能性。這個如來藏性，如果表現為眾生自體內呈現出來的佛性，即稱為法身；如果於諸法當下顯現為清净的法性，就是法界。圓滿清净的法身、法界所彰顯出的諸法實相，即是海印三昧所顯現的內容，即圓滿無盡、圓融無礙的佛果境界。此佛果境界本來不可言說，只有通過親體力行的修行才能證得，但是佛陀借由普賢菩薩的闡述，為眾生開示出由凡夫之因位趣入佛果的解行法門，指明眾生本來具有如來的功德、智慧。此毗盧遮那佛果位所呈現出的法界實相，其實就是眾生經由修行而獲取的功德，再借此功德所成就的彼岸世界。也就是說，所謂彼岸世界，即眾生通過研修因地的苦集滅道等四諦之法，而成功趣入的果地，從中彰顯出的佛法身的無盡之法。以因中普賢之大解大行，即能夠證得海印三昧，遂一時頓現佛法身之因陀羅網大緣起，故善財遍參五十三善知識，及至彌勒菩薩處，得入"毗盧遮那莊嚴藏大樓閣"，於樓中可見"有無量百千諸妙樓閣，廣博嚴麗，皆同虛空，不相妨礙，亦無雜亂。於一處中見一切處，一切諸處悉如是見"③。此即顯示凡夫從因地起解行而趣入毗盧遮那佛法身境界的實踐教程。因能趣果，解行固然重要，但都不是決定性的，其決定因素即在於諸法自體即本具實德法性，也就是眾生心，乃因果自體。

《華嚴經》以佛果位揭示諸法實相，海印三昧可以映現一切法，如同於大海中印象一切事物。而因果自體，則表現為報身佛——毗盧遮那佛所處的世界便是其自身呈現的色相——華藏世界海，它包羅萬象，"十方盡法界、虛空界、一切世界海"；於此中萬物自性具足，可"一一塵中見法界"，同時又能保持彼此"一一皆自在，各各無雜亂"；同時"供養一切諸如來"；最為奇妙的是，華藏世界海是一處不可思議的境地，所謂不可思議，即萬物表象雖各不相同，却能以一現多（十），"（毗盧遮那佛）蓮花座上示眾相，一一身包一切刹，一念普現於三世，一切刹海皆成立，佛以方便悉入中，此是毗盧所嚴净"④，即所謂融攝無盡，圓融無礙是也。

除華藏世界海之外，大海作為一個符號，在經中亦反復多次出現，其符號性特

---

① 法藏《華嚴經探玄記》卷四，《大正藏》第 35 册，第 112 頁。
② 《華嚴經》卷十四，《大正藏》第 10 册，第 148 頁。
③ 《華嚴經》卷七九，《大正藏》第 10 册，第 798 頁。
④ 《華嚴經》卷七，《大正藏》第 10 册，第 70 頁。

徵形象具體，被經文廣泛應用，使得深奥的教理，能够被人們最大限度地理解和接受。一些佛教概念、義理可以借助人們在實際生活經驗中的感受和體會，通過總結大海的表象及性質，經歸納整理，從而在人的頭腦中形成共識性的印象，再由描繪性的語言加工，便於人們理解和體會《華嚴經》中描述的廣大無邊、難以思議的境界，亦有增强人們修行信念的心理效應。有鑒於此，經文以大海本身所具之衆多屬性，譬喻菩薩名稱、定慧、功德、性相等諸多方面。我們擬從四個角度，梳理《華嚴經》中大海的符號性意義，用概念分析的方式，以信解行證爲邏輯綫索，解讀海印三昧之内涵。通過一系列考察，揭示《華嚴經》兼備“法喻因果”“理智人法”之主旨。

一、以大海譬喻菩薩樹立信仰對象

大乘佛教以菩薩信仰爲中心，《華嚴經》有云：“信爲道源功德母，長養一切諸善根。”菩提薩埵這一概念内含能覺與所覺，以自覺爲前提，廣發菩提心，以覺悟有情爲旨趣。《華嚴經》中載有無量菩薩，與大海有關的菩薩亦無量，“等而爲上首，其數無量，悉以如來功德大海充滿其身”①。其中便有十位以大海命名的信仰對象，即主持守護海洋之菩薩，也可以看做世界海的守護之神：“復有無量主海神，所謂：出現寶光主海神、成金剛幢主海神、遠塵離垢主海神、普水宫殿主海神、吉祥寶月主海神、妙華龍髻主海神、普持光味主海神、寶焰華光主海神、金剛妙髻主海神、海潮雷聲主海神……”② 他們守護衆生、賜福衆生、覺悟衆生、解脱衆生，協助衆生普入法界。

那麼，菩薩又是怎樣成就的呢？《華嚴經》借海雲③之口解説了修成菩薩的途徑，首先是：“若諸衆生不種善根，則不能發阿耨多羅三藐三菩提心。”須心懷救助衆生的善念，依此指引善行，結下善緣，種下善根。展開來説，要做到：“得普門善根光明，具真實道三昧智光，出生種種廣大福海，長白净法無有懈息，事善知識不生疲厭，不顧身命無所藏積，等心如地無有高下，性常慈潤一切衆生，於諸有趣專念不舍，恒樂觀察如來境界；如是，乃能發菩提心。”④ 我們看到，僅發菩提心就需要具備如此多的條件，進入具體修習過程，則須發十一種菩提心，完成五十二個階位的修行。十一種菩提心是：

> 發菩提心者。所謂：發大悲心，普救一切衆生故；發大慈心，等祐一切世

---

① 《華嚴經》卷一，《大正藏》第 10 册，第 4 頁。
② 《華嚴經》卷一，《大正藏》第 10 册，第 4 頁。
③ 法藏《華嚴探玄記》卷十八曰：海雲者，此比丘，常在海岸觀緣起大海及彼海上人法莊嚴遍布如雲，從所觀爲名。（《大正藏》第 35 册，第 472 頁。）
④ 《華嚴經》卷六二，《大正藏》第 10 册，第 614 頁。

間故；發安樂心，令一切衆生滅諸苦故；發饒益心，令一切衆生離惡法故；發
哀潛心，有怖畏者咸守護故；發無礙心，舍離一切諸障礙故；發廣大心，一切
法界咸遍滿故；發無邊心，等虛空界無不往故；發寬博心，悉見一切諸如來
故；發清净心，於三世法智無違故；發智慧心，普入一切智慧海故。①

五十二階位是：十信（信心、念心、精進心、慧心、定心、不退心、護法心、回向
心、戒心、願心），此位爲凡人階段，不入賢聖；十住（發心住、治地住、修行住、
生貴住、方便具足住、正心住、不退住、童真住、法王子住、灌頂住）、十行（歡
喜行、饒益行、無嗔恨行、無盡行、離癡亂行、善現行、無著行、尊重行、善法
行、真實行）、十回向（救護一切衆生離衆生相回向、不壞回向、等一切物回向、
至一切處回向、無盡功德藏回向、隨順平等善根回向、隨順等觀一切衆生回向、真
如相回向、無縛解脱回向、法界無量回向）等三位爲賢位；十地（歡喜地、離垢
地、發光地、焰慧地、極難勝地、現前地、遠行地、不動地、善慧地、法雲地）、
等覺、妙覺爲聖位，其中，最高位妙覺菩薩已然是佛，次位等覺菩薩則是即將成佛
的大菩薩，屬菩薩的最高位。

　　既於此，菩薩已具備了自覺覺他、自度度人的能力并獲得了相應的境，《華
嚴經・入法界品》中，善財拜訪海雲比丘，海雲演説菩薩所處境界時，以大海作
喻，以"思惟"爲手段：

　　　　善男子！我住此海門國十有二年，常以大海爲其境界。所謂：思惟大海廣
　　大無量，思惟大海甚深難測，思惟大海漸次深廣，思惟大海無量衆寶奇妙莊
　　嚴，思惟大海積無量水，思惟大海水色不同不可思議，思惟大海無量衆生之所
　　住處，思惟大海容受種種大身衆生，思惟大海能受大雲所雨之雨，思惟大海無
　　增無減。②

廣大無量、甚深難測的大海也可"思惟"，説明菩薩境界并非最爲殊勝，故海雲反
思道："我（海雲）思惟時，復作是念：'世間之中，頗有廣博過此海不？頗有無量
過此海不？頗有甚深過此海不？頗有殊特過此海不？'"③ 此處不難設想，比菩薩更
高的當然是佛，那麼比海大的呢？ "我作是念時，此海之下，有大蓮華忽然出
現……此大蓮華，如來出世善根所起，一切菩薩皆生信樂，十方世界無不現前，從
如幻法生、如夢法生、清净業生，無諍法門之所莊嚴，入無爲印，住無礙門，充滿
十方一切國土，隨順諸佛甚深境界，於無數百千劫嘆其功德不可得盡。"④ 此大蓮

---

① 《華嚴經》卷六二，《大正藏》第 10 册，第 614 頁。
② 《華嚴經》卷六二，《大正藏》第 10 册，第 614 頁。
③ 《華嚴經》卷六二，《大正藏》第 10 册，第 614 頁。
④ 《華嚴經》卷六二，《大正藏》第 10 册，第 614 頁。

華具有出生、含攝、具德等功用，内有含藏之意，大蓮華也就是蓮華藏世界海的表相，亦即佛法身所化之净土。

《華嚴經》有云："於有爲界示無爲法，而不滅壞有爲之相；於無爲界示有爲法，而不分別無爲之相。"① 海印三昧映現出的華藏世界的景象正是毗盧遮那佛内心的呈顯，無論世間的有爲法與出世間的無爲法，究其根本，都以如來藏爲本體，之所以有差別，原因不是別的，就在衆生的心中一念。倘若衆生覺悟，了達境界，知曉一切法皆以因緣爲本，於一切法不作妄念分別，觀一切法畢竟寂滅，則衆生即是佛。説諸佛菩薩、華藏世界，實則就是在講衆生、有情世間。"有静説生死，無静即涅槃"，衆生本來自性清净、具足功德，轉變世間爲出世間的契機，主動權就在有情衆生自心。因此，我們得出一句很常見但又藴含無限禪理的結論：比大海更博大的，正是人的心靈！那麼有情衆生要如何精進修行呢？

二、以大海譬喻定慧指明修行途徑

大乘佛教以六度法門總攝修行方式，後兩種即禪定和般若，亦即定慧二學。收攝散亂的心念，止於不動心爲定；觀照了知一切真理，斷除迷惑爲慧。定慧在佛教中被形象地比喻爲左右手，左手爲定，右手爲慧，二者均爲修習佛法的根本方法，不可或缺。《華嚴經》有云："獲決定慧，具無量智"，又有"菩薩摩訶薩善調諸根，如理修行，恒住止觀，心意寂静，一切動念皆悉不生"②。經中記録了很多以大海比喻定慧的説法，如："一一三昧海，得一切見佛海；一一見佛海，得一切智光海；一一智光海，普照三世，遍入十方。"③ 雖然華嚴宗杜順、澄觀等人均宣導止觀雙運、雙翅齊振，但我們按照六度的排列順序——禪定在般若之前，先論定而後論慧，詳細探討大海在《華嚴經》之定慧學中所起到的符號意義。

論及三昧之大海喻，最殊勝者不外海印三昧了，前文已論，不再贅述。經文借善財參學夜神，詳細介紹了禪定修行的四個層次，即四禪：

> 善男子！我（夜神）得菩薩解脱，名：寂静禪定樂普游步。……如是了知一切如來時，於菩薩寂静禪定樂普游步解脱門，分明了達，成就增長，思惟觀察，堅固莊嚴，不起一切妄想分別，大悲救護一切衆生。一心不動，修習初禪，息一切意業，攝一切衆生，智力勇猛，喜心悦豫；修第二禪，思惟一切衆生自性，厭離生死；修第三禪，悉能息滅一切衆生衆苦熱惱；修第四禪，增長圓滿一切智願，出生一切諸三昧海，入諸菩薩解脱海門，游戲一切神通，成就

① 《華嚴經》卷二四，《大正藏》第 10 册，第 265 頁。
② 《華嚴經》卷五八，《大正藏》第 10 册，第 253 頁。
③ 《華嚴經》卷七一，《大正藏》第 10 册，第 706 頁。

一切變化，以清净智普入法界。①

佛教以四禪對治尋伺等心念躁動，以修成圓滿清净智慧爲旨趣，一切世界萬象於心中湛然顯現，即"入法界"。本經的主角——普賢菩薩所入的三昧即名"一切世界海微塵數三昧海門"，普賢主一切諸佛的理德、定德和行德，是衆生趣入法界的導師，故作爲《華嚴經》的主講。如來經常要求普賢菩薩爲其他菩薩解説佛理，引導衆生進入菩提智慧，成就普賢所有行願。當普賢解説法界自在三昧時，以自在之大海揭示此三昧的殊勝之處：

> 佛子！菩薩摩訶薩住此三昧，得十種海。何者爲十？所謂：得諸佛海，咸睹見故；得衆生海，悉調伏故；得諸法海，能以智慧悉了知故；得諸刹海，以無性無作神通皆往詣故；得功德海，一切修行悉圓滿故；得神通海，能廣示現令開悟故；得諸根海，種種不同悉善知故；得諸心海，知一切衆生種種差別無量心故；得諸行海，能以願力悉圓滿故；得諸願海，悉使成就，永清净故。②

借用大海的功用，揭示法界自在三昧具有無量功德，能生、能成就、能圓滿、能照明、能具足、能遍具足、能廣大、能堅固、能增長、能净治、能遍净治，以至於"於不可説劫無能説盡"。

如此，若遵從普賢的教導、修普賢行，則"入於菩薩勝智海，能於一切微塵中，普現其身净衆刹"③。以普賢之三昧自在趣向文殊之般若自在，解行一致，理智一雙，乃《華嚴經》的教法特點。文殊主智德、證德，是衆生趨向解脱的對象，了知衆生平等一味，佛性本具。《入法界品》中，彌勒菩薩觀察善財，邊向大衆指示邊嘆其功德而作頌："汝等觀此人，親近善知識，隨其所修學，一切應順行。以昔福因緣，文殊令發心，隨順無違逆，修行不懈倦。"④ 親近善知識是聲聞衆修習佛法的條件，但無論聲聞、緣覺，隨順因緣而成就功德的前提都是發心，由此才可斷除"我見"等煩惱，擺脱我是他非的價值判斷，了悟衆生心本具無量衆生界、一切佛皆從此出。普賢教導衆生説：

> 佛子！菩薩摩訶薩有十種發無量無邊廣大心。何等爲十？所謂：於一切諸佛所，發無量無邊廣大心；（以至）觀一切衆生界；觀一切刹、一切世、一切法界；觀察一切法皆如虛空；觀察一切菩薩廣大行；正念三世一切諸佛；觀不思議諸業果報；嚴净一切佛刹；遍入一切諸佛大會；觀察一切如來妙音。是爲

---

① 《華嚴經》卷六九，《大正藏》第 10 册，第 678 頁。
② 《華嚴經》卷四二，《大正藏》第 10 册，第 417 頁。
③ 《華嚴經》卷八，《大正藏》第 10 册，第 84 頁。
④ 《華嚴經》卷七七，《大正藏》第 10 册，第 780 頁。

十。若諸菩薩安住此心，則得一切佛法無量無邊廣大智慧海。①

如此發無量無邊廣大心，衆生便可了悟三世所有一切佛，悉與衆生心等同智慧。菩薩内含無礙種子踐行天地間，普具清净法眼以觀照世間一切平等相，一性一相無有差別，決棄一切愚癡障礙，深入廣大智慧海。緊接着，普賢開示菩薩所證的般若智慧如大海般甚深，喻名"如海智"：

> 佛子！菩薩摩訶薩有十種入阿耨多羅三藐三菩提如海智。何等爲十？所謂：入一切無量衆生界，是爲第一如海智。入一切世界而不起分別，是爲第二如海智。知一切虛空界無量無礙，普入十方一切差別世界網，是爲第三如海智。菩薩摩訶薩善入法界……是爲第四如海智。……於彼一切（三世善根）皆悉了知，深信隨喜，願樂修習，無有厭足，是爲第五如海智。……如是觀察過去世不可説不可説劫，心無厭足，是爲第六如海智。……如是觀察，盡未來際皆悉了知，不可窮盡而無厭足，是爲第七如海智。……（入現在世，不著一切）然見佛聞法，觀察世界，入諸劫數，無有厭足，是爲第八如海智。……（於三世十方）供養諸佛，饒益衆生，護持正法，開示演説，是爲第九如海智。……（入一切所、説一切法、發一切心）如是於不可説不可説劫無有厭足，是爲第十如海智。②

倘若諸菩薩能够安住於此十種如海智，則可證得一切諸佛的無上大智慧，由之可知此十種如海智便是"覺行圓滿"的必要條件，是菩薩與佛之差距的節點。既然如此，諸佛的智慧又會是怎樣的甚深廣大？

普賢菩薩解釋説："佛子！譬如大海，其水潛流四天下地及八十億諸小洲中，有穿鑿者無不得水，而彼大海不作分別：'我出於水。'佛智海水亦復如是，流入一切衆生心中，若諸衆生觀察境界、修習法門，則得智慧清净明瞭，而如來智平等無二、無有分別，但隨衆生心行異故，所得智慧各各不同。"③借助描述大海的包容廣大、一視同仁，方便解説不可思議的佛智，以窺一斑，乃《華嚴經》常用的説法技巧。"譬如大海"於經文中隨處可見，針對不可思量之佛智的具體闡釋亦應用此道。《華嚴經》描述諸佛的智慧爲不可思議、不可思量，但爲了教化衆生，又不得不"説"法。既然不可"思"，采取"喻"就成爲行之有效且必要的説法手段。試問世間何物可以堪比佛智的甚深廣大？唯有大海堪當！經文中蓮華藏菩薩秉承佛的神力宣講了佛的智慧：

---

① 《華嚴經》卷五五，《大正藏》第 10 册，第 540 頁。
② 《華嚴經》卷五五，《大正藏》第 10 册，第 536 頁。
③ 《華嚴經》卷五一，《大正藏》第 10 册，第 504 頁。

佛子！諸佛世尊有十種無盡智海法。何等爲十？所謂：一切諸佛無邊法身
無盡智海法；一切諸佛無量佛事無盡智海法；一切諸佛佛眼境界無盡智海法；
一切諸佛無量無數難思善根無盡智海法；一切諸佛普雨一切甘露妙法無盡智海
法；一切諸佛讚佛功德無盡智海法；一切諸佛往昔所修種種願行無盡智海法；
一切諸佛盡未來際恒作佛事無盡智海法；一切諸佛了知一切衆生心行無盡智海
法；一切諸佛福智莊嚴無能過者無盡智海法。是爲十。①

借助此"方便海"，依據人類對於大海的共識，我們瞭解到諸佛智慧的難以思妙，
認識到衆生若能生出如大海般的大智慧，就可以周遍一切法，進入諸佛無盡的行
境，察知諸佛無盡的功德。

三、以大海譬喻功德彰顯無量果報

功德乃修行所得的福報，可以分解爲兩種方式取得：一是聽聞佛法、精進修行
後達到身心清净；二是衆生借助佛、菩薩願力，常住福海以得清净。《華嚴經》以
諸菩薩講解如來之果圓覺滿爲主要內容，然如來果德難以向凡人彰顯，須寄喻於世
間法演說方可被理解，故經文以"功德海"譬喻佛之功德沒有盡數，如"智慧甚深
功德海，普現十方無量國"，表明求其邊際而不可得，足見功德之廣大。經文展現
出的諸法實相是如來的功德所成，其所得之成就依托於自身的不斷修行，"佛昔修
行實方便，成就無邊功德海"。然凡夫若想常住清净，必須依靠助力，即佛、菩薩
之願力。"一切如來得菩提處，常在其中，親近不舍；恒以所得普賢願海，令一切
衆生智身具足，成就如是無量功德。"② 如此，衆生身心染具的污垢、愚癡的想法
便都可以被清除乾净，離棄諸惡，乃至成就大菩提智慧，獲得解脫。我們看到，
"普賢願海"是助力之源，而一切菩薩初發心時一定要發"四弘誓願"："衆生無邊
誓願度、煩惱無數誓願斷、法門無盡誓願需、佛道無上誓願成。"可見發宏願乃成
就菩薩的必要條件，有宏願才有菩薩，無宏願無菩薩，二者不相分離，經文形象地
解釋其關係爲"譬如大海，以含衆水而得其名，終無有時舍離於水；菩薩摩訶薩亦
復如是，以諸大願而得其名，終不暫舍度衆生願"③。《華嚴經》中，普賢以願力方
便衆生、莊嚴刹海，勸解凡夫親近善知識，同修善業：

普賢菩薩欲重宣其義，承佛威力，觀察十方而說頌言：一切刹海諸莊嚴，
無數方便願力生，一切刹海常光耀，無量清净業力起。久遠親近善知識，同修
善業皆清净，慈悲廣大遍衆生，以此莊嚴諸刹海。一切法門三昧等，禪定解脫

① 《華嚴經》卷四六，《大正藏》第 10 冊，第 456 頁。
② 《華嚴經》卷一，《大正藏》第 10 冊，第 3 頁。
③ 《華嚴經》卷五十，《大正藏》第 10 冊，第 427 頁。

方便地，於諸佛所悉净治，以此出生諸刹海……修習莊嚴方便地，入佛功德法門海，普使衆生竭苦源，廣大净刹皆成就。力海廣大無與等，普使衆生種善根，供養一切諸如來，國土無邊悉清净。①

從如來所出，即衆生本具的如來藏，其中含藏無量功德，乃衆生離苦得樂、轉凡成聖的根本動力。也就是説，衆生本有的善良意志促使自身產生向善的衝動，自發地以善爲行爲指向，在對治自身欲望時，自覺地轉向求助於神聖力量，在佛教内即指稱爲諸佛、菩薩願力，同時親近善知識，精進修行，廣種福田，最終消除妄念分別，完成向清净本心的回歸，可謂功德圓滿。而此抽象圖景的形式顯現，即如來成就的净土世界。

如來功德圓滿的最高成就是經文所描述的華藏世界之净土：最下爲風輪，之上有香水海，香水海中生出大蓮華，即蓮華藏世界，依持於佛的圓滿。《華嚴經·華藏世界品》中，普賢菩薩向大衆解説了此净土的來源，是毗盧遮那如來往昔於世界海微塵數劫修菩薩行時，一一劫中親近世界海微塵數佛，一一佛所净修世界海微塵數大願之所嚴净②。可見華藏世界正是如來精進修行、同時諸佛發願所成就的。若有情衆生能依佛、菩薩之所行爲榜樣，不斷修心、行善積福，亦可"飲諸佛法海，深入智慧海，具足功德海"，於内心中顯現無上正覺的性相之海。

四、以大海譬喻性相詮釋無盡圓融

《華嚴經》呈現出的毗盧遮那佛境界中，諸法因具足如來藏性，自體即因即果，依自體顯現。一一事法，無論有爲無爲、色心依正、三世十方，都呈現出無盡圓融的諸法實相。是故諸法表現出的色相，皆是自性的顯現，"（佛出現時）諸色相海，無邊顯現"。無邊相海不可盡數，爲開示演説，經文以大海譬喻，闡釋華藏世界的佛果境界，如"世界海、衆生海、法海、安立海、佛海、佛波羅蜜海、佛解脱海、佛變化海、佛演説海、佛名號海、佛壽量海，及一切菩薩誓願海、一切菩薩發趣海、一切菩薩助道海、一切菩薩乘海、一切菩薩行海，一切菩薩出離海、一切菩薩神通海、一切菩薩波羅蜜海、一切菩薩地海、一切菩薩智海"③ 等。其中，作爲經文的主要解説對象，十分有必要強調如來的種種表相，因此在《如來十身相海品》中，我們看到如來頂上三十二種、眼耳鼻口十四種、頸肩胸十七種等共計九十七種大人相，涵蓋了身體的各個部位。基於此，如來以真性充滿法界，以種種大人相常現一切世界海，如經文所説："佛子！毗盧遮那如來有如是等十華藏世界海微塵數

---

① 《華嚴經》卷七，《大正藏》第 10 册，第 75 頁。
② 《華嚴經》卷八，《大正藏》第 10 册，第 79 頁。
③ 《華嚴經》卷六，《大正藏》第 10 册，第 52 頁。

大人相；一一身分，衆寶妙相以爲莊嚴。"①《華嚴經》以相海指稱如來華藏世界海微塵數大人相，恰似大海之無邊顯現，普照全體法界。

相海又是性海的自性顯現，性海乃真如之理性，深廣如海，彰顯如來法身之境。經中序言有云："《大方廣佛華嚴經》者，斯乃諸佛之密藏，如來之性海。"全經以探秘如來性海、解説諸法實相、揭示法喻因果爲最終旨趣。然"性海果分"不可言説，"不與教相應故，則十佛自境界也"，所以約因分之相海，以緣起之相反映佛法身實德，展示果分境界。由此一來，華藏世界海中，諸法因果一體，本具實德理體。也就是説，無論世間、出世間，無論有爲法、無爲法，無論是客觀物質形態，還是主觀意識領域，只要是存在着的事物，在過去、現在、未來的一切時空維度内，彼此之間都是互爲因果、總攝全包的關係。此間，諸法即是全體，包含着法界全體的形態、屬性，法界全體即爲每一事法所融攝，諸法之間相融無礙，保持着和諧與共榮、相續相生的關係，正所謂一動而動全身，一榮俱榮，一損俱損，諸法無盡圓融！如偈言："如來安處菩提座，一毛示現多刹海，一一毛現悉亦然，如是普周於法界。"②

結　論

綜上所述，《華嚴經》在運用大海作爲符號來解釋諸如菩薩名稱、定慧、功德、性相等諸多方面的時候，涉及大海的許多屬性，歸納起來，表現爲大海的生成性、含藏性、照明性、潔浄性、圓滿性、周遍性以及深廣性，最爲重要的，是大海體現出的平等無差別和包容廣大，正如經文所言："海有希奇殊特法，普悉包容無所拒。能爲一切平等印，衆生寶物及川流，無盡禪定解脱者，爲平等印亦如是，福德智慧諸妙行，一切普修無厭足。"③這些以海譬喻的諸種法門，在楊政河先生看來，皆爲一心的展現，一心是全體法界的總源和實質④。六十華嚴有"心佛及衆生，是三無差別"的唯心偈，它所要強調的是：衆生解脱的關鍵應該着眼於心的意識，也就是内心對於萬法的態度。肯定了心的決定作用，高揚了有情衆生的獨特地位，同時也爲衆生修行旨歸提供了學理基礎和方便性。心靈猶如深邃的大海，能融合事物，且寬廣無邊，無所不備，所謂"海納百川，有容乃大"也有這個意趣。現世諸法的印象，實則是主體内心的反映，觀照對象不在身外，惟是一心，如此又賦予了有情以選擇的自由性。

另外，從語用學的視角來看，"譬如大海"可以觸及人們的生活經驗，使人們

---

① 《華嚴經》卷四八，《大正藏》第 10 册，第 474 頁。
② 《華嚴經》卷六，《大正藏》第 10 册，第 58 頁。
③ 《華嚴經》卷十五，《大正藏》第 10 册，第 163 頁。
④ 參見楊政河《華嚴哲學研究》，臺北：慧炬出版社，1997 年，第 345 頁。

自發地將自身生活世界的相應對象和過程與佛教義理相互對應，起到相像或接近對象的作用，在頭腦中生成鮮活的形象，從而有效地理解和記憶不可思議的如來境界，進而產生認識上的共鳴。縱觀世間萬物，大海是最接近於海印三昧的不可思議境界的共識性符號，同時，也驗證了被稱爲"經中之王"，對大乘佛教影響深遠的《華嚴經》堪稱以符號解説佛經的成功典範。

"Sāgara-mudrā-samādhi"

—Research on the Symbol of Ocean in the *Avatamsaka Sūtra*

Lang Di　Li Na

Abstract：*Avatamsaka Sūtra*，reputed as "the king of Buddhist texts"，is regarded as one of the most important classics by various sects of Buddhism. The "Sāgara-mudrā-samādhı" which is preached specifically in the *Avatamsaka Sutra* appeared when Buddha was achieving the highest level of the complete Epiphany. The *Avatamsaka Sūtra* said，"What is Sāgara-mudrā-samādhi，named of metaphor，such as everything is reflected by ocean." In the *Avatamsaka Sūtra*，the ocean，as a symbol，is compared to Bodhisattva，Meditation and Wisdom，Meritorious virtue，Nature and Appearance，with all its properties. This paper，focusing on the symbolic significance of the ocean from four perspectives，tries to interpret the meaning of "Sāgara-mudrā-samādhi" by concept analyzing with Belief Comprehending，Practice，Enlightenment as logical clues. It is revealed that the gist of the *Avatamsaka Sūtra* contains both "Truth in Cause and Effect" and "Law in Everything".

Keywords：*Avatamsaka Sūtra*；ocean；symbol

作者簡介：糧荻，女，中國計量學院中國哲學研究所講師；李娜，女，大連外國語大學思想政治理論教研部講師。

長崎、神戶、京都地區華僑之普度勝會的傳承與當下

——福建同鄉會祖先祭祀儀式的形成與特質[①]

松尾恒一

提　要： 本文主要是對日本華僑華人社會之中的祖先祭祀儀式"普度勝會"相關的歷史及現狀進行解析，并就其特質予以論述。

長崎、神戶及京都、橫濱及東京均爲當代華僑華人聚居的城市。在這些城市之中，華僑華人一直是通過由其祖籍地（僑鄉）——廣東、浙江、福建、台灣等各自同一祖籍地人員而組成的同鄉會、幫來經營社會活動。目前，日本華僑社會之中的普度勝會在所居華僑祖籍多爲福建地區的長崎、神戶、京都三地的唐寺（黃檗宗寺院）、關帝廟每年都會舉行。

旅日華僑們舉行的普度勝會是由清代傳入的具有强烈道教色彩的佛教儀式及禮儀，不過其特色還在於對因中日間戰爭以及日本發生的大地震而遇難的中日兩國人士所進行的祭祀活動。旅居日本的華僑們的歷史交織在作爲祭祀祖先活動的普度會之中并傳承至今。筆者對這些方面予以關注，從而進一步論述旅日華僑舉行的普度會所具有的由近代以前發端的民俗文化傳承在當代的意義。

關鍵詞： 華僑　普度勝會　福建同鄉會　祖先祭祀

序言　《清俗紀聞》所記載的清代水陸齋

《清俗紀聞》是於江戶時代寬政年間，由在 18 世紀 90 年代擔任過長崎奉行（奉行爲授予武士的官職名稱之一）一職的中川忠英監修而成，是一部奉近藤重藏等人之命而編撰的，記載以清朝乾隆末期福建、浙江、江蘇地區爲中心的中國南部風土人情及文物情形的書籍。

①　基金項目：本文係日本科學研究費基礎 S 級課題 "宗教文本遺産的探查與綜合性研究——人文學檔案網路的構建"（國立名古屋大學阿部泰郎教授主持）成果。

編撰之際，動員長崎的通事（負責與中國貿易往來的翻譯官）對當時駐留在日本的中國商人進行聽訪調查，雖然是使用漢字和假名混合體的日語進行記錄，但特點爲使用假名在旁邊對其中的漢字標注當時中國的發音，其中插入豐富的圖畫，作爲歷史及文化資料，也具有非常高的價值。

與《清俗紀聞》的編撰幾乎同一時期，近藤重藏等人還編撰了《安南紀略》（記錄越南歷史風俗文物的書籍）及《亞媽港紀略》（記錄中國澳門地區歷史風俗文物的書籍）。作爲與開展長崎貿易相關的任務而去瞭解交易對象以及其周邊國家和地區的實情，從該資料可以窺見的是，這在閉關鎖國政策下是何等重要。

本文作爲對居住在日本的華人華僑的信仰與祭祀行爲進行研究的一環，是對目前流傳於長崎、神户、京都等地的集體祖先祭祀活動——普度勝會的當前實際情況與對他們的意義等進行考察爲目的的短論。在長崎的崇福寺，在神户的關帝廟，以及在京都的黃檗宗本宗的萬福寺都經常虔心舉行普度勝會。值得注意的是，與記載於《清俗紀聞》卷六的爲"焰口施餓鬼"儀式的祭壇圖"焰口壇排式""毗盧壇排式"（圖1）幾乎一樣的"莊嚴"儀式禮儀，在長崎、神户、京都等地的普度勝會（長崎爲普度盂蘭盆勝會）均可見。雖然同書中對媽祖、土地神及其祭祀行爲等清代民俗都配有圖畫并附詳細解説，這些都在研究因貿易而帶有濃郁清代影響色彩的長崎文化以及日本關於清代中國的認識情況和特質方面亦被多加關注，但是本文主要是想對直接源於清代并流傳於日本的一種作爲供奉以祖先、孤魂爲主的諸神靈的祭祀行爲的普度儀式及禮儀進行相關的研究。

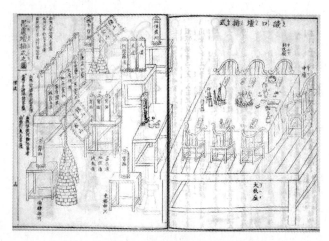

圖1　《清俗紀聞》裏所看到的焰口壇

據《清俗紀聞》中的有關記載，上壇立有釋迦、觀音、阿彌陀、地藏等爲首的七佛牌位，在其下段擺有飽受飢餓之苦的餓鬼之王"面然大士"等的牌位。另如當中插圖（圖1）所示，在僧侶就座的"大扶座"位置安放觀音，爲正好與其相對，在正對面準備有祭奠"水陸一切男女孤魂等位"的祭壇。這一儀式作爲祭祀以包括餓鬼、精靈在内的祖先之靈爲主的死亡靈魂的"水陸會"或"水陸齋"而爲大家所知。有關供品的記述是，除了通常的香及花之外，還會供有用砂糖製作而成的糕點和時令水果，而作爲水陸法會的特徵是家屬會爲祖先往冥界送象徵財寶的金山及銀山，這些儀式禮法在現在的長崎、神户、京都等地的普度勝會都可以看到。

該書之中不僅將這一法會儀式稱爲"焰口施餓鬼"，還叫作"水懺"，由十人左右的僧侣歷時三天做法事，如是記載。所謂"水懺"即爲平常分三天誦讀由上、中、下三卷組成的《慈悲三昧水懺》經的"慈悲三昧水懺"法會①。這一法會作爲周年忌法事或祈求"居家平安、祛病除災"儀式，除了在寺院之外，有時也會依照事主的要求，將親戚、朋友叫到自己家裏舉行，還記載有供奉僧侣等情況。

以祭祀祖先之靈、孤魂野鬼、餓鬼等爲主要目的的日本盂蘭盆節儀式，比照在中國形成的《佛説盂蘭盆經》的記述，幾乎是在一年之中的同一時期。但在臺灣、香港等地區華人社會之中比較盛行的基於同一目的而舉行的普度儀式及禮儀，是作爲據道教而來的中元節來舉行的活動②。

在祭祀祖先之靈、孤魂野鬼、餓鬼等這一點上，儘管與盂蘭盆儀式和目的幾乎一致的日本普度勝會，無論是在崇福寺、萬福寺還是在神户關帝廟都是由黄檗宗僧侣來進行法要儀式，但也并非被定位爲是佛教盂蘭盆法會，而是被放進道教色彩濃厚的中元節譜系中的日本祭祀祖先及孤魂野鬼的儀式。

下面，就有關日本普度勝會的傳承及當下，嘗試以其對於生活在日本的華僑華人的意義爲中心進行考察。

一、神户、京都的普度勝會與世代華僑所從事的冥宅製作
——紙扎師傅 ORS 的記憶

普度勝會，在神户關帝廟是農曆七月十四日舉行③，而在京都萬福寺是十月舉行，除了爲祖先奉上金山、銀山，作爲莊嚴儀式的一環，祭祀祖先各式模型中不可或缺的仿造品便是祖先在冥界的住房——冥宅。

冥宅是仿中國漢族傳統二層瓦頂住宅，以竹子爲骨架做成大致框架，并貼有各

---

① 關於水懺，請參看黄美《臺灣的水懺信仰》，《印度佛教學研究》第 38 卷 2 號，1990 年 3 月。

② 參松本浩一《中元節的成立》，載馬場毅、張琢編《改革、變革與中國文化、社會、民族》，東京：日本評論社，2008 年；池上良正《作爲宗教學研究課題的"施餓鬼"》，《文化》第 32 號，東京：駒澤大學，2014 年；等等。池上的論文之中提及宋代以後的以施餓鬼爲目的中國水陸或水陸齋的發展以及"文化大革命"之後的再出現等方面的内容，該論文在論述民俗學、宗教學等的學术歷史及其問題點、近代以後的日本社會、"家"、親族集體等的祖先祭祀特質等方面意義深遠。

③ 關於二戰前的 1934 年（昭和九年）開始的神户普度勝會的創始及當下，請參照中華會館編《落地生根——神户華僑與神阪中華會館的百年》第五章 "四、華僑的盂蘭盆儀式——普度勝會"，東京：研文出版，2000 年，等等。

式彩紙。再者，内部房間的家具、麻將桌等娛樂用具俱全，現在一般都配置有彩電及家庭轎車。不過，無論是在神户還是在京都的普度勝會，冥宅之外的金山、銀山、十王殿、旅日華僑的宗祠、神馬（獻給神社的紙馬）、寒林所（寒林院或翰林院）等等，均出自現居神户的一代華僑 ORS 氏之手（使用字母縮寫代替姓名是根據本人的要求）。ORS 氏不僅製作這些紙扎品，特別是在神户，還會指導這些東西如何在廟堂中擺放，具有道教、佛教等方面的宗教專業知識，因而如果没有 ORS 氏，當下的神户、京都地區的普度勝會無法進行，這一説法也并非言過其實。神户、京都普度勝會的特點是極大程度上依賴 ORS 氏，所以想對其冥宅製作技藝以及宗教知識的學習進行關注。這些方面的學習都是在其家鄉——福建福清進行的，這裏着重關注該氏有關這些方面的記憶。

本文裏尤其關注 ORS 氏口述的理由是該氏的冥宅等製作手藝及宗教知識在普度勝會這一對於神户、大阪華僑都很重要的祖先祭祀儀式之中發揮着巨大的作用。冥宅及陰陽判官、七爺及八爺等的神像，地獄十王殿，金山及銀山等普度勝會的會場布置都要求具備比普通人更多的道教及佛教的相關專業知識，ORS 氏具備這樣的知識以及精湛的紙扎工藝技能。

1951 年出生於福建福清的 ORS 氏初次來日本是在 1988 年，此後，將妻子、兒女及家人一起帶到日本，於 2006 年加入日本國籍。

製作冥宅等物品的專業匠人被稱爲“紙師”。神户普度勝會，在 ORS 氏之前由華僑林友傑氏負責冥宅的製作。林友傑氏在中日戰爭期間（1937—1945）一度返回福建，據説當時也從附近的道士那裏學習到普度勝會的祭祀禮法。另據聞，按林友傑氏本人的遺言，其死後土葬於福建并立碑建墓。

幼年時就擅長繪畫及手工的 ORS 氏從 15 歲開始就一邊爲作爲家鄉福清紙扎師傅的伯父幫忙，一邊開始學徒生涯，在紙扎師傅群體裏學習冥宅等的製作方法。

來到日本，林友傑氏及以總管爲首的當時的長輩們對其傳授在關帝廟所舉行的普度勝會用的冥宅的製作方法、裝飾方法及如何布置，他結合自己在福清所學的技藝、方法，便開始從事冥宅製作。

據説，在 ORS 氏的故鄉福清，中元節時雖然祭祀祖先、孤魂野鬼，但是并没將普度勝會作爲一年之中所必須要舉行的儀式活動，而是如下所示，在願主祈求或喪葬儀式之時，作爲水陸會進行的。

另據聞，在福清以祭祀祖先、孤魂野鬼及餓鬼爲主要内容的儀式活動會用“無遮水陸普度勝會”之名舉行，在“文化大革命”時期曾經被禁止，但其主要還是在下面所説的目的基礎上進行：

（1）“不祥”“災禍”之時，死人或病人較多時，集合村子裏的人舉行普度勝會，對共同的祖先進行祭祀。63 個鄉協同一起在香橙寺舉辦，祭祀祖先及孤魂野鬼等等。"文化大革命"之後復興，近些年來多在香橙寺舉行。活動限於一個村子的範圍時，同姓或同族人會在祠堂裏舉行。

（2）"善事"之際的普度勝會，祈願、生意興旺或投資成功獲得較多收入之際，在香橙寺舉行。宗教性質的祭祀由道士或僧人進行。

另外，在作爲喪葬之儀的"拜懺"（死者之罪在地府得到悔改之意）儀式中，會在喪主的家裏製作"神殿"（相當於普度勝會所用的冥宅）。據說無論是（1）、（2）的事由還是葬禮儀式，製作冥宅或神殿，以及其準備及布置都需要和負責祭祀儀式的道士或僧人商量，因而須有相當程度的宗教知識。

在《清俗紀聞》中，像本文序言所說的一樣，除祖先周年忌法事之外，作爲"居家平安、袪病除災"等祈願儀式，在寺院之外，應施主要求，有時會將親戚朋友召集到自己家裏進行，如是記載。不過，我們知道此清代的"焰口法事"至少在"文化大革命"之前就在福清地區被繼承下來。

然而，在 ORS 氏的記憶當中，《清俗紀聞》記作是由僧侶所進行的佛教法事的內容，實際上有時也會由道士進行，主要爲祭祀祖先、孤魂野鬼、餓鬼的法事，并行基於佛教的瑜伽三密之法，有時還會按道教經典《上清靈寶大法》行"真正道教"之法①。另外，神户關帝廟的普度勝會中由僧人進行的祖先、孤魂野鬼祭祀活動將"植福無遮水陸普度濟幽囚勝會"作爲正式名稱，由黃檗宗僧人進行以誦讀《瑜伽焰口科範》及尤爲祭祀孤魂野鬼所作的"變食真言"爲主的法事②。

ORS 氏痛苦的回憶就是在"文化大革命"時代，這樣的焰口法事、水陸會及拜懺儀式被作爲迷信活動而遭到禁止，特別是發現道士從事該活動，就會將其雙手捆綁在身後，脖子上挂着"牛鬼蛇神"的牌子，被帶着游街示衆。在如此情形之下，據該氏講述甚至有采取自殺等行爲的道士。

他還説道：喪葬儀式即便在對這樣的傳統進行壓制的情況之下，依然只是縮小規模請道士秘密地進行。葬禮儀式原本是由 10 人左右的道士歷時 3 天進行的，但在"文革"期間，爲了避人耳目，并不製作神殿，也只請 1 位道士，在村子範圍內舉行小規模的葬禮。如果在鎮裏，就無法請道士前來舉辦喪禮。

他還提到，作爲一種基於紙扎師傅的信仰的儀式禮法，在集體參與時，在進入工作狀態之前，紙扎師傅們的領頭人——"班主"會將被信奉爲木匠、工匠之祖的

① 道教經典《上清靈寶大法》在宋代以後以由天道、神道、人道、地獄道、餓鬼道、畜生道組成的六道爲開端，進而在招二十四種孤魂的普度儀式之中使用，這在前注松本浩一《中元節的成立》已經較爲明確。《清俗紀聞》裏的焰口法事是佛教儀式，但 ORS 將其作爲道教的普度儀式在民間的一個實例的證言也很寶貴。依據《上清靈寶大法》的與超度亡魂有關的儀式及禮儀的相關考證，另請參照丸山宏《臺南道教的符籙——以放赦科儀的九龍符命及其歷史爲中心》，《年報——爲人類文化研究而進行的非文字資料的體系化》第 3 號，2006 年。

② 請參照前注《落地生根》第五章"四、華僑的盂蘭盆儀式——普度勝會"。

魯班像供上祭壇，奉上供品和香燭并跪拜，至今 ORS 氏在進行製作冥宅的工作之際還祭拜魯班。

邀請一方以負擔主要費用的"緣首"（與祖先、孤魂野鬼結緣之意）和統領整個祭祀儀式并發出指令的"總理"爲中心，據說法事日期要參看奉金最多的"緣首"和"總理"的生日，由陰陽師按《易經》進行八卦占卜來決定，并多在農忙結束的九月以後到來年播種的三月期間進行，他回憶道。

如此這般，普度勝會（焰口法事、水陸會）在福建并不是一年之中的固定活動。在福建福清，各家都有在中元節（農曆七月十四、十五）祭祀祖先的同時，也祭祀孤魂野鬼的習俗①。這樣的民間習俗和農曆七月讓人想到了日本幾乎全國範圍內舉行的盂蘭盆節，因而神户的普度勝會才固定在這一期間的吧，ORS 氏推測道。

法會場內的莊嚴儀式所布置的諸佛、十王殿、金山及銀山、祭祀因貧困潦倒而死亡的孤魂野鬼的寒林所如序言中圖 1 所示。我們可以說，製作冥宅等供品并將"在日華僑各姓宗祠""在日華僑福建省出身先人們共同靈位"和"世界各地大地震遇難者、戰爭死難者共同靈位"等牌位一同祭祀，作爲生活於日本的華僑同鄉人主要的追悼儀式而發揮重要作用。我從祭祀世界各地大地震及戰爭遇難者這一點能夠直觀意識到的是，他們親身飽受痛苦於 1955 年阪神淡路大地震、2008 年祖國四川大地震以及中日戰爭，但并沒在表面上表現出來，而只是被注意到祈求整個世界的和平及平安。

普度勝會在僑鄉福建地區是由同族人在祠堂舉行的祭祀祖先和孤魂野鬼的儀式活動，而在日本，同鄉會等組織成爲主體；在異國之地，不僅僅是祭祀中日兩國的祖先之靈、孤魂野鬼，而且宣稱是爲追悼全世界的災害及戰爭遇難者，作爲在旅居日本的華人團體交流方面發揮重要作用的一種場合被固定并繼承下來。

二、京都華僑與萬福寺普度勝會

關於萬福寺普度勝會的沿革、儀式及禮儀的實際形態以及對於京都華僑的意義等方面，曾士才的研究較爲詳細，"二戰"以前由於長崎崇福寺的相關向萬福寺的轉移，1930 年以三年爲期，將農曆七月二十六至二十八作爲會期，開始舉行作爲"焰口大法事"的儀式，可以推測其是以販賣布匹爲主要生意的福建華僑在長崎以

---

① 另據何彬《中國東南地區的民俗志研究——漢族的葬禮儀式、死後祭祀與墓地》（日本華僑社，2013年）報告（參看第二部第二章《"中元節"的主要作用》），至今在福建的多數地區還將"普度"儀式作爲中元節的活動而舉行。該書是依據作者本身的調查結果，介紹很多關於住樓房的家庭過中元節、舉行普度活動的事例，從城市化進程中的民俗傳承及變遷的視角來看，是一部非常珍貴的報告書。本人也想對傳到京都萬福寺的黃檗宗普度儀式以及供品、冥宅等裝飾品的比較、影響關係等方面進行考察。

外地區、大阪、京都等地的經濟實力有所增長爲主要原因的①。

該法事活動在此三年之後，似乎被延續下來，昭和十一年（1936）九月十七日，京都府知事給内務大臣、外務大臣以及近畿地區之内的府縣長官的公文《關於在留中國人的法事活動執行情況的文件》②之中，對於同月十二日至十五日在黄檗山萬福寺所舉行的法事進行了報告。現在，萬福寺的普度勝會在公曆 10 月舉行，可知在此時其實會期已經從農曆七月變更至農曆九月。（圖 2、圖 3、圖 4）③

圖 2　萬福寺的普度勝會（一）

圖 3　萬福寺的普度勝會（二）

圖 4　萬福寺的普度勝會（三）

---

　　①　關於京都萬福寺普度勝會的創始、历史、儀式及禮儀的實際形態及對於華僑社會的意義，請參看曾士才《旅日華僑的社會組織與宗教活動——宇治萬福寺所舉行的盂蘭盆節儀式》（載宗教社會學之會編《宗教網絡》，京都：行路社，1995 年）。

　　②　有關昭和十一年（1936）九月十七日發給内務大臣、外務大臣的來自京都府知事的報告《關於在留中國人的法事活動執行情況的文件》這一史實，是從隸屬京都華僑總會的陳正雄氏處得知。京都府知事向國家所作的該報告因寫於中日戰争（1937—1945）爆發前夜，突然卷入戰争，在日華僑不僅是國民黨關係人士，甚至連布商都受到了日本政府的打壓，另外，在日華僑被日本要求予以閣作（《落地生根》第三章《中日戰争下的中華會館》"三、中日全面戰争下的神户華僑"）。可知如此的宗教活動及信仰行爲也作爲日本各地華僑聚會之所或機會而引起政府的警覺。尚且，該資料中還記載京都華僑要求有別於神户的中華義莊（主要爲神户、大阪地區華僑華人的公墓），在京都爲京都華僑建公墓。該公墓即爲於 1947 年京都萬福寺建成的"京都華僑陵園"（據陵園入口石碑上的文字，即 1989—2004 年"京都華僑陵園修繕祈願碑"）。

　　③　本節所有圖片（圖 2～圖 12），全部由筆者拍攝於 2014 年 10 月 18 日。

　　另外，據 1990 年至 1991 年進行調查的曾士才的研究之中（另據説曾士才在此之前也對該儀式活動進行過調查）的記述，當時福建華僑使用福州方言進行對話①，然而現今在京都華僑之間的對話裏幾乎聽不到漢語。據來自廣東的二世華僑、京都華僑總會的陳正雄氏所説，從曾士才調查時算起，隨着二十年以上的輪替換代，華僑已深深扎根於日本地方社會之中并被同化，在京都華僑中，現在在日常生活裏幾乎没人説漢語。

　　京都萬福寺的普度勝會現今於 10 月舉行。由總理 1 名、副總理 3 名、會計及監察各 1 名、多名理事及工作人員組成的"京都普度勝會"得到京都華僑總會和京都福建同鄉會的支持，在捐款人之中，確定一名與其他普通捐款人不同的、捐款數目巨大的"特别緣首"和數名"正緣首""副緣首"，并將"留日華僑衆建　普度勝會慰靈大祭"作爲正式名稱而進行。據陳正雄氏所講，過去的福建同鄉會人員主要營生就是布匹商販。普度勝會是在萬福寺内南裏的位於法堂東西兩側的東方丈房、西方丈房留宿三天來進行的。尤其是在以販賣布匹爲主要生意的時代，他們之間的交流主要是以下述目的或方式而展開的：

　　——有關商業買賣的信息交換；

　　——彼此兒女婚事、相親活動等；

　　——通過麻將等娛樂活動加深感情。

　　在日本，這樣的普度勝會，即由同族人在祠堂進行以祭祀祖先爲目的活動及其場所，在異國他鄉由同樣來自家鄉（僑鄉）福建的人們來負責管理。再者，我們也不能忽視的是，其在作爲同鄉人之間的生意交流方面也是一次相當重要的機會。

　　需要補充的是，過去是由日本的隔扇工匠製作冥宅等物品，而現在萬福寺普度勝會的冥宅等也由 ORS 氏製作，其在神户、京都華僑的民俗活動中起到了極大的作用。

　　旅日華僑所舉行的普度勝會尤爲引人矚目的就是進行"怨親平等塔法事"，爲中日戰争中中日雙方遇難者進行追悼的儀式。"怨親平等塔"是爲祭祀因於 1937 年開始的中日戰争而死亡的中日兩國軍人以及平民而在萬福寺内建立的。在通往該塔的入口處揭示有《怨親平等塔由來》一文，關於建立的原委有如下記述：

　　　　昭和十二年日中両国干戈を交うるに至り、痛恨にも両国の戦病死者夥し。

　　　　当寺はその創立中国と最も深き因縁にあり、当時の住職山田玉田和尚いたくこれを愁い、戦禍に斃れた両国の将兵及び諸民の精霊を慰めんと、妙法蓮華経六万九千六百四十三文字を一字一石に謹書して宝筐印塔に収め、その

---

① 參曾士才《旅日華僑的社會組織與宗教活動》。

冥福を祈ることを発願された。

　　偶々信者四日市九息悠優氏及び、その一族深く感激してこの塔を建立し怨親平等塔と銘し、両国が一日も早く友好の昔にかえり、親和親善の浄界実現を心から祈願された。

　　（中譯文：昭和十二年中日兩國大動干戈時，即便爲大家所痛恨，但也無法避免兩國或戰死或病死者衆多。本寺之創立與中國淵源最深，當時住持山田玉田和尚深懷憂愁，爲慰藉因戰亂而死的兩國將士以及每一位平民在天之靈，在一塊小石頭上一字一字地用心抄寫《妙法蓮華經》六萬九千六百四十三個字并收於寶篋印塔之內，爲他們發願祈求冥福。偶然的機會，居於四日市的信者九息悠優氏及其一族被深深打動而建立此塔，銘記爲"怨親平等塔"，衷心祈求兩國早日重歸於好，實現親睦友善之浄土世界。）

所謂"怨親平等"就是依從大慈大悲之心，即便對自己應宿敵也不要憎恨，對疼愛自己的親人也不要執念過重，應該平等地懷着一顆愛憐他們的心之意。法事進行之時，在塔前放置有《中國人殉難者名簿　黃檗山萬福寺》，供有香燭等供品，由僧侶們進行大約一個小時的以誦經爲主的法事。華僑也會參加，上香的除了京都華僑總會會長之外，還有數人。雖然不能説有很多人，但作爲正面面對中日之間負作用的歷史而進行的法事，我們也不能忽略這一在日本社會中的華人的寺院所獨自舉行的普度勝會。

　　各家的冥宅基本上以一個家庭爲單位，爲了祭祀祖先而做，製作完成後擺放整齊（圖5），此外，還製作"阪神淡路　中國四川　東日本　大地震遇難者　合祀慰靈堂"，與每個家庭的冥宅擺在一起（圖6）。

圖5　冥宅（大雄寶殿前）　　　　圖6　追悼阪神淡路大地震遇難者

　　冥宅的二層結構房屋的骨架由 ORS 氏製作而成，屋內製作、添加或供奉一些緬懷故人的物品的情況也很多見。

　　本人 2014 年所見到的冥宅之內，能夠看見在老年夫婦照片的旁邊放着好像是遺屬做的日式棉質薄睡衣及智能手機模型，另外還有裝着蜜柑的紙箱，上面明確寫着"奶奶種的橘子和菜園裏的蔬菜"（圖7）。睡衣上寄托着快到冬天了不要凍着的願望，智能手機上寄托着即便是在另一個世界也能够跟家人及朋友們通過電話聯繫的願望吧。我們也能想象得到孫子的祖母擁有自己的菜園，培育果樹而快樂的樣子。雖然可以想到這位祖母作爲一世或二世華僑定居日本，經營家庭，現在衣食住行等方面都變爲日式的生活方式，但作爲祭祀祖先的儀式，在黄檗宗寺院，這樣的具有濃重中國道教色彩的佛教活動依然被流傳下來。

圖 7　再現日本式生活場景

爲祭祀祖先、孤魂野鬼而做的法事，由僧侶在大雄寶殿進行，以誦讀《瑜伽焰口科範》爲主，前來祭拜的華僑們會在法事完成時上香。

此後，通常情況是在僧侶平時使用的齋堂吃飯（圖 8），這裏成爲華僑華人們説話、交流的地方。説不完的有關回憶、近況的話題；在有兒女的家庭之間的對話之中，讓人留下很深印象的是，話題之中一定會提到彼此的孩子是在上中華學校，還是在上附近的日本公立學校等。對於他們來説，二、三世以後能否適應日本社會是最爲關心的事情，在此基礎上，讓孩子上中華學校，還是上日本的學校，儘管有家庭或個體差異等因素，但應是需要考慮的重要事情。我們可以看見，普度勝會變成一個這一方面信息交流的場合，或一次機會。

圖 8　齋堂

普度勝會期間的飯食不是在萬福寺内的厨房，而是在寺院周邊的空地搭建帳篷，準備煤氣爐、炒勺、大鍋等炊具製作的（圖 9）①。做飯的主力是在京都經營中

---

①　過去也曾使用過萬福寺内的厨房，但據説因爲萬福寺要做齋飯而不能再使用寺内厨房。另外，在下一章節要討論的長崎崇福寺普度勝會之際，供品的製作及準備都是使用崇福寺内的厨房。

華料理店的華僑們，供品、爲祈願做的饅頭，由女人們和孩童、小學生們用麵粉蒸制而成（圖10、圖11）。有將饅頭做成麵包超人或烏龜形狀的孩子（圖12），在對他們在日本社會之中的適應性、下一代對華僑信仰行爲的繼承等方面進行思考的時候，這些都是無法忽視的細節。

圖 9 厨房

圖 10 爲祈願做的饅頭

圖 11 向下一代傳承

圖 12 烏龜和麵包超人形狀的饅頭

萬福寺普度勝會對於以京都爲中心的華僑華人社會來説，在作爲對因中日戰争或大規模的自然災害而出現的大批死難者進行共同追悼的儀式發揮作用的同時，對於個人來説，也是緬懷與故去的父母、祖父母曾經一起生活的日子的儀式。再者，通過齋堂聚餐，其也成爲一次華僑爲思考如何生存下去而進行信息交换的對話、交流的機會。

另外，曾士才發表過這樣的重要看法："在1945年京都華僑總會成立後，由於1949年中華人民共和國在大陸成立，京都華僑總會就一分爲二，出現了臺灣派，此後，……1975年京都華僑兩派得到統一，在這一點上，普度勝會作爲連接兩派的紐帶也發揮了不少作用。"①

曾士才所指出之處，在對異國生活的華僑的僑鄉的政治性影響與在異國之内的

① 曾士才還記述道：在1966年開始的"文化大革命"期間，有人脱離普度勝會，還有人害怕自己的名字被寫出來。即便是傳統的祖先祭祀也無法避免祖國政策的影響。儘管在如此祖國政策之下，其還是在日本繼承宗教、信仰的祭祀行爲這一點，在考察作爲華人個體及組織的信仰、集體祈願的重要性方面非常重要。請參看曾士才《旅日華僑的社會組織與宗教活動》。

群體變化或再構成進行考察時，作爲能够指出宗教、信仰、精神性理念的重要性的觀點，顯得非常重要。

三、長崎崇福寺的普度勝會與長崎華僑

擁有中華街的神户、横濱，或者是大阪、京都，今天都是華僑較大的聚居地，但與這些地區都是在明治時期開放門户以後開始聚集起來的情況相比，長崎華僑的歷史始於近世時期，較其他地區具有絶對長的歷史。

在長崎保存有悟真寺稻佐國際墓地，以及唐代寺廟崇福寺、興福寺的中國人墓地等近世時期以來的大規模的中國人墓地。

在長崎地區，日本人過盂蘭盆節掃墓時在墓地燃放煙火以及在墓地將土地神——"土神"與祖先一同祭祀的行爲不單是在中國人墓地，在日本寺院的墓地也能見到①。這些明顯受到明清時代影響的習俗延續至今，中國的影響甚至波及地方上的民俗習慣。在諏訪神社的大型祭祀活動長崎秋祭活動中，舞龍或巡游仿唐朝時大船所製作的假船，我們可知明清時期流入的文化已經扎根，對當地日本人來説，至今也是切身的文化形式。

長崎華僑除了來自福建之外，還由出生於上海、浙江、廣東、臺灣等地的人員構成，來到日本之後同鄉之間的聯繫也更加緊密，下面所列舉的唐代寺院作爲他們交流的據點各自發揮了重要的作用：

崇福寺——福建北部；

興福寺——上海、浙江；

福濟寺——福建南部、臺灣；

圣福寺——广东。

以這四座寺院爲中心，出生地相同之人的互相扶持的組織——"幫"在近世中期（1650 年左右）之前形成（崇福寺的三山幫、興福寺的三江幫、福濟寺的漳州幫、聖福寺的廣州幫）②，但由出生於福州的人所組成的"三山公幫"是長崎現存的唯一幫會。所謂"三山"即福州，"三山公幫"就是長期華僑當中原出生於福州的人們爲崇福寺儀式活動服務的祭祀組織，作爲其前身的福州幫開創於 1629 年，1850 年變爲福建幫，進而於 1878 年（明治十一年）在大浦開設清國領事館大約 20

---

① 關於在日本華僑墓地所進行的土地神——"土神""后土"的祭祀，本人於國立歷史民俗博物館、中國華東師範大學共同舉辦的國際研討會"作爲記憶之場的東亞"上發表《在日華人華僑公墓與后土、土地神信仰》一文。該文收録於會議論文集《作爲記憶之場的東亞》，華東師範大學，2014 年。

② 參《時中——長崎華僑時中小學院史·文化事志（1991）》第三部《長崎華僑録·序説》（團龍美執筆），長崎：長崎華僑時中小學院，1991 年；阪本夏實《長崎華僑社會組織的歷史與變遷》，《文化環境研究》2014 年 11 月。

年以後，1899 年（明治三十二年）更名爲"三山公幫"，跨越中日戰爭兩國關係交惡時代而延續至今。

三山公幫的重要任務就是爲崇福寺從春節開始的一年當中的儀式活動進行服務，在清明節、天上聖母生誕及普度盂蘭盆勝會等之際，擔當起以供品製作及準備爲主的工作任務。每個儀式的日期是按公曆進行還是按農曆進行都已各自被確定下來。2015 年的儀式活動日期如表 1：

表 1　公曆 2015 年崇福寺華僑相關活動表

活動名稱　農曆日期	公曆日期	摘要
春節　正月初一	2 月 19 日（星期四）	農曆正月 （長崎燈籠節首日）
關聖帝君飛升　正月十三	3 月 3 日（星期二）	崇福寺關帝祭
元宵節　正月十五	3 月 5 日（星期四） （長崎燈籠節結束）	新地町 燈籠節崇福寺 唐朝人宅邸
福德正神千秋　二月初二	3 月 21 日（星期六）	唐朝人宅邸的祭土地神
觀世音菩薩佛誕　二月十九	4 月 7 日（星期二）	唐朝人宅邸的拜觀音
崇福寺清明節	4 月 5 日（星期日）	崇福禪寺
稻佐國際墓地清明節 三月初二	4 月 20 日（星期一）	悟真寺
天上聖母生誕　三月二十三	5 月 11 日（星期一）	崇福寺祭媽祖 唐朝人宅邸祭媽祖
關聖帝君生誕　六月二十四	8 月 8 日（星期六）	崇福寺拜關帝 唐朝人宅邸拜關帝
普度盂蘭盆勝會 七月二十六、二十七、二十八	9 月 8 日（星期二） 9 月 9 日（星期三） 9 月 10 日（星期四）	中國的盂蘭盆節/超度法事 （大法事）
大成至聖孔子生誕 八月二十八	9 月最後一個星期六 （9 月 26 日）	孔子 2566 年誕辰
中華人民共和國成立紀念日 /國慶日	10 月 1 日（星期一）	建國 66 周年

另外：
　※長崎燈籠節　從 2 月 19 日（星期四，春節）至 3 月 5 日（元宵節，星期四）
　※拗九節（福建福州十邑地區的漢族民俗節日）　3 月 19 日（星期四，農曆正月二十九）
　※中秋節　9 月 27 日（農曆八月十五）

三山公幫的總責任人由長崎福建同鄉會的會長兼任，名銜爲"責任總代"（任期爲終身制，或直到本人自動辭職爲止），下設大約 10 名理事。"責任總代"雖然由黄檗宗大本山的京都萬福寺任命，但實質上是由福建同鄉會選出的。

一年期間的儀式活動所用的這些供品的製作及以調配等爲主的諸多準備及管理工作，都以三山公幫爲核心來進行，爲此産生的諸多花費由三山公幫的會計進行管理并支付。

表 2 爲三山公幫的現在的輪值表。當班人被稱爲"福首"，2014 年的編制爲 1 班 9 名福首，共 4 班，總計 36 名福首來進行管理。每年 1 個班來負責從春節開始的一年所有儀式活動的組織及管理工作，因此每 4 年輪轉一次，依照儀式內容進行"三牲"（鷄、魚、猪）、"五牲"（鷄、魚、肉、蟹或蝦、貝類）、花、酒、茶等的準備及製作，以及驅邪的爆竹等的預備和配發工作。

表 2　三山公幫輪值表

2010 年	2011 年	2012 年	2013 年
2014 年	2015 年	2016 年	2017 年
2018 年	2019 年	2020 年	2021 年
1 班	**2 班**	**3 班**	**4 班**
京華園	新和樓	福壽	慶華園
三角亭	美有天	桃華園	江山樓
四海樓	錦昌號	福建	泰安洋行
寶來軒別館	林貽溪	寶來軒	白樺
蘇州林	郭定義	三海樓	大華飯店
共樂園	南風	一品香	中國針灸院
三成號	潘從發	龍亭	天天有
天寶閣	萬泰號	中國貿易公司（村上眼科）	紅燈記
北京飯店（福田）	新民樓	鄭月琴	瑞泰號
			福首 36 家

※1 班至少有 2 家中華菜館加入，并且要準備、製作供品。

※"二戰"以後，據説一段時間內曾有 1 班大約 10 家，約 10 班，一共大概 100 名福首的情形。

供品的製作需要具有烹飪技術，所以 1 班 9 名"福首"的編配是其中最少有 2 名"福首"來自中華菜館。製作時將煤氣灶具、鍋、菜刀等廚具及冰箱運到崇福寺廚房內。

順便説一下，當今日本社會中，旅日華僑華人的影響與日俱增，主要是隨着其在經濟方面的影響力的增強，對其研究的重要性也在提高，不過也需要面對調查、研究方面的困難。

自不用説的情勢是，伴隨中國改革開放，尤其是 2000 年以後經濟的飛速增長，隨之而來的是企業主、在之前華僑中少有的富有企業家以及留學生遍及世界各地并且數量在逐步增加，因而華僑華人社會或者中國人社會（抑或個體）呈現出多樣性。

作爲籠統的理解和認識，直至昭和期間所進行的對旅日華僑的研究都將焦點放在"三把刀"（厨師、理髮師、西服裁縫及相關店鋪的經營、管理、接客服務)①以及以與中國進行貿易往來爲主要生意的長崎、神户、横濱等地的華僑社會，并以福建同鄉會爲首的同鄉人組織等在日本的生存形態、他們的歸屬意識問題、融入日本社會或被同化等爲主要研究課題。理所當然，那些在商業上取得巨大成功并且帶動日本的同鄉會組織，爲僑鄉（華僑華人的家鄉、原籍地區）甚至是祖國中國作出貢獻的華僑的商業活動也被聚焦、關注②。

我們將視點移到旅日華僑的相關情況上。作爲本人目前主要進行的田野調查對象的神户、京都、長崎的華僑之中，從以福建爲首的各地區走向海外的目的國有日本、東南亞國家、美國、歐洲國家甚至還有非洲國家等，不僅多樣，而且甚至在一家人之中的父母、兄弟、後輩分別去往日本、東南亞、北美等不同國家的事例也并不罕見，雖然各自在遥遠的他鄉生活，但也會互相聯繫，保持着家族或氏族之間的交流，這樣的實例也很多。這些都需要引起足夠的關注。

站在華人的角度看，日本被認爲是一個在工作機會方面與東南亞、美國、歐洲不相上下的優勢地區，其也是根據從家人、親屬、友人，或從他人評價或媒體獲得的各類信息而選擇的目的國家之一。他們對日本這一國家的認識，必須與東南亞及美國的華僑華人等的存在方式一併進行思考。

再將視角轉向日本一側。以清明節、媽祖誕、普度盂蘭盆勝會爲首的基於近世時期以來的信仰而形成的儀式活動被傳承下來，這對華僑的歸屬意識與同鄉、紐帶意識發揮了不容小覷的作用，其歷史與傳承以及當下所專注的事項，不僅在考察當今的華僑華人之時，而且在考察日本的地區社會的存在方式及文化方面的情況時也不容忽視。

在一年當中，三山公幇進行服務的崇福寺儀式之中，普度盂蘭盆勝會既作爲中國式的盂蘭盆會，又作爲傳遞長崎異國情調的儀式而被介紹給大家，同時還作爲吸引游客的儀式而正在被宣傳③。

崇福寺内有一處據説當中鋪有百張榻榻米的大敞間，名爲"方丈"。方丈爲二層建築，一層、二層過去均是福建人留宿的地方，現在二樓因損壞嚴重而不再

---

①　昭和時代、二戰後初期，華僑中"三把刀"從業人員高達旅日華僑總就業人口的32％。由於此後不久的日本經濟飛速發展及華僑的志向改變，他們所從事的職業、工種發生了很大的變化。參看《落地生根》第四章"二、中日新時代與神户華僑"之"2. 華僑社會的演變"等。

②　參看山下清海等《福建省福清出身的旅日新華僑及其僑鄉》，《地理空間》2010年第1期，等等。

③　請參看長崎觀光振興科的網站"長崎旅網"（http://www.nagasaki-tabinet.com/）等爲主的多數網址，以及長崎每年發行的面向游客的宣傳小册子等。

使用。

"二戰"以前，崇福寺普度盂蘭盆勝會在日本全國各地福建人交流方面起到了重要的作用，從這一點來看，三山公幫也具有爲其提供服務的名譽上的地位。現在由 1 班 9 名福首，4 班共計 36 名福首構成的三山公幫，在"二戰"後不久還曾是 1 班約有 10 名福首，10 班共計約有 100 名福首。那時，能成爲三山公幫福首的人是在長崎的商業成功人士，福首不僅在福清同鄉人們當中，而且在長崎華僑社會之中也是一個值得自豪、光榮的職務。即便是現在，也規定如要成爲福首，需通過"總代"的許可才能被認定。

另外，日本福建同鄉會每年都要召開一次"旅日福建同鄉會聯歡會"①，將北海道、東京、京都、大阪、神户、福岡、長崎等日本各地擁有福建同鄉會的地方作爲候選城市，每屆大會均對下一屆的舉辦地及日期進行表決。舉辦地的選擇既要考慮交流、聯誼的目的，也多會考慮旅游等因素。2015 年大會由神户同鄉會舉辦之際，將下屆舉辦地定在福清，從與華僑華人的交流及其文化延續這一點來看，尤爲值得大家關注。

再次就長崎的三山公幫談一下。其履職人員在"二戰"前後共有 10 個班，即 10 年輪一次，但是現在却只有 4 個班，即 4 年輪一次，在勞動量及時間分配上的負擔既大且重。還有比這些更嚴重的情況是，作爲福首而感到是一種名譽的意識變得很單薄，申請辭任福首的人開始并不稀奇。在現有的 36 位福首之中，有些福首目前已不履行其職或正在考慮辭職。

針對這一情況的辦法是，一面維持活動，讓外界看來同一儀式被繼承了下來；一面盡可能地想辦法減輕福首較重的負擔。例如，普度盂蘭盆勝會之中的莊嚴儀式所需金山、銀山，作爲其重要部分的骨架的竹子在"二戰"後不久是由福清華僑從崇福寺後山中砍伐而來的。後來，開始買竹子，進而從 2007 年開始向商販外部訂購（現在一根 15000 日元，費用由普度盂蘭盆節舉行時申請爲自己進行祖先祭祀儀式的人們分擔，金山、銀山約爲 70 對，竹子共計需要 140 根②），據說通過外部訂購的方式，經費有所減少。

三山公幫的人員構成情況可從表 2 "三山公幫輪值表"看出。在長崎市新地街擁有店鋪經營生意的福首居多，但目前個人并不經營生意的華僑也不在少數。之所

---

①　關於 1961 年在京都舉辦的第一屆"旅日福建同鄉會聯歡會"的歷史及意義，請參照吉原和男《福建華僑的組織化過程》（載《宗教網絡》）。另外，本文在厘清普度勝會在其同鄉組織的維持、深化、繼承方面的重要性問題上也非常珍貴。

②　金山、銀山寓意爲給陰間的祖先送去財寶，據傳中國原本的習俗是，遺屬要在親人逝去之後守喪三年，然後才供奉金山、銀山，但是華僑特別是二、三世以後的華僑也有的人會在家人去世的第二年就開始供奉。可以認爲，這是受到了日本死後第一個盂蘭盆節（被稱爲"新盆"）的習俗的影響。

以這樣，據説是因爲世代更替，子女不繼承商鋪，在高中或大學畢業之後，選擇進公司上班的很多，於是將商鋪出租出去。他們之中不再居住在新地街，而將家建在或搬到近郊地區居住的人也非常多。

另外，越中哲也曾指出，三山公幫現在所承擔的天上聖母生誕節（媽祖誕）的供品與江户時期相比發生了很大的變化①。越中哲也據《天保六年末八月改媽祖祭要言》介紹媽祖堂上所供的供品"上供八盆"及宴會菜單上提供的菜品，即"一、小菜六盤；二、大菜三盤；三、中盆六個；四、日式醬湯；五、素湯；點心、粘糕等等"，這些全部都是素齋菜。像今天這種用山羊及乳猪等作爲供品的形式出現是在明治時代以後，可以推測到，也許是較大程度上受到了福建地區飲食文化的影響吧。

崇福寺普度盂蘭盆勝會的會期是從農曆七月二十六至二十八，大門前面挂着"盂蘭盆盛會　中元令節大開赦宥"條幅，大家都知道這并不是日本的盂蘭盆節，而是在對中國中元節認識基礎上舉行的。其供品布置如圖13所示，供有包括肉、魚在内的三牲、五牲等供品。整個法要儀式由崇福寺僧侣以"焰口水懺普度"的名義，進行以誦讀《慈悲三昧水懺法》爲主的佛教儀式活動②。從中可以觀察到其與《清俗記聞》所説的"水懺"有共同之處，在繼承清代爲祭祀祖先之靈或孤魂野鬼所舉行的佛教儀式活動方面表現得尤爲明顯。備有立着"面然大士、法界六道十類孤魂、依草附木魑魅魍魎"木牌的祭壇這一點也與《清俗紀聞》裏所説的"焰口施餓鬼""水懺"儀式及禮儀的情況一致。其作爲以華僑爲主體的儀式活動的同時，也作爲與前面所提到的ORS氏在福清經歷的基於道教的普度儀式相混淆的活動而被舉行，這些可以被認爲是長崎崇福寺普度盂蘭盆勝會的特色吧。（圖14）

另外，對三山公幫作爲主體所承擔的以清明節爲首的節日供品的近世時期以來的變化也有必要進行調查及研究工作，還需要對長崎唐寺（長崎興福寺別稱）的儀式活動、祭祀管理與中國人、華僑華人之間的關係、作用和他們所從事的商業行爲整體情況及祭祀組織一同進行考察。

閉關鎖國時期、近世時期都與中國保持往來的長崎在中國人、華僑華人的歷史方面較橫濱、神户等於近代才有華僑華人歷史的地區相比，遠超過2世紀之長，給當地社會所帶來的影響也大得多。

---

① 越中哲也《長崎的飲食文化〈長崎開港物語〉》第6回《中國料理篇（一）》，http://www.mirokuya. co. jp/syokubunka/bunka6. html，瀏覽於2014年12月10日。

② 崇福寺"焰口水懺普度"佛教儀式相關詳細内容，請參照《時中——長崎華僑時中小學院史·文化事志（1991）》第三部《長崎華僑録》之"普度盂蘭盆勝會——農曆七月二十六、二十七"。

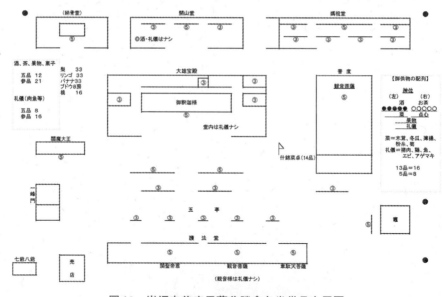

圖 13　崇福寺普度盂蘭盆勝會各堂供品布置圖

圖 14　崇福寺的普度勝會①

　　華人華僑研究之中，關注其團體及經濟史，從社會學、近現代史、文化人類學視角將重點放在近現代的研究非常之多，但是注重他們的信仰、祭祀行爲及其組織內部實際情況、傳統行爲的繼承和演變方面的研究與之相比就少得多了。

　　2000 年前後，關於世界各國華僑，在大陸有一種説法是“日本怕福清；美國怕亭江；英國怕長樂；全世界都怕福建”②，從中可以對每個國家對進入各自國家的華僑的看法一窺端倪。對於日本來説，來自福建尤其是福清的華僑居多，他們與其所從事的經濟行爲一起，在日本形成的社會組織以及生活、信仰行爲都應作爲對

————————

　　①　2014 年 8 月 22 日筆者攝影。

　　②　參看《福建省福清出身的旅日新華僑及其僑鄉》。其他，朱東芹《有關新移民問題》（http://www. law. osaka－u. ac. jp/c－forum/symposium/0611zhudongqin＿ja. htm，本人瀏覽於 2015 年 1 月 3 日）從將旅日華僑作爲“移民”的視角出發，對流動於世界各地區的華僑進行論述，是一篇述説對伴隨改革開放以後中國經濟發展而留學生數量有所增加等情況，在原有的老華僑、新華僑框架下無法捕捉到的包括日本在內世界之中的中國人多種多樣的生存形態進行調查和分析的必要性的重要論文。

日本的研究而有必要進行下去。

在當代長崎旅游産業中也扮演重要角色的起源於中國的傳統儀式活動在維繫其的華人華僑社會内部，存在如何引起變化、如何傳承下去等問題，對於他們來説，還有在長崎這一地區社會之中，其具有何種意義？我們今後更要期待在關注其過去（歷史）與繼承或演變、過去與現在的關係之下，重視從以生活水準、居民的角度對當下、當代進行考察的民俗學視角進行的相關研究，對進入東南亞、美國、歐洲甚至是非洲的中國人以及與在當地形成的中國人社區進行比較研究。有關這些方面的研究課題應該要求以中國（大陸及台灣）爲首的移民出身國即本國研究者與移民目的國等各國學者進行多方合作[①]。

後 記

本文中有關崇福寺儀式的調查，得到了長崎華僑以及崇福寺各位的大力協助。特別是三山公幫的長崎華僑總會事務局局長郭定義先生、楊君子先生給予本人很多寶貴意見。在此由衷致以誠摯的謝意。

并且，本文中對於中國墓地以及下面所考察的祖先祭祀等民俗活動的理解都是基於從 2012 年開始的對以福建福清出生的現居於神户的一世華僑 ORS 氏、江祖順氏爲主的居於神户、京都、横濱的各位華僑的聽訪調查，特別是製作神户、京都地區祖先祭祀"普度勝會"所用的冥宅、十王殿等的 ORS 氏傳授給本人的豐富的民俗知識，本文尤其從該氏那裏受益較大。只要没特殊説明，關於中國民俗的事例均是 ORS 氏所講述的福建福清的有關習俗。另外，在京都華僑陵園的墓地内，得到了父親出生於廣東的京都華僑二世陳正雄氏的相關介紹，并受到很多指教。今後，將對日本華僑出身較多的省份廣東省、臺灣省的民俗進行精細調查，可能也有必要對其給日本所帶來的影響進行考察。

---

① 有關東南亞華僑，在日本就有如松本三郎、川本邦衛編《東南亞的中國印象及影響力》（東京：大修館書店，1991年）等研究。該書是一部從當代、當下的政治和經濟角度，論述東南亞各國華人華僑的作用及意義的很有價值的著作。書中也提到各國從前近代至現代的歷史之同中國的历史關係、擺脱殖民統治而獨立的歷史、中國的政策變化給各國華僑的生活帶來的影響以及文化方面的問題，告訴我們如此衆多人口地區流向東亞、東南亞，給各國帶來了巨大的華人影響力等側面事實。從祖國、僑鄉一側的角度來看，對華人華僑是如何對東亞、日本、美國等移民目的地進行決定的，如何適應當地的，有哪些差異等等，都有必要進行比較研究。作爲其實踐嘗試之一，本人在國立歷史民俗博物館與華東師範大學共同舉辦的"作爲記憶之場的東亞"研討會（2014 年 8 月 31 日於華東師範大學）上，論述了日本華僑公墓的特質，與論及印尼華僑的徐贛麗《海外華人對春節的記憶與文化認同——以印尼雅加達爲例》（載《作爲記憶之場的東亞》）和對美國華僑進行論述的游紅霞《邊緣化與涵化：華人赴美生子群體的文化調適與認同》（載同論文集）一起，對各國地區社會中存在的適應、文化傳承等問題進行了相關討論。

The Inheritance and Present State of *Pudu Shenghui* Practiced by Overseas Chinese in Nagasaki，Kōbe，and Kyoto
—Origins and Characteristics of Fujian Chinese Communities' Ancestral Rite

Matsuo Kōichi

Abstract：This paper clarifies the history and present state of the ancestral rite known as *Pudu Shenghui*（普度勝会，the Superior Assembly for Universal Salvation）and discusses its distinctive characteristics. Nagasaki，Kōbe，Kyoto，Yokoyama，and Tokyo are all cities in which overseas Chinese citizens（*huaqiao huaren*，華僑華人）reside. These overseas Chinese citizens have formed communities and societies（known in Chinese as *tongxiang hui*（同鄉会）[literally，"same village assembly"] or *bang*，帮）based on the place its members identify as their original dwelling place（Ch. *qiaoxiang*），which may be Guangdong，Zhejiang，Fujian，Taiwan，or elsewhere. *Pudu Shenghui* in the context of overseas Chinese citizen communities residing in Japan mainly takes place in the *tōdera*（Ch. *tangsi*；literally，"Tang temples"，i. e. temples associated with overseas Chinese believers）or *Guandi miao*（關帝廟；shrines dedicated to the deity Guandi 關帝）of the three regions with the highest population of Fujian Chinese—Nagasaki，Kōbe，and Kyoto. *Pudu Shenghui* practiced in Japan is a ceremony with origins in the premodern period. This paper clarifies how the inheritance of this ceremony to the present day is interwoven with the affairs of modern Chinese politics，the history of wars between Japan and China，and the history of great disasters in Japan，and in so doing，argues for the significance of folk customs passed down from the premodern period.

Keywords：Overseas Chinese Citizens；*Pudu Shenghui*；Fujian Chinese Communities；ancestral rite

作者簡介：松尾恒一，男，日本國立歷史民俗博物館以及綜合研究研究生院教授、博士生導師，日本國立千葉大學研究生院客座教授。

淺論觀音信仰與儒家 "孝" 之結合
——以孝女故事《沈清傳》爲中心

朴鍾茂

提　要：我們皆知宋代有加深儒佛融合的現象，与此相聯繫的是，中韓日三國均有相似的孝女故事，即《妙善》（中）、《沈清》（韓）、《小夜姬》（日），其内容主要表現了女兒對嚴父之恩的回報，至孝感天。三國孝女故事每當關鍵時刻都發生奇異轉折，最終得到佛教所説的靈異，特別是在民間以觀音靈異爲代表的法華功德。這一點令人不禁想到东北亚所信仰的佛教的靈異性與儒家以 "孝" 为萬行之本的思想結合。本文以韓文小説《沈清傳》爲例，簡要分析在孝道倫理上所表現出的儒佛融合現象之特點。

關鍵詞：《沈清傳》　觀音信仰　妙善故事　漢文化　至孝感天

衆所共知，漢文化重視儒教孝道倫理，而漢傳佛教亦强調 "孝行" 佛事，這在中、韓、日三國廣爲流傳，并重興於宋代[①]，對高麗末期以後的朝鮮以及日本江户時代的社會意識帶來了深遠影響。因此，我們將以被認爲是宣揚儒教孝道倫理的代表作品的韓國古小説《沈清傳》爲中心，對其佛教因素，特別是對其法華觀音信仰的功用作一探究。

一、"孝女"《沈清傳》

《沈清傳》是朝鮮古小説，爲半索利（一種説唱）系小説。該書作者不詳，約成書於 18 世紀。成書之前，故事用於講唱臺本以及閲讀文本，已在民間長期流傳。

---

①　與法華懺及孝佛事聯繫，值得參考的是釋大睿《天台懺法之研究》提到的宋代佛教的一大特色：諸宗雖各有行持法門，但修净業、念佛求生净土，却是諸宗法師修持的共通傾向。宋代天台懺法的特質也表現爲求生極樂，解脱苦趣，有宋一代天台宗的净土信仰十分普遍。就是説，宋代净土信仰盛行，着重於天台宗儀軌，其現象十分可能在民間普及。參釋大睿《天台懺法之研究》，臺北：法鼓文化事業股份有限公司，2009 年，第 276～284 頁。

《沈清傳》主要講述孝女故事：沈清的父親是盲人，有一天不慎落入水中，後被夢雲寺化緣僧救起。夢雲寺化緣僧勸告他施供米三百石，就能看見世上萬物①。因此，沈清賣身給南京船商，換取供米三百石，又把自己當做活祭品投身于大海之中。她的孝行感動天帝、龍王等，後來沈清終於當了皇后，亦父女重逢，這時父親雙眼頓開，恢復視力。

據〔韓〕趙東一研究，此説唱文學尤其是與巫俗有着一定關係，由巫俗神話編制而流傳的叙事巫歌中，果真亦有巫歌《沈清》②。《沈清傳》中，除"龍王祭"（巫俗龍信仰的海上祭儀）外，我們還發現有許多巫佛混融的現象。比如，其龍王祭的祭文中的三皇五帝、釋迦如來、冥府十王、仁唐水龍王等神祇；沈清父母爲得子孫而想辦法時，名山大刹、靈神堂、古廟叢祀、城隍祀、諸佛菩薩、彌勒、七星佛供、羅漢佛供、帝釋佛供、地神祭等巫佛道祭儀都曾出現。在朝鮮半島海岸區民間設龍王祭的目的，不完全是祈求捕魚豐收，而且與招溺死者之魂而解怨的儀式有密切關係。然而，《沈清傳》中"南海觀音海中出現"以及沈清得到南海龍王的保佑這兩點描述③就説明它與民間觀音信仰有關係。沈清投身的海域是朝鮮半島西海的"仁堂水"，而印度神話中即有"南海普陀山觀音常住處"之説，中國觀音住處普陀山亦位於中國南海。

東北亞地區觀音信仰與大海關係密切，其中不可缺少的是海龍的存在。海龍王住在海底龍宮。古代朝鮮半島法華師故事裏表現的"龍宮"與法華信仰思想相結合，如"天帝召海東玄光禪師於龍宮説親證法門""天帝請講（緣）光……入（龍）宮"④ 等。"龍宮"將恐怖的大海變成爲水中的樂園，即足以滿足人們本有的幸福欲望的別樣天地⑤。《法華經》、寶珠、觀音、海龍等神奇的意象逐漸滲透到民間意識裏，其教義象徵逐漸混雜化。

《沈清傳》可以簡單分成兩個階段：一、現實生活極爲困難的少女階段；二、富貴榮華之中的思父之情感動天地，使父親以及世上所有的盲人開眼的婦人階段。前者以現實性爲主，後者以浪漫性爲主。兩者之間有大海、龍宮，所以有學者專門關注其大海含有的象徵意味。有趣的是，改編成現代文學作品的《沈清傳》，已不存在"龍宮""蓮華化生"的事實。這説明，現代人的現實意識傾向比較強。比如，

---

① 緣起故事里没有具體提到"供米三百石"，然而朝鮮後期成書的底本和小説版本提到佛供養的物質數量——"供米三百石"。

② 參趙東一等《韓國文學論綱》，周彪、劉鑽擴譯，北京：北京大學出版社，2003年，第67～87頁。

③ 《沈清傳》，首爾：지만지Jiman ji出版社，2008年，第35頁。該本是據1905年刊行的完版本（即全州本）《沈清傳》的現代文版。本文主要參考的均爲此版本，以下不再一一注釋。

④ 了圓《法華靈驗傳》卷上，《大正新纂·卍續藏經》，石家庄：河北省佛教協會，2006年，第78冊，第10頁a、第9頁b～c。

⑤ 홍태한《韓國民俗與龍》，載《龍，其神話與文化》，首爾：民俗苑，2002年，第273～289頁。

[韓] 黃晳暎 2003 年發表的長篇小説《沈清》，亦不再采取原本内容中有關沈清從龍宮復活出海等神異情節。不過，令人驚異的是，作家有意地安排蓮花象徵，比如沈清在悲慘惡劣的生活環境中，數次改換自己的名字，其名字"蓮華""lotus"等都是指"蓮"。若把這與該作品的整個情節聯繫起來推測，其改名爲"蓮華"，很明顯是表明沈清會克服一切苦難，且能展現菩薩之心。

佛教認爲，現實世界是一片穢土污泥，而修菩薩道者不受污染，因而把菩薩的形象比作"蓮華"。菩薩投身于苦惱的現實之中，却不爲苦惱所埋没，開闢自己與他人的共同幸福①。中土文人的頌蓮詩文中亦注意到此美德，如"出淤泥而不染"（周敦頤《愛蓮説》）。因此，人們不管相不相信奇迹，看了沈清雖然生活困難，却一直努力奮鬥，爭取更好的未來，就會聯想到"蓮華"。我們皆知，《法華經》就是"蓮華經"，而且，人們多將觀音菩薩與蓮華意象相聯繫。從其蓮華思想的土壤上生產并培養出一個善良孝順的民族女兒"蓮華沈清"，對儒佛融合文化圈的韓民族來説是順理成章的。總之而言，这个故事最重要的一点在於：反映了過去東北亞地區濃厚的儒教孝倫理和法華觀音信仰的結合情況。

與此聯繫，值得一提的是，學術界一般認爲，位於韓國全羅南道谷城郡的觀音寺緣起故事《玉果縣聖德山觀音寺事迹》就是《沈清傳》的重要來源。該緣起故事發生時間爲魏晋南北朝時期，然而其寫作年代却較晚（1729）。因此，韓昇在《韓國谷城郡發現觀音寺緣起與菩薩頭像及其意義》中評價此史料價值道：

> 就文獻學的角度而言，此件寺志爲清代雍正年間刻本，距離西晋甚遠，故史料價值不高，難以作爲研究西晋與馬韓（百濟）交往的依據。但是，寺志有關佛教及晋韓交流的故事，并非全都是編造，若與史籍對照印證，可以探尋口述史所反映的真實歷史，以及晋韓交流在民間的影響。②

據《玉果縣聖德山觀音寺事迹》得知，朝鮮半島全羅南部谷城郡觀音寺，由百濟時期洪莊以觀音靈異而創建。雖其《觀音寺事迹》刻本的時代在清代雍正年間，距離緣起故事背景時間晋朝甚遠，但其故事中的"洪莊"與朝鮮沈清故事極爲相似：有盲人父親，生活貧困，賣身以爲法堂經營之資，希望得到佛的顯應，父親開眼，最後成爲中國皇后等③。因此，大家認爲《沈清傳》亦屬於廣義上的法華、觀音信仰藝術。

---

① 關於菩薩以蓮華爲譬喻，可參考池田大作、杜維明《對話的文明——談和平的希望哲學》，成都：四川人民出版社，2008 年，第 213~216 頁。

② 韓昇《韓國谷城郡發現觀音寺緣起與菩薩頭像及其意義》，載《海東集——古代東亞史實考論》，上海：上海人民出版社，2009 年，第 53 頁。

③ 參《韓國谷城郡發現觀音寺緣起與菩薩頭像及其意義》，《海東集》第 49~61 頁。不過韓昇主要揭開百濟時期與南朝交流及兩岸佛教傳播的史實，沒有涉及《沈清傳》變遷過程的問題。

　　觀世音菩薩，梵語爲 Avalokiteśvara，竺法護譯爲光世音，鳩摩羅什譯爲觀世音，玄奘的新譯爲觀自在。漢傳佛教通用的則爲羅什的舊譯，一般略稱觀音①。《法華經·觀世音菩薩普門品》是最早出現"觀世音"這一名稱的佛教經典②。觀世音，觀着世上十界衆生的一切音，應着十界衆生的苦惱，所以稱他爲大慈大悲觀世音菩薩，觀世音就成爲人們最親近的菩薩之一，觀音就是《法華經·如來壽量品》裏的久遠本佛的慈愛的象徵。《普門品》偈曰："悲體戒雷震，慈意妙大雲。澍甘露法雨，滅除煩惱焰。"③ 隨着人民對觀音的信仰越來越深，《觀世音菩薩普門品》也逐漸從《法華經》獨立出來而成《觀音經》，成爲人們讀誦供奉的對象，代表着《法華經》"現世利益"的一面。可見，其宗教内涵是觀音藝術的重要特點。

二、《小夜姬》物語與佛教孝行佛事

　　最近在中、韓、日學界最引人注目的是，韓國《沈清傳》傳說和日本《小夜姬》傳說的關聯性。據說日本《小夜姬》（日文發音：sayohime）傳說故事唱本的底本，江户時代（1603—1867）有寬文版、江户版留下的抄寫本④，然而，如今只限于日本東北地區的鄉土傳説而已。

　　《沈清傳》《小夜姬》最重要的相似之處是以女主人公的孝行爲盲父或盲母開眼。學界認定，二故事根源可追溯到印度（佛典）傳説《專童子》《堅陀羅國貧女》⑤。不止此二條，筆者隨意用手頭的書籍便找出另外三條：《六度集經》中有名爲"睒"的孝子，誠心地養盲人父母，感動天神，帝釋天神把已死的睒救活；《雜寶藏經》中有"孩子割肉救父母"，最後感天動人；《雜寶藏經》中的"慈童女"，其父早亡，以爲奉母等孝事。這些故事皆和神異混合，强調孝行是人間慈心的重要表現，主人公因而都得到大果報⑥。

　　與佛典故事相關聯，有些學者認定朝鮮半島三國時期以來，《生經》《雜寶藏

---

　　① 唐朝時因避唐太宗李世民的諱，略去"世"字，簡稱觀音。但也有學者認爲，唐朝以前就已出現"觀音"簡稱，如東漢時期的《成具光明定意經》。

　　② 除了《法華經》之外，《悲華經》《華嚴經》《觀無量壽佛經》《楞嚴經》《千手千眼大悲心陀羅尼經》等，也出現觀音。

　　③ 《妙法蓮華經》卷七，《大正藏》，臺北：佛陀教育基金會出版部，1990 年，第 9 册，第 58 頁 a。

　　④ 有的説，日本的《小夜姬》傳説載於日本的物語集《御伽草子》第三卷，大致爲日本室町（1392—1596）中期以後所作（公元 14—15 世紀）。

　　⑤ Yoxioka Hirodo《韓國〈沈清傳〉與日本〈小夜姬〉的比較研究》（韓文論文），首爾市立大學博士學位論文，2006 年。本文以下關於《小夜姬》傳説部分多參考該論文，特別是介紹《小夜姬》傳説原文内容部分（第 57～59 頁、第 68 頁）。還有，據該論文所注，《專童子》見於《大日本佛教全書》第 92 卷纂集部《私聚百因緣集》第三卷第十七話。另外《堅陀羅國貧女》條亦見於同書第二卷第八話。

　　⑥ 三條故事見於《至孝的品格》《捨身救父母》《慈童女》，載朱瑞玟編《佛經故事》（上海：漢語大詞典出版社，2004 年），分別見於第 40～42 頁、第 90～92 頁、第 97～101 頁。對此值得參考程毅中《敦煌本"孝子傳"與睒子故事》，《中國文化》1991 年第 2 期。

經》《六度集經》《撰集百緣經》等故事豐富的典籍輸入流布，對朝鮮半島文藝發展具有極大作用。與此相關，值得注意的一例是源於《生經》"鼈與獼猴"故事的"龜免之説"，朝鮮半島最早的文字記錄見於《三國史記》卷第四十一列傳第一"金庾信上"條中。"龜兔之説"故事講，東海龍女病心，得兔肝合藥則可治療。龍王派龜來取，兔編造了能用神通把自己五臟出納等假話，避免了危險。該故事的情節與佛典的故事大約相同，只是動物名等不同。其故事直到 18 世紀成爲半索利系小説《兔子傳》的素材，半索利臺本名爲《水宮歌》。

依日本學者荒見泰史的陳述，在日本流傳的俗講底本，原底本當然是漢文，但在儀式進行中，使用的却是各地域的語言。這是由佛典故事而發展的文學作品各自不同的主要原因之一①。本文甚爲贊同他的意見。於此，我們不能排斥，朝鮮半索利《沈清歌》受到以敦煌變文説唱爲首的中國演藝文化的影響的可能②。我們皆知，中國古代文學藝術對韓國戲劇的影響甚深。如，[中] 翁敏華《從韓國 "唱劇"看中韓古代演藝文化的交流》總結道：

> 中國古代文藝對唱劇的影響又可分作内容與形式兩部分，其中内容方面十分顯現，而形式上的影響則猶如潛流滋養一般，表面上不易發現罷了。總之，成形於朝鮮時期的 "半索利"——唱劇，曾大量地汲取過中國文化，特別是唐宋文化的養分，其中唐代文化的養分是經過宋，高麗朝兩度消化以後，再爲唱劇所吸收的。③

俗講多使用通俗故事及音樂成分，以便大衆理解佛教哲理。因此，我們發現俗講儀式當中，藝能的特點相當豐富。由此可知有些佛典故事早已被朝鮮半島人們喜愛，并迅速土著化，這一過程中佛教俗講起了不少的作用。

《小夜姬》故事裏的 "小夜姬"，亦是爲父賣身，其犧牲行爲與佛事有着緊密關係，説明當時日本民間孝行佛事頗爲流行。進一步説，筆者所見 [日] Yoxioka Hirodo《韓國〈沈清傳〉與日本〈小夜姬〉的比較研究》（韓文論文）介紹，除明顯的觀音信仰外，我們可以看到當時在日本佛教文化裏孝與《法華經》思想相結合的現象：

一是觀音信仰的因素：松浦長者夫妻以觀音祈禱得女；河神大蛇在聽小夜姬誦《法華經》以後成爲 "壺坂觀音"（"大蛇"可謂龍。這也與民間觀音信仰有着一定

---

① 與俗講的故事聯繫，敦煌文獻中的孝行故事及其用途等問題，多參考荒見泰史《敦煌文學與日本説話文學——新發現北凉本〈衆經要集金藏論〉的價值》，載《佛經文學研究論集》，上海：復旦大學出版社，2004 年，第 607~623 頁。

② 多參見翁敏華《從韓國 "唱劇"看中韓古代演藝文化的交流》，《戲劇藝術》1993 年第 4 期。另外，關於《沈清傳》和講唱文學（即 "變文"）的關係，以李秀雄研究論文爲一個例證：李秀雄《〈沈清歌〉和〈講唱文學〉關係考》，《安東文化》1982 年第 3 集。

③ 《從韓國 "唱劇"看中韓古代演藝文化的交流》，《戲劇藝術》1993 年第 4 期，第 131 頁。

的關係）。

二是《法華經》信仰的因素：父親留給小夜姬一部《法華經》；當江神（大蛇）的人身共犧時，小夜姬讀誦《法華經》，大蛇變身爲姑娘，此時小夜姬從大蛇那裏得到如意寶珠。《法華經》的功力使大蛇變成女性，令我們不禁聯想到《法華經·提婆達多品》的"龍女成佛"。蛇女贈給小夜姬一顆如意珠，亦與同書中龍女把寶珠獻給釋尊的情節相似。

三是孝與俗講内容的結合：小夜姬爲追悼亡父，決定賣身的決心，是在興福寺春日佛會中聽了俗講之後産生的。雖不知其講經的具體内容，但據該故事的介紹，小夜姬在參加佛事活動時的確聽到有關獎勵"孝"的講話。

在悠長的歷史當中，佛教亦强調人倫之道理，至於生活上的孝行，與儒教大致相通。只是佛教整體思想基於三世因果説，此點與儒家局限於現世的生命觀有極大區別。因此，除了基本的孝順之外，佛教還主張爲父母行佛事之孝。然考慮唐宋以後，朝鮮半島、日本都明顯受到"法華懺法"影響的史實，可見其講經活動極有可能與法華經儀式有關。因此，可以説日本江户時代流行的小夜姬故事所表現的以《法華經》信仰事親、孝養等故事①，不是僅僅局限於日本以及離日本很近的朝鮮半島②，還流行在一直作爲日本、朝鮮的佛教來源地的中國，即東北亞三國曾有過同樣的潮流③。

---

① 依筆者所知，日本江户時代崇佛程度極高，國家甚至禁止百姓吃牛肉。由此可以想象小夜姬爲亡父忌齋賣身之孝行。也許，這也與《二十四孝·董永》"家貧，父死，賣身貸錢而葬"等的"孝喪"傳統有着密切關係。

② 李能和評價朝鮮時代法華佛事説："朝鮮之初，凡追薦亡靈者，必用《法華經》，以《法華經》於諸經中爲最第一。書寫流通其功德不可稱量故。"（《朝鮮佛教通史》下編，第561頁/載藍吉富主編《大藏經補編》第31冊，臺北：華宇出版社，1985年，第693頁。）

③ 與此聯繫，可以參考的是過去興福寺佛事中與朝鮮半島有關的内容。參考松尾恒一《古代佛教的祭儀和藝能、其傳承——日本與韓國》，載《唱導文化之比較研究》，東京：岩田書院，2011年，第245頁。其一段落的譯文："南都（奈良）興福寺和北嶺（比叡山）延曆寺的'衆徒'，即之所謂的'僧兵'，是一個身穿鎧甲、手持刀槍的戰國時代的戰鬥集團。作爲鎮守神，在春日的御神木和日吉兩地，人們扛着神轎，呼喊着口號一起向京洛涌去。在園城寺舉行的各類祭祀，如春日若宫、手向山八幡、新羅明神、日吉山土神等的祭祀，是每年定期舉行的祭拜春日宫的儀式、手搔會·新羅社祭礼。在平安~中世紀前期形成了固定的儀式。在此儀式中，身穿甲冑的僧侣都排成隊列，還有盛裝出席騎着馬出場的兒童（或稱爲馬長、一物）。這些活動都是在向内外炫耀衆徒的軍事實力和大寺院的宗教及經濟的實力。另外，春日若宫和日吉山王的祭祀禮儀的形式隨着時代一直在變化。這種衆徒的祭祀禮儀的傳承至今，是個十分寶貴的遺産。"雖其文没有明確説明春日佛事與法華信仰之關聯性，然該文的上下文説明了新羅明神和天台僧的結合過程（亦見於《朝鮮佛教通史》上編，第209~210頁/《大藏經補編》第31冊，第337頁），亦陳述了朝鮮半島新羅（或三國）佛教儀禮傳來日本的可能。對此僅舉一例，《朝鮮金石總覽》上《對馬國分八幡宫朝鮮鐘記》記載："天寶四載乙酉，思仁大角干爲賜夫只山村无盡寺鐘成，教受内成記時，願助在衆師僧、村宅方一切檀越，并成在願旨者一切衆生苦離樂得，教受成在，節雀乃秋，長幢主。"（影印本，首爾：亞細亞文化社，1976年，第113頁。）天寶四載（745）即新羅景德王四年。該王年間佛國寺成，法華文化深深值得誇耀。由此想象，韓日兩國之間頗有法華儀禮等共同流傳的可能。

佛教孝行佛事："功德迴向"儀式

佛教 "功德迴向" 儀式，是由佛教哲學 "三世因果説"① 發展而來的。其思想背景與儒家的 "孝" 有着顯著的不同。道教亦具有神仙思想和宗教儀式，但没有像佛教三世觀那樣得到民衆的廣泛接受。所以諸多儒家文人也接納佛教觀點，以佛事實踐孝喪孝祀。

新羅朝最具代表性的儒學者崔致遠曾云：

> 麟聖依仁仍據德，鹿仙知白能守黑。二教徒稱天下式，螺髮真人難確力。十萬里外□西域，□□年後燭東國。鷄林地在鼇山側，仙儒自古多奇特。可憐義仲不賓餞，更悲佛印辭空色。②

意思是説，儒、道二教可稱天下格式，然不及佛教思想。他還關注薦度佛事，説："鄉帝莫非奉尊靈於常樂之鄉，是知敦睦九親，寶惟紹隆三寶，引乃玉毫光所燭照，金口謁所流傳。靡私于西土生靈，爰及于東方世界。"③ 由此可知，他強調佛教忌齋之孝的效能比儒家祭祀更大。與此關聯，我們可以注意到的是，在朝鮮王朝崇儒政策之下，仍然存在佛家的亡人薦度齋儀式及冥府殿類的豐富史實。④ 其中雖有集體性的齋會活動，然很多部分是被認爲是亡父（或亡母）脱離六道輪回而往生極樂的孝行。因而以 "孝" 爲根本的儒教道德社會，有必要容納勸獎佛家所説的 "孝" 行。

宗密在《佛説盂蘭盆經疏》裏，對儒釋二教孝道觀之間的異同點作了簡略分析。應留意的是，該疏文指出的儒釋二教孝道觀的差異，主要是由於生命觀的差異造成的。如：

> 殁後異者，復有三異：一、居喪異。儒則棺椁宅兆安墓留形，釋則念誦追齋薦其去識；二、齋忌異。儒則内齋，外定想其聲容。釋則設供講經資其業報；三、終身異。儒則四時殺命，春夏秋冬。釋則三節、放生、施戒、

---

① 佛教傳來，三世因果論即已傳播。魏晋南北朝文人已指出其新思潮。如："凡其經旨，大抵言生生之類皆因行業而起。有過去、當今、未來。歷三世，識神常不滅也。凡爲善惡，必有報應。漸積勝業，陶冶粗鄙。經無數行，藻練神明。乃致無生而得佛道。其間階次心行，等級非一。皆緣淺以至深，藉微而為著。率在于積仁順，蠲嗜欲，習虚静而成通照也。故其始修心則依佛、法、僧，謂之三歸，若君子之三畏也。又有五戒。去殺、盗、淫、妄言、飲酒，大意與仁、義、禮、智、信同，名爲異耳。云奉持之，則生天人勝處。虧犯則墜鬼畜諸苦。又善惡生處，凡有六道焉。"（魏收《魏書》卷一一四《釋老志》，北京：中華書局，1974 年，第 3026 頁。）

② 崔致遠《大唐新羅國故鳳岩山寺教謚智證大師寂照之塔碑銘并序》，載《唐文拾遺》卷四四，續修四庫全書》，上海：上海古籍出版社，2002 年，第 1651 册，第 559 頁。

③ 轉引自韓鍾萬《韓國佛教思想之展開》，首爾：民族社，1998 年，第 154 頁。

④ 關於朝鮮中期的佛教情況，多參考韓鍾萬《韓國佛教思想之展開》第 368～381 頁。

盆會。①

説明佛家有一種通過宗教儀式實現的盡孝方式，如爲父母設齋、迴向功德等，其代表性的齋會就是"盂蘭盆會"。如據《義天録》所載，高麗義天入宋，將宋净源撰述傳於海東，有《盂蘭盆經疏》一卷及《盂蘭盆經禮贊文》一卷。肅宗二年（1097）於國清寺講《盂蘭盆經》，撰《蘭盆經發辭》，闡明儒釋二家"崇孝無别"的道理②。又據史料記載，高麗忠烈王十一年（1285），"幸神孝寺設盂蘭齋"③ 等。

雖佛教與儒家同樣以孝行爲根本道理，然而兩者的業報觀之間有差異，從而造成了佛、儒不同的孝道觀。如"目連變"之類通俗故事，用地獄、惡業惡報等細節譬喻三世因果業報的原理。

梁慧皎《高僧傳》卷十三《唱導傳論》載：

> 至如八關初夕，旋繞周行，煙蓋停氛；燈帷靖耀，四衆專心，又指緘默。爾時導師，則擎爐慷慨，含吐抑揚，辯出不窮，言應無盡。談無常則令心形戰栗，語地獄則使怖淚交零，徵昔因則如見往業，覆當果則已示來報，談怡樂則情抱暢悦，叙哀戚則瀝泣含酸。于是合衆傾心，舉堂惻怆，五體輪席，碎首陳哀。各各彈指，人人唱佛。④

從此文的記載，我們能想象到南朝倡導的程式及氛圍，"導師"在齋會上演繹三世業因故事的若干内容。我們皆知，"目連救母"故事是所謂佛"孝"故事中最爲有名的。據研究，敦煌發現的目連救母變文就有 16 則，稱爲《大目乾連冥間救母變文》《大目犍連變文》或《大目連緣起》《大目連變文》等。南北朝時期，由於宣揚三世因果的故事，目連救母故事在當時佛教化俗講唱中早已占據顯赫地位。儒教國家朝鮮王朝初期，儒、佛兩教得以互相影響并共同教化人民。至朝鮮世祖年間（1455—1468），《目連傳》被收録於《月印釋譜》第二十三卷，刊行韓譯本，這充分説明，對於"孝"思想，朝鮮社會也認爲儒家和佛家渾然一致，一同弘揚。

朝鮮王朝重視法華佛事

與日本江户時代的佛教文化聯繫，值得注意的一點是朝鮮王室特别重視法華信仰的史實。

據《朝鮮王朝實録》載，太祖即位三年，以天台宗高僧祖丘爲國師，於内殿飯

---

① 《大正藏》第 39 册，第 505 頁 c。
② 參見陳景富《中韓佛教一千年》，北京：宗教文化出版社，1999 年，第 423～424 頁、第 609～610 頁。
③ 鄭麟趾《高麗史》卷第三十《忠烈王三》，韓國首爾大學奎章閣藏書影印本。
④ 《大正藏》第 50 册，第 418 頁 a。

僧 108 人①，當年又書寫金字《法華經》三部，爲高麗王室宗族祈禱冥福②。後來，王室設齋時奉安《法華經》，或《法華》法席（即講經會）等，世世代代重視《法華》信仰。在《訓民正音》問世不久，朝鮮王室着手《法華經》的韓譯。據史料載，世祖親自韓譯《御譯妙法蓮華經》一部七卷并印行（1462）。刊經都監都提調尹師録等箋文曰：

> 恭維我主上，承天體道，烈文英武。殿下睿智日新，多能天縱。飛金輪而御宇，調玉燭以安邦。治踰六代之隆，德跨九皇之盛。聽朝政之多暇，崇釋典以凝神。究七覺之幽微，洞三空之邃奧。經兹七軸之記，實爲百部之冠。羅什受筆於五天，初擇梵本；温陵掩關於一世，獨抱遺經。縱斯道之賴存，尚蒙士之未曉。委翻寶偈，專事宸襟，分語絶意絶之間；句讀既正，颥喻合法合之別。科判畢陳，演伽陵之仙音；妙暢密義，敷貝多之真諦。穩播玄猷，心譯直據於漢文，口訣曲宣於邦諺。雖萬幾之沓至，恒一志之不分。契理彌深，覃思備至。發揮妙蹟，若瑞景之麗高窮；祛釋宿疑，類層冰之泮巨壑。香河縱其辯，帝網重其輝。諸儒博考於書林，人肆講噱；開士繼討於芮院，各寫蘊腸。言言務契於佛心，句句易曉於俗耳。闡揚秘藏，誘掖群迷。③

我們已知，朝鮮半島上最流行的《法華經》是羅什漢譯的《妙法蓮華經》，朝鮮亦重視羅什本《妙法蓮華經》。從"心譯直據於漢文，口訣曲宣於邦諺"一句得知，在當初的韓譯過程中，世祖力求將羅什所漢譯的内容充分傳達給平民百姓。雖其信仰内容及儀禮隨時代和宗教政策等變遷，其内容取捨趨勢明顯與禪宗相悖或混淆，然而，我們從箋文中可得知，至少朝鮮王朝頗爲重視《法華經》信仰。

在此，與朝鮮王朝初期法華儀禮流行④聯繫，值得注意的一點是其箋文中的"釋梵拱衛，紫氣滿於空中；佛天感通，白衣現於山上"一句，指法華會座以及法華經信仰的功德和觀音應現。由此可知，當時人們設行法華儀禮時，希望能感動帝

---

① 朝鮮太祖與佛教儀禮的關係中，除了太祖與天台僧接觸之外，值得一提的是當時王師無學大師爲太祖大設"五百羅漢齋"的事。本文認爲其佛事的對象"五百羅漢"與法華儀式靈山齋有着一定關係："世傳，太祖聽無學大師勸告建釋王寺於雪峰山。將設三年之齋，奉五百聖衆十六弟子十六羅漢及獨聖羅漢等像，舟載而來。……明日檢之亡失其一。……不得已設一虛位，題曰：南無天台山上獨秀禪定那畔尊者之位。"雖我們不能知道其齋的淵源，然與當時太祖每次設齋精心奉安《法華經》的事聯繫，可以推測，當時的儀禮的依據極爲可能偏向天台宗儀禮法規。此事參見《朝鮮佛教通史》上編，第 375~377 頁/《大藏經補編》第 31 册，第 375~377 頁；同書下編，第 530~539 頁/《大藏經補編》第 31 册，第 686~688 頁。

② 《朝鮮佛教通史》上編，第 361~362 頁/《大藏經補編》第 31 册，第 375 頁。

③ 朝鮮世祖代刊行《御譯妙法蓮華經》、尹師録等《御譯妙法蓮華經箋》事及所引箋文，見《朝鮮佛教通史》上編，第 414 頁/《大藏經補編》第 31 册，第 338 頁；同書下編，第 690~694 頁/《大藏經補編》第 31 册，第 725~726 頁。

④ 朝鮮初期王室重視《法華經》的事實見於《朝鮮佛教通史》上編，第 338~428 頁/《大藏經補編》第 31 册，第 369~392 頁；同書下編，第 556~564 頁/《大藏經補編》第 31 册，第 692~694 頁。亦值得參考何勁松《韓國佛教史》，北京：社會科學文獻出版社，2008 年，第 406~420 頁。

釋梵天，能得到佛菩薩的感應。其中"白衣"一句，隱喻觀音。毫無疑問，當時人們的意識裏，觀音的顯現代表着法華信仰之功德。

三、女身"妙善觀音"之孝行

南宋朱弁《曲洧舊聞》嘗有一段文字云：

> （北宋）蔣穎叔（之奇）守汝日，用香山僧懷晝之情，取唐律師（指道宣）笛子義，常所書天神言大悲之事，潤色爲傳。載過去國莊王，不知是何國王，有三女，最幼者名妙善，施手眼救父疾，其論甚偉。①

又據《普陀山觀音傳説》"千手觀音"條記載，妙莊國妙莊王的三女妙善，出家修道數年。妙莊王生病，奇癢難熬，妙善將自己的手臂拿去作藥引，父王即刻痊愈，却擔心女兒失去手臂落下殘疾。忽然，妙善兩肋之下，長出無數條手臂，故又稱作千手觀音②。該故事裏，最爲神奇的是，妙善施捨了自己手臂而治愈了父親之後，立刻成爲千手觀音，可見，該故事富有觀音信仰的民間化以及中土化③的特點。有研究者注意到，《法華經》文學中的觀音應驗故事的盛行造成了中國民間"妙善觀音"傳説的興起。

與女身妙善觀音的傳説聯繫，我們可以提出女身觀音菩薩的問題。佛典裏一切菩薩没有女身，這是印度傳統的性差别風俗所致，但觀音菩薩在民間流傳的過程中往往是女身。在此可以假設的是，女身觀音菩薩往往代替既往人們所相信的據《法華經》現身的普賢以及其他菩薩的女身形象。舉以下兩個例子爲證。一是法華靈驗故事中的僧曇翼親見普賢菩薩的場面：

> ……專誦法華，僅于一紀，一日將曛，有一女子身被彩服，手攜筠籠，内

---

① 轉引自陳允吉、盧寧《什譯〈妙法蓮華經〉裏的文學世界》，《佛經文學研究論集》第 39 頁。

② 舟山市文聯《普陀山觀音傳説》，杭州：浙江攝影出版社，1995 年，第 1～5 頁。關於妙善公主成爲觀音的故事情節，《南海觀音全傳》記載較爲詳細，富有價值。參看孫楷第《中國通俗小説書目（外二種）》，北京：中華書局，2012 年，第 128 頁。該書著録的《南海觀音全傳》是嘉慶十年（1805）的刻本。《中國歷代觀音文獻集成》第 5 册（中華全國圖書館縮微複印複製中心 1986 年版）影印的《南海觀音全傳》是嘉慶二十四年（1819）的刻本。

③ 關於佛教與孝倫理、觀音之本土化過程，值得參考李福清（Б. Л. Рифтин，1932—2013）著，劉亞丁譯《中國精神文化大典·神話宗教卷》（未刊稿）序言《中國神話》中的一段内容："在紀元初的幾個世紀裏，佛教及其發達的神話體系從印度經過中亞傳入中國。爲了適應本土的條件，佛教吸收了中國傳統倫理道德學説中的某些基本思想（比如孝）。在 8—9 世紀，佛教徒爲了傳教，利用中國古代的故事情節，其中包括古代神話（如《孝子舜子變文》）。各種佛教人物的出身漸漸同中國的人物産生了聯繫。出現了這樣的傳説，在中國非常有名的觀世音菩薩（顯然是在 7 世紀之後，在中國主要是以女性的形象出現的），化身爲中國王公（7 世紀?）的女兒——妙善公主，她拒絶出嫁，並且違抗父命出家。經歷了由於其父親的報復而來的各種災難，甚至下了地獄。妙善遇到了釋迦牟尼，他把她送到了普陀島上的仙山（這個傳説有各種不同的版本），在那裏她成了觀世音菩薩。在中世紀出現了其他佛教人物的'本土化'……"

有白豕一隻，大蒜兩根，立於師前泣而言曰：妾山前某氏女，入山采薇，路逢
猛虎奔遁至此，日已夕，草木陰翳，豺狼縱橫，歸無生理，敢託一宿可乎？師
稱嫌疑堅却不從。女子雨淚哀鳴，師不得已讓以草床，即蒙頂誦經，至於三更
號呼疾作，稱腹疼痛。覘師視之。師投一藥，女子痛益甚，叫不絕聲，曰：倘
的師爲我按摩臍腹間，庶得小安。不然即死。佛法以慈悲方便爲本，師忍坐觀
不一引手見救耶？師曰：吾大戒僧，摩挲女身，此何理也？懇求之切，即以巾
布裹錫杖頭遥以按摩。斯須告云："已瘳矣。"翌晨女出庭際，以彩服化祥雲，
豕變白象，蒜化雙蓮，女子足躡蓮華，跨象乘雲而謂曰：我普賢菩薩也，以汝
不久當歸我衆，特來相試，觀汝心中，如水中月不可無人。言訖縹緲而去。爾
時天上雨花，地皆振動。是日太守孟公顗方晨起，忽見南方祥雲氤氳光射庭
際，而雲下隱有金石絲竹之音。訪問得師普賢示化狀，遂併師之道行聞於朝
廷，即奉敕建寺，額號法華，時晋安帝義熙十三年也。①

這裏説，會稽法華寺曇翼傳誦《法華經》。有一傍晚，一位女子請求留宿，深夜女
子叫聲腹痛，曇翼沒有什麼動搖而依然給她按摩。第二天，女子變成騎白象的普賢
菩薩。二是《三國遺事》卷三"塔像·南白月二聖努肹夫得、怛怛樸樸"條，有一
位娘子（即觀音）"應以婦女身攝化者"②。女身觀音考驗夫得、樸樸，普賢考驗曇
翼，其内容上毫無區別，只是夫得、樸樸修行所依經典不明而已。但《法華經·普
賢菩薩勸發品》普賢菩薩説"不爲女人之所惑亂，我身亦自常護是人"③，意思是
有修行《法華》，并入禪定而沒被散亂者，他也來守護。筆者還認爲，這類考驗情
節，對以後的民間（女身）觀音故事形成有很大的影響。

回報嚴父之恩

沈清、妙善她們倆的孝行，主要對象不是母親，而是父親。孝女回報嚴父之恩
故事的出現可能與儒家思想的普及有關係。

從女兒對嚴父之恩的回報，可以注意到佛教與儒家的孝道觀一個重要不同點。
佛教的孝道多講母親之恩德，而儒家孝道主要宣揚父母兩親的生育之恩。然而仔細
考察，儒家的孝道却是强調父權爲主。比如，漢代董仲舒提出"父爲子綱"之説，
云："父者，子之天也。"雖然其本旨原是從孔子所講的以自然之愛發展出來的，然
而後來儒教却公開地强調"父權"，因此"孝"往往被誤認爲無條件服從的愚孝。
與此不同，佛典多是塑造家庭慈母的角色。如漢譯《別譯雜阿含經》曰："於自居

---

① 《法華靈驗傳》卷上，《大正新纂·卍續藏經》第78册，第5頁 c～第6頁 a；其事亦見《法華經顯應録》，《大正新纂·卍續藏經》第78册，第33頁 a。
② 一然《三國遺事》卷三，《大正藏》第49册，第995頁 b～996頁 b。
③ 《妙法蓮華經》卷七，《大正藏》第9册，第61頁 b。

家中，慈母最爲親。"① 另外，在巴利文經典中每提到雙親時，母在前父在後，稱"母父"（mata-pitaro）。而且，我們發現，印度有以母親的名字爲名的，如舍利弗（Sariputta）指"舍利的兒子"，此舍利就是舍利弗的母親。大乘經典，如北涼曇無讖所譯《大般涅槃經》，亦講到了母親的恩德，如：

> 如彼嬰兒，漸漸長大，常作是念，是醫最良，善解方藥，我本處胎，與我母葉，身得安隱，以是因緣，我命得全。奇哉我母，受大苦惱，滿足十月，懷抱我胎，既生之後，推乾去濕，除去不净，大小便利，乳餔長養，將護我身。以是養故，我當報恩，色養侍衛，隨順供養。②

這裏已提到母親十月懷胎和撫養子女的辛苦與艱難③。可以與此聯繫的是，雖佛教、儒教都重視孝行，然而朝鮮小説《沈清傳》表面上多爲偏向儒家孝思想。該作品裏，字字句句都表現出朝鮮當時全社會彌漫浸染的儒家思想。

與儒教教化的文化風土聯繫，我們可以想到的一點是，被推定爲《沈清傳》原型傳説的觀音寺緣起文中出現的"聖德山"，位於今韓國全羅南道谷城郡，正是百濟古地。據《日本書記》記載可知，5世紀初，百濟人王仁博士攜帶《論語》《千字文》應邀赴日本，并以《孝經》《論語》授（日本）皇子菟道稚郎子，皇子以爲師④。《孝經》是儒家"孝"倫理的重要著作。可知，朝鮮半島歷代王朝甚爲重視以孝道倫理教化人民，其與中土儒教思想文化是絕對分不開的。

四、《沈清傳》與朝鮮儒教

《沈清傳》中女兒沈清的孝行是不是與宋代以來的儒教朱子學的普及有關係呢？

朝鮮王朝時期，朱子學興盛，程朱理學强調"循理""盡性""格物致知"，將儒家君臣父子的從屬關係絕對化，把君臣、父子之間的忠孝視作人類最高層次的倫理原則，其基本精神在於"修己治人"、維護封建專制王朝制度和封建秩序。朝鮮王朝建立后，朱子學爲朝鮮王朝的官僚階層所繼承，成爲其治國思想的理論基礎，一直延續到朝鮮王朝末期。朝鮮王朝的官員將程朱理學視作神聖的經典，把違背此學説的學術視作"欺文亂賊"，把釋迦牟尼和老子的學説斷定爲"異端"。在這個時期，人們談論異端時，主要攻擊的是佛教。其理由是，在朝鮮開國初期準備制度和法令時，突出的問題是如何處理前朝即高麗時代極盛的佛教問題。高麗時代極力崇

---

① 《别譯雜阿含經》，《大正藏》第2册，第427頁a。

② 《大正藏》第12册，第419頁c。

③ 關於儒釋二家的孝道觀的區别，多參引廣興《儒佛孝道觀的比較研究》，載《儒釋道之哲學對話》，香港：商務印書館，2007年，第142～145頁。

④ 參見王連勝《〈沈清傳〉與朝鮮半島的儒家文化》，載舟山普陀政協文史委編《緣起沈清——普陀文史資料第二輯》，北京：中國文史出版社，2005年，第161頁。

尚佛教，到了高麗後期，佛教腐敗現象十分嚴重。因此，朝鮮王朝采取排斥佛教的立場。據《朝鮮王朝實錄》記載，官方没收了寺廟的田畝和私奴，又把寺廟遷至首都圈外，并加强寺廟、僧人的管理體制，限制寺廟、僧人的數目。不過同時代的明朝王室仍維持崇尚佛教的立場，積極傳播與佛教有關的書籍，致使朝鮮初期壓制佛教的朝廷非常苦惱①。由此可知，朝鮮王朝信奉儒教的程度已超過儒教思想本源地——中國。

這個時期士大夫階層把儒教精神轉化爲一種生活文化并加以實踐。其結果是，朝鮮時代的儒教文化一度成爲遍布于全國八道的一種普遍的文化現象。當時的士大夫階層認爲，佛教與他們所推崇的儒教相對立，必須排斥佛教，鞏固儒教思想理念，這樣纔能維護國家的安寧。所以統治者廣泛宣傳 "三綱五常" 等儒教德目綱常，以教化百姓。因此，直到 18 世紀，把口頭文藝記録下來的文人無意當中引用和模仿了《二十四孝》的故事，反復强調 "至孝者，會感動天地" 的主張。這也交代了當初觀音靈驗故事的主人公在 18 世紀變成儒教孝行的典型人物的緣由。

五、至孝感天

儒佛二教思想逐步融匯的表現，從中土萌芽，通過文人創作的文學作品的流傳，漸漸成爲東北亞三國的文化的主要特征。三國的《妙善》《沈清》《小夜姬》傳説是否能够證明儒佛融化而繼承的漢文化圈的這一點？②

儒家《孝經》等主張行孝，自然得到天地鬼神的好感和愛憐。在《孝經·孝治》中，孔子講道："夫然，故生則親安之，祭則鬼享之，是以天下和平，災害不生，禍亂不作。故明王之以孝治天下也如此。"③ 意思是，人們行孝，國家也會太平無事。佛典亦有相似的内容。如果人民不供養父母，不修善業，諸天衆會減少，阿修羅衆會漸漸增多④。

其 "至孝感天" 之道理，佛典裏亦可見。如西晋竺法護譯《生經》卷二曰：

① 明朝和朝鮮王朝對佛教政策的比較，多參見鄭沃根《中國小說的傳播與朝鮮初期儒教的統治》，《延邊大學學報（社會科學版）》2005 年第 4 期。

② 關於東亞地區觀音信仰的流變及其民間傳說的興盛背景，參看樓宇烈《〈法華經〉與觀音信仰》，《世界宗教研究》1998 年第 2 期；楊曾文《觀音信仰的傳入和流傳》，《世界宗教研究》1985 年第 3 期；李利安《從中國民間觀音信仰看古代印度佛教文化與中國儒教文化的對話》，中國佛學網，http://www.china2551.org/Article/psxy/p2/200806/6548.html，2008 年 6 月 17 日。韓秉方《觀世音信仰與妙善的傳說——兼及我國最早的一部寶卷〈香山寶卷〉的誕生》，《世界宗教研究》2004 年第 2 期；鄭禎誠《中國觀音——妙善公主的故乡在遼寧》，成都：巴蜀書社，2004 年；等等。

③ 李隆基注，邢昺疏《孝經注疏》，載阮元校刻《十三經注疏》，影印本，上海：上海古籍出版社，1997 年，下册，第 2552 頁 b。

④ 關於儒佛共同提倡 "孝之感天" 的問題，多參見廣興《儒佛孝道觀的比較研究》，《儒釋道之哲學對話》第 122～141 頁。

"孝順供養父母，恭敬沙門諸道士。布施、持戒、齋肅，守禁修行，起住迎逆，稽首作禮，又手自歸，今諸賢者，諦省察此。"① 值得注意的一點是，"孝順父母"亦是佛家持戒中很重要的德目。如：

> 問曰："何以故，六齋日受八戒修福德？"答曰："是日惡鬼逐人，欲奪人命，疾病凶衰，令人不吉，是故劫初聖人，教人持齋、修善、作福，以避凶衰。是時齋法不受八戒，直以一日不食爲齋，後佛出世，教語之言：'汝當一日一夜，如諸佛持八戒，過中不食，是功德將人至涅槃。'如《四天王經》中佛説，月六齋日，使者太子及四天王，自下觀察衆生布施持戒孝順父母，小者便上初利以啓帝釋。帝釋、諸天心皆不悦，言：'阿修羅種多，諸天種少。'若布施持戒孝順父母多者，諸天帝釋心皆歡喜，説言：'增益天衆，減損阿修羅。'……復次，此六齋日，惡鬼害人，惱亂一切，若所在丘聚郡縣國邑，有持齋受戒性善人者，以此因緣，惡鬼遠去，住處安隱。"②

可知，孝順父母是人間的基本善行。諸天感應人們的孝行及受戒，使善人福德增加，其住處安穩。因此，《法華經·妙音菩薩品》裏，妙音菩薩從净華宿王智佛處至靈鷲山對世尊問候："衆生易度不？無多貪欲、瞋恚、愚癡、嫉妒、慳慢不？無不孝父母、不敬沙門、邪見、不善心、不攝五情不？"③

據敦煌變文學者的研究，孝行人物故事和目連故事都是俗講的重要材料。我們知道，敦煌變文的文本一般采用韻散相間的形式，可謂一種講唱文學，用於講經儀式進行當中。過去，韓國、日本的俗講底本都從中國傳來。其敦煌變文均有"孝感動天"的情節。如《敦煌變文集新書》卷八《孝子傳》所載舜的孝行故事後有詩曰："孝順父母感于天，舜子濤中得銀錢。父母拋石壓舜子，感得穿井東家連。"④有研究者統計説，敦煌寫本被擬題爲《孝子傳》者，共輯寫 26 則故事，其中 16 則故事寫入了元朝郭居敬《二十四孝》中⑤。可見變文及《二十四孝》的廣泛流傳。我們應注意，此點與儒、佛二教宣揚"孝行"的事實相關。

有趣的是，在朝鮮半島，在《二十四孝》之類的孝行故事的流傳中，《沈清傳》爲最具代表性的標志。朝鮮半島三國時期以來，陸續培養出許多孝子、孝女，或被歷史記錄而廣泛流傳。然而，《沈清傳》所引用的恰恰是《二十四孝》里中國孝子的故事。這意味着朝鮮半島一直認爲憑儒教倫理書籍能够充分熏陶韓民族的心性。

小説《沈清傳》所列舉的"大舜""曾子""孟宗"等均係中國《二十四孝》中

---

① 《大正藏》第 3 册，第 81 頁 a。
② 《大智度論》卷十三，《大正藏》第 25 册，第 160 頁 a。
③ 《妙法蓮華經》卷七，《大正藏》第 9 册，第 55 頁 c。
④ 潘重規《敦煌變文集新書》，臺北：文津出版社，1994 年，第 1258 頁。
⑤ 參看曲金良《敦煌寫本〈孝子傳〉及其相關問題》，《敦煌研究》1998 年第 2 期。

人物，乃元代郭居敬所輯。這深刻地反映了中國儒家孝思想東傳和植根半島之事實。因此，朝鮮王朝中期以後出現的“沈清”故事，篤信“至孝感天”，毫無猶豫地踏進賣身當祭物的行列。沈清爲父賣身，作爲水神的活祭品，其於《沈清傳》裏被評價爲“殺身成孝行龍宫”。

六、靈驗故事的記録者——古代文人

孝人物“至孝感天”的來源到底以儒教爲先，佛教爲先？本文首先舉韓國文獻探討。

韓國文獻《三國遺事》專門有“孝善”第九部分，記載新羅人的孝行，共五條故事，其中有四條與佛教信仰關聯①。另外，金富軾《三國史記》儒家的史觀較强，但其記録的孝子“聖覺”條裏，却有孝行和佛事的結合，如“以老病難于蔬食，割股肉以食之。及死，至誠爲佛事資焉”②。從此點上可以看出，新羅人相信，“孝”亦是佛教所勸説的重要德行，并認爲由此可以得到佛之感應。

另外值得一提的是，《三國遺事》“孫順埋兒·興德王代”條與中國古代孝行人物郭巨故事極爲相似。該故事出自《搜神記》。《搜神記》是中國古代小説的雛形。其中描寫的孝子形象，共有六位，即曾參、周暢、王祥、王延、盛彦、郭巨、羅威。這些孝子形象大多都見諸前代史籍。另外，值得注意的是，《搜神記》作者在描寫這些孝行之後，均以浪漫的，强調善因善果的喜劇形式結局。

其實，中土孝行人物中“孝感天動地”的源頭，來自更早的“虞舜”。他的孝行，不僅僅在《二十四孝》③有所記載，亦於《孟子·告子下》篇中有記載，而且孔子還向其弟子推崇舜的孝④。《二十四孝》故事中描寫的孝行，幾乎都帶着靈異色彩⑤。是不是可以説“孝”文學的靈異色彩，與魏晋南北朝時期的佛教興盛及

---

① 對三國儒教和佛教的孝之融合，可參考何勁松《韓國佛教史》第88～93頁。

② 金富軾《三國史記》卷四十八《列傳第八》，孫文範等校，長春：吉林文史出版社，2003年，第543頁。

③ 依筆者所見，如今中國和韓國同樣將孝德激勵顯揚，然對二十四孝的熟知，現代韓國已褪色，與其相反，中國二十四孝電視劇最近連續放映，仍有好的繼承。由此可謂，作爲儒家“孝”文化發源地的中國，還承擔着在21世紀地球上將孝文化的價值重新創造的責任。

④ 孔子稱贊虞舜：“舜其至孝矣，五十而慕。”他誇贊虞舜是最孝順的人，五十歲還依戀着父母。“戀着父母”這一點《沈清傳》表現得較為出色。有關儒佛之相補關係的問題，接着可以談的是《孟子》云：“于禮有三不孝者三事，謂阿意曲從，陷親不義，一不孝也；家窮親老，不爲祿仕，二不孝也；不娶無子，絶先祖祀，三不孝也。三者之中，無後爲大。”無子孫絶後是最大的不孝，這樣的儒教的孝倫理貼近了民間求觀音得子的信仰行爲。

⑤ 關於二十四孝的傳統道德及其文化流傳，多參石國圍《二十四孝圖本事及文化價值》，《孝感學院學報》2005年第5期；陳谷嘉、吳增禮《論〈二十四孝〉的人倫道德價值》，《倫理學研究》2008年第4期；貝逸文《普陀山送子觀音與儒家孝思想的對話》，《浙江海洋學院學報（人文科學版）》2005年第2期；金文京、邵毅平《高麗本〈孝行録〉與“二十四孝”》，《韓國研究論叢》第3輯，1997年。吳崇恕、李守義《〈二十四孝〉與〈孝經〉的關係及其揚棄》，《孝感學院學報》2004年第4期。

志怪小説的流行有密切關繫呢？

僧祐在《出三藏記集序》中曾説"自晉中興，三藏彌廣""自兹以來，妙典間出，皆是大乘寶海，時競講習"①。兩晉之際，佛教功德談之類已開始出現於中土文人的文章裏面。其中，觀音故事較爲多見。當時民間流傳的觀音故事大多被文人收集記録，如劉義慶《宣驗記》、王琰《冥祥記》、侯白《旌異記》等書裏即頗多此類記載。這些被認爲是佛教之"志怪小説"。可謂其不僅僅是藝術創作，而是虔誠的信仰的一種表現形式。它作爲一種"釋氏輔教之書"，雖然不是有意識的，但一經民間口頭傳説，再穿上了文人的辭采的外衣，就帶上了一定的審美價值趨向。這些小説，後來被作爲宣教通俗讀物，被《法苑珠林》《太平廣記》《三寶感通録》等轉載而廣爲流傳。觀音故事對東北亞佛文藝的長遠發展産生了重大影響②，其中原因，首先是文人自己對觀音應驗甚爲感興趣而專門爲之撰述的緣故。劉宋張演《續觀世音應驗記序》評價説：

> （張）演少因門訓，獲奉大法，每欽服靈異，用兼綿慨。竊懷記拾，久而未就。曾見傅氏（即傅亮）所録，有契乃心。即撰所聞，繼其篇末，傳諸同好云。③

可知，當時文人之間有著録靈異故事、闡述其觀音信仰的互動關係。與張演有關的值得一提的人物是張融。他是張演的再從侄，是護法名文《門律》的作者。其文中就有"吾門世奉佛"一句。其遺囑説死後殯葬要左手執《孝經》《老子》，右手執《小品》《法華》，反映了魏晉南北朝時期文人階層思想構成的實情，是具有典型性的逸話④。特別引人注目的是，從他的遺囑中可以發現，他酷信《法華》及《小品般若經》（即《摩訶般若波羅蜜經》），又重視儒家的孝道觀的事實。因此，直到18世紀，把口頭文藝記録下來的文人無意當中引用和模仿了《二十四孝》的故事，以"沈清"來强調"至孝者，會感動天地"的主張。

---

① 《出三藏記集》卷一，《大正藏》第 55 册，第 1 頁 b。
② 傳統漢文化圈以"孝"爲最極，因此對其思想文化的研究也甚爲廣泛。本文主要關注"二十四孝"相關的孝子故事的流傳及其靈異性內涵的一種宗教的性質。與其聯繫，佛教俗講文化裏可見的孝行故事的研究，可參考鄭傳寅《古代戲曲與東方文化》，武漢：武漢大學出版社，2007 年，第 208～222 頁；俞曉紅《佛教與唐五代白話小説研究》，北京：人民出版社，2006 年，第 77～197 頁；鄭振鐸《中國俗文學史》，北京：團結出版社，2006 年，上册，第 155～232 頁。
③ 董志翹《〈觀世音應驗記三種〉譯注》，南京：江蘇古籍出版社，2002 年，第 28 頁。
④ 關於魏晉南北朝時期文人和觀音信仰的關係，多引孫昌武《六朝小説中的觀音信仰》，載《佛學會議論文彙編》，臺北：法鼓文化出版社，1998 年；亦值得參考董志翹《〈觀世音應驗記三種〉譯注》，南京：江蘇古籍出版社，2002 年，第 1、28、59～60 頁。

七、21 世紀新的越劇《沈清傳》

中國的普陀山正是觀音常住補陀落伽山（補陀洛迦山）之説的體現。據《補陀洛迦山傳》，唐大中年間（847—859）有梵僧來洞前親見大士説法①以後，後梁貞明二年（916），日本僧惠鍔（或慧鍔），在梅岑山之陰首創觀音院②。這説明普陀山觀音菩薩深入中外僧俗人心。又：

> 宋元豐三年（1080）王舜封使三韓，遇風濤有感，以事上聞，賜額曰寶陀觀音寺。置田積糧。自是海東諸夷，如三韓日本扶桑阿黎占城渤海數百國，雄商鉅舶，繇此取道放洋。凡遇風波寇盜，望山歸命，即得銷散，感應頗多。③

可知，此聖地是海東三韓、日本諸國海上交通要點④，故受到國家重視。中土普陀山觀音多擔任《法華經·觀世音普門品》所説 "海難" 中救護的功能，這與中國對外海上交流的歷史有着一定的關係。

於此值得提起的一點是，隨着舟山市（普陀山今屬該市）與韓國谷城郡的交流，舟山小白花越劇團把韓國傳統唱劇《沈清傳》編成越劇《沈清傳》而上演。在中國，"越劇" 這一新的劇種 1925 年初次出現後，廣泛吸收民間文化傳統，迅速發展⑤。其實，在上世紀 50 年代中國越劇團已首演《沈清傳》（或叫《沈清傳奇》），然 21 世紀初舟山市與谷城郡兩岸地方傳統文化互相認識了後，新編越劇《沈清傳》的出現，其意義可謂重大。

越劇《沈清傳》與韓國《沈清傳》對比，佛教色彩甚爲濃厚。比較而言，韓國《沈清傳》顯示儒家道德律，佛教文化傳統不夠明顯。朝鮮王朝後期纔出現的半索利，反映了當時的士大夫階層的愛好⑥。雖然朝鮮王朝維持崇儒政策，《沈清傳》主要反映後期朝鮮社會平民百姓都被儒教思想感化的一面，但不能忽視的是，《沈清傳》故事中每當關鍵時刻都發生奇異轉折。這一點令人不禁聯想到佛教的靈異性及古時候佛教俗講當中的與孝有關的神異。

---

① 《補陀洛迦山傳·感應祥瑞品第三》，《大正藏》第 51 冊，第 1136 頁 c。
② 《補陀洛迦山傳·興建沿革品第四》，《大正藏》第 51 冊，第 1137 頁 c。
③ 《補陀洛迦山傳·興建沿革品第四》，《大正藏》第 51 冊，第 1137 頁 c。
④ 普陀山附近還有一個小島嶼名爲 "新羅礁"。
⑤ 中國越劇，發源於浙江紹興地區。曾稱小歌班、的篤班、紹興戲劇、紹興文戲、髦兒小歌班、紹劇、嵊劇、剡劇。1925 年 9 月 17 日上海《申報》演出廣告中首次以 "越劇" 稱此劇種。1938 年始，多數戲班、劇團稱 "越劇"。新中國成立後才統一稱 "越劇"。本文對越劇，主要關注的是，雖其歷史不長，不管是國內的國外的，它們對傳統文化的解釋及其演出別積極。比如舟山小白花越劇團，與觀音文學有關的科目中，除了《沈清傳》以外，有《觀音得道》《觀音出世》等。
⑥ 參《從韓國 "唱劇" 看中韓古代演藝文化的交流》。另外，朝鮮初期諸思想對文學的影響參見鄭沃根《中國小説的傳播與朝鮮初期儒教的統治》；亦值得參考陳來《儒家思想與現代東亞世界》，載季羨林、張光璘編《東亞文化議論集》，北京：經濟日報出版社，1989 年，第 490～500 頁。

令人欣慰的是，21世紀初，韓國谷城郡和舟山市簽訂友好協定以後，舟山市越劇團竟然着眼於舟山普陀山區濃厚的觀音文化和谷城郡觀音寺緣起故事的相同之處，大膽改編沈清故事并重新演出。舟山小白花越劇團新編的越劇《沈清傳》重新展現與觀音信仰完美結合的儒教傳統社會的"孝女"典型，其極富歷史文化意義。

其大約情節如下：兩晋時期，中韓海上貿易交往日趨頻繁，中國普陀商人沈氏富豪沈放便是衆多成功商人之一。在美麗的韓國谷城桃花川，有一位美麗善良的姑娘元洪莊。她爲了醫治爸爸元良的眼疾，跟隨沈放來到南海普陀，并改名沈清。沈放深深愛戀着沈清。黑龍神爲了霸占沈清，逼迫沈清祭海。沈清爲了天下盲人的復明，想得到治療盲眼的黑龍珠，毅然答應。她的一片仁孝之心感動了觀音菩薩，觀音菩薩從海中救起沈清，并賜黑龍珠給她。沈清和沈放帶着黑龍珠回到谷城桃花川，同時把觀音佛像也請回家鄉，爲家鄉帶去了慈悲和幸運。她與父親終於團聚，元良和衆盲人也重見光明。新編的越劇《沈清傳》可謂多方采取谷城郡聖德山觀音寺緣起故事，强調中韓之間的海上交流。① 該劇既連接谷城郡（即與《沈清傳》不可分的觀音寺所在地）紀念沈清的文化活動，又連接兩國人民的希求和平幸福的心願。有了沈清這個人物，中韓兩國人民感受到中韓之間的"大海"還在繼續波浪相助，等待兩國人民把每個人心靈中的蓮花滿海綻放。

總之，有史以來人類一直存續着的期待女性的普遍心理及神話原型②，以及當時社會的價值觀，都集中反映在"沈清"身上。這一點是孝女故事《沈清傳》不斷地擴展創作而被人民喜愛的重要因素。

Discussion on the Combination of *Guanyin* Faith and Confucian Filial Piety

—— Centered on the Filial Daughter's Story *Shenqing Zhuan*

Park Jong Mu

Abstract：Confucianism and Buddhism furtherly fused in the Song Dynasty. Hence，there comes three kinds of filial girls' stories named *Miao Shan* (in China)，*Shenqing Zhuan* (in Korea)，and *Sayo Hime* (in Japan). All these stories tell about daughters' filial piety to their fathers，which is so sincere that can move the heaven and earth. These stories also have the similar plots：dramatic turns should

---

① 底本所編的舟山沈家門和沈清的聯繫可能性，值得參考王連勝《沈清與沈家門》，《緣起沈清》第101~159頁。

② 與女身觀音聯繫，關於"處女"及"女性"的文化原型，可以參考 Edward O. Wilson，최재천、장대익（韓譯《統攝》），首爾：Science Books Co.，第387頁。

be occurred at the dangerous moments, and Buddhist mystery powers will appear, especially the power of the Lotus Sutra, represented by Avalokitesvara Bodhisattva. This reminds us of the combination of the belief in Buddhism and Confucian thought that "filial piety" is the foundation of all. In this paper, I will take Korean novel *Shenqing Zhuan* as example to analyze the fusion of the filial piety ethics in Confucianism and Buddhism.

Keywords: *Shenqing Zhuan*; *Guanyin* (Avalokitesvara Bodhisattva) belief; stories of *Miaoshan*; Han culture; filial piety

作者簡介: 朴鍾茂, 女, 韓國籍, 杭州市電子信息職業學校教師。

清代四川民間信仰研究綜述[①]

賈雯鶴　歐佩芝

提　要：上世紀 90 年代，關於四川民間信仰的研究逐步興起，經過 20 多年来的持續努力，相關論著已初具規模。清代是四川地區民間信仰的高峰期，學者對它的研究工作主要圍繞神靈崇拜和信仰民俗展開。本文是對清代四川民間信仰研究成果的總結，可爲後續研究提供參照。

關鍵詞：清代　四川　民間信仰　綜述

一、四川地區民間信仰研究概況

我國民間信仰的研究肇始於上世紀二三十年代，顧頡剛先生曾綜合人類學、民俗學的方法，研究北京妙峰山香會、東岳廟、福建泉州的鋪境、廣東東莞的城隍廟的信仰形態[②]。"五四"新文化運動興起後，隨着西方學術理論的傳入，學者們拓展了研究的角度和方法。不久，在西南地區，西南聯大的成立，使地方性民俗、宗教等諸多問題得到了社會的普遍關注。然而，由於時局等各種因素的影響，民間信仰的研究一度擱淺[③]。直至上世紀 80 年代，在歷史學家、民俗學家、社會學家、人類學家的共同爭取下，相關研究工作才重新踏上正軌。四川地區民間信仰的研究起步稍晚，90 年代以來陸續有論著發表。

目前，四川地區民間信仰的研究已初具規模。從研究方式上看，現有論著主要從宏觀與微觀兩個層面開展研究。宏觀層面多爲概括地分析四川地區整體的信仰形態。如張詩亞《祭壇與講壇——西南民族宗教教育比較研究》第二章《西南諸民族志及其宗教形態》，以宗教意識發展、演化的階段爲基準，梳理了西南地區各民族

---

①　基金項目：本文係中央高校基本科研業務費重大項目"巴蜀民間信仰研究"（No. CQDXWL-2014-Z013）階段性成果。

②　王健《利害相關——明清以來江南蘇松地區民間信仰研究》，上海：上海人民出版社，2010 年，第 2 頁。

③　陳偉濤《中原農村伏羲信仰》，上海：上海人民出版社，2013 年，第 54 頁。

的鬼神崇拜體系①。陳世松、賈大泉《四川通史》按照歷史的脉絡，論及先秦至近代各個時期四川地區的信仰內容②。藍勇《西南歷史文化地理》第六章《歷史時期西南信仰地理》，遵循歷史地理的學科方法，考察了西南地區初民的原始信仰，秦至清的民間信仰，以及唐代以來佛道影響下衍生出的信仰文化③。李明編《四川民俗》第十二章《信仰民俗》概括地歸納了四川地區的巫術禁忌、民間信仰與宗教的關係以及民間的多神崇拜④。譚紅《巴蜀移民史》第十三章《清代移民與四川社會文化》，從移民社會的宗教和會館祀神兩方面剖析了四川的民間信仰⑤。袁庭棟《巴蜀文化志》第七章《宗教》，簡略介紹了巴蜀地區的信仰源流⑥。

微觀層面則重點討論四川地區的神靈崇拜，這部分又可大致分成四類情況。一是釐清四川地區某種民間信仰的流變，如羅成基《鎮江王爺姓氏初探》⑦、屈小强《巴蜀竹崇拜透視》⑧、楊甫旺《古代巴蜀的虎崇拜》⑨、干樹德《也談二郎神信仰的嬗變》⑩、孫修身《四川地區文殊菩薩信仰述論》⑪、李耀仙《二郎神考》⑫、馬强《諸葛亮崇拜與古代蜀漢地區的民間信仰》⑬、祝尚書《科舉守護神"文昌梓潼帝君"及其社會文化意義》⑭、田苗苗的碩士論文《巴蜀川主信仰研究》⑮、嚴奇岩《祖先崇拜與四川客家神榜文化》⑯、李遠國《哪吒信仰及其在巴蜀的傳播》⑰、雷釗的碩士論文《壁山神研究》⑱、張肖馬《三星堆古蜀王國的山崇拜》⑲、侯會《二郎神源自祆教雨神考》⑳、黎春林《巴蜀儺壇三聖之"土主"考》㉑、成琳嵐的碩士論

① 張詩亞《祭壇與講壇——西南民族宗教教育比較研究》，昆明：雲南教育出版社，1992年。
② 陳世松、賈大泉《四川通史》，成都：四川人民出版社，1993年—1994年。
③ 藍勇《西南歷史文化地理》，重慶：西南師範大學出版社，1997年。
④ 李明《四川民俗》，蘭州：甘肅人民出版社，2004年。
⑤ 譚紅《巴蜀移民史》，成都：巴蜀書社，2006年。
⑥ 袁庭棟《巴蜀文化志》，成都：巴蜀書社，2009年。
⑦ 羅成基《鎮江王爺姓氏初探》，《鹽業史研究》1991年第4期。
⑧ 屈小强《巴蜀竹崇拜透視》，《社會科學研究》1992年第5期。
⑨ 楊甫旺《古代巴蜀的虎崇拜》，《四川文物》1994年第1期。
⑩ 干樹德《也談二郎神信仰的嬗變》，《宗教學研究》1996年第2期。
⑪ 孫修身《四川地區文殊菩薩信仰述論》，《敦煌研究》1997年第4期。
⑫ 李耀仙《二郎神考》，《四川師範學院學報（哲學社會科學版）》1998年第1期。
⑬ 馬强《諸葛亮崇拜與古代蜀漢地區的民間信仰》，《成都大學學報（社會科學版）》2002年第2期。
⑭ 祝尚書《科舉守護神"文昌梓潼帝君"及其社會文化意義》，《廈門大學學報（哲學社會科學版）》2009年第5期。
⑮ 田苗苗《巴蜀川主信仰研究》，四川省社會科學院碩士學位論文，2009年。
⑯ 嚴奇岩《祖先崇拜與四川客家神榜文化》，《青海民族研究》2009年第2期。
⑰ 李遠國《哪吒信仰及其在巴蜀的傳播》，《中華文化論壇》2009年第4期。
⑱ 雷釗《壁山神研究》，重慶大學碩士學位論文，2010年。
⑲ 張肖馬《三星堆古蜀王國的山崇拜》，《考古與文物》2010年第5期。
⑳ 侯會《二郎神源自祆教雨神考》，《宗教學研究》2011年第3期。
㉑ 黎春林《巴蜀儺壇三聖之"土主"考》，《湖北民族學院學報（哲學社會科學版）》2012年第4期。

文《二郎神原型的歷史探析》①、肖伊緋《鬼子母信仰在巴蜀地區的流行》②、彭邦本《媽祖與川主：從人到神的兩個範例》③，羅曲《古蜀地竹崇拜文化研究》④ 等即是。

二是考察部分或整個四川地區在某一歷史階段一種或多種民間信仰的内容，如魏崴《四川漢代西王母崇拜現象》⑤，李文珠、任學亮《唐五代巴蜀地區神祇的地域分布》⑥，黄陽興《中晚唐時期四川地區的密教信仰》⑦，康文籍的碩士論文《宋代四川地區民間信仰研究——以祠廟爲中心》⑧，譚光月的碩士論文《清代重慶民間信仰研究》⑨，牟旭平的碩士論文《清代四川廟會地理分布研究》⑩ 等即是。

三是解讀四川地區部分區域或民族内流行的一種或多種民間信仰的形態，如羅成基《自貢地區鎮江王爺爲趙昱的確證》⑪，蔡福蓮《四川涼山彝族生育魂崇拜觀念》⑫，賈偉、李臣玲《安多藏區的二郎神信仰》⑬，郭建勛的碩士論文《變遷中的信仰民俗——以四川瀘定嵐安信仰民俗爲例》⑭，邢莉《觀音信仰在四川遂寧地區的傳播——兼談觀音信仰在四川遂寧地區的本土化及女性化特色》⑮ 等即是。

四是從四川地區的民俗現象、民俗器物、宗教及文化傳播的載體中提煉民間信仰，如沈仲常、黄家祥《白石崇拜遺俗考》從考古學角度發掘了四川西北的茂汶地區的白石隨葬現象⑯；向世山《從“圓覺經變”石刻造像論宋代四川民間佛教的信仰特征》以四川宋代石刻造像中“圓覺經變”題材的碑記爲材料探尋了宋代四川的民間信仰⑰；李紹明《巴蜀儺戲中的少數民族神祇》從地方儺戲中詮釋了少數民族的民間信仰⑱；王钟承的碩士論文《地藏十王图像之研究——以敦煌和四川造像为

① 成琳嵐《二郎神原型的歷史探析》，雲南大學碩士學位論文，2013 年。

② 肖伊緋《鬼子母信仰在巴蜀地區的流行》，《尋根》2013 年第 2 期。

③ 彭邦本《媽祖與川主：從人到神的兩個範例》，載《長江流域區域文化的交融與發展——第二屆巴蜀·湖湘文化論壇論文集》，成都：四川大學出版社，2013 年。

④ 羅曲《古蜀地竹崇拜文化研究》，《西南民族大學學報（人文社科版）》2013 年第 10 期。

⑤ 魏崴《四川漢代西王母崇拜現象》，《四川文物》2001 年第 3 期。

⑥ 李文珠、任學亮《唐五代巴蜀地區神祇的地域分布》，《中華文化論壇》2008 年第 1 期。

⑦ 黄陽興《中晚唐時期四川地區的密教信仰》，《宗教學研究》2008 年第 1 期。

⑧ 康文籍《宋代四川地區民間信仰研究——以祠廟爲中心》，西南大學碩士學位論文，2009 年。

⑨ 譚光月《清代重慶民間信仰研究》，重慶大學碩士學位論文，2010 年。

⑩ 牟旭平《清代四川廟會地理分布研究》，西南大學碩士學位論文，2015 年。

⑪ 羅成基《自貢地區鎮江王爺爲趙昱的確證》，《鹽業史研究》1992 年第 4 期。

⑫ 蔡福蓮《四川涼山彝族生育魂崇拜觀念》，《宗教學研究》2004 年第 4 期。

⑬ 賈偉、李臣玲《安多藏區的二郎神信仰》，《民族研究》2005 年第 6 期。

⑭ 郭建勛《變遷中的信仰民俗——以四川瀘定嵐安信仰民俗爲例》，四川大學碩士學位論文，2006 年。

⑮ 邢莉《觀音信仰在四川遂寧地區的傳播——兼談觀音信仰在四川遂寧地區的本土化及女性化特色》，《民俗研究》2010 年第 2 期。

⑯ 沈仲常、黄家祥《白石崇拜遺俗考》，《文博》1985 年第 5 期。

⑰ 向世山《從“圓覺經變”石刻造像論宋代四川民間佛教的信仰特征》，《中華文化論壇》1995 年第 1 期。

⑱ 李紹明《巴蜀民族史論集》，成都：四川人民出版社，2004 年。

例》探索了地藏十王信仰與四川造像的關係①；黃正昕《巴蜀漢族傳統育俗研究》談及求子、保育等傳統習俗中的信仰②；李祥林《巴蜀地區的城隍信仰與民俗戲劇》結合歷史文獻與田野調查，論辯了城隍信仰與民俗戲劇之間的聯繫③。

應該説明的是，民間信仰的發展、傳播實具有地域性，探究某種民間信仰的源流往往又會涉及不同的歷史階段，而某種民間信仰可能僅在特定的歷史階段到達信仰的高峰，其傳播也必定依賴一定的區域民族、民俗活動、場所及文化形式，所以之上四類情形各有側重也互有交融。目前，四川地區民間信仰的研究以前兩類爲主，而第二類又常常是在第一類基礎上所做的延伸和深入，本文將重點綜述的内容也屬於第二類。

二、清代四川民間信仰研究現狀

清初，四川地區迎來了大規模的移民，原住居民在移民社會中占比極低④，遺留民間的信衆和多元化的信仰都受到一定程度的削弱。但正是移民的到來，讓不同文化背景下的信仰在四川這塊自古多神鬼、擁有厚重巫文化的土壤中扎根下來。同籍的移民以鄉情聯結，籌資興建祠廟會館，成爲諸多信仰傳播發展的載體。同時，地方民俗、戲曲的成熟發展，促進了移民信仰與地方文化的融合，孕育出了娛神娛人的祭祀活動。當中晚期社會實現整合後，移民的信仰被賦予超越地域性的内涵，容納了新的認同⑤，與土著信仰一道呈現出蓬勃發展之姿。回顧和展望清代四川民間信仰的研究成果和前景，既有助於進一步瞭解四川的社會、政治、歷史，衡量清代民間宗教、商業經濟等方面的發展狀況，也能增强地方文化的傳承與保護意識。

學者對清代四川民間信仰的研究主要圍繞神靈崇拜展開，而對民俗中的信仰也偶有涉獵。神靈崇拜類的信仰事象按地域可分成三類，一是信仰發祥地在就在四川地區，包括川主信仰、梓潼文昌帝君信仰、壁山神信仰、壇神信仰等；二是信仰發祥地在外省，通過各種渠道傳入四川，如天后信仰、六祖信仰、十王信仰、蕭公信仰、小神子信仰等；三是信仰自古就遍布全國，或因資料殘缺無法判斷具體入川的時間、途徑，如土地神信仰、社神信仰、田祖信仰、句芒神信仰、紫姑信仰、馬神信仰、牛神信仰、樹木信仰等。

川主信仰是清代四川地區最突出的信仰之一，它始於五代，成熟於兩宋而繁榮

---

① 王钟承《地藏十王图像之研究——以敦煌和四川造像为例》，台灣藝術學院美術史研究所碩士學位論文，1999 年。

② 黃正昕《巴蜀漢族傳統育俗研究》，四川師範大學碩士學位論文，2012 年。

③ 李祥林《巴蜀地區的城隍信仰與民俗戲劇》，《宗教學研究》2015 年第 1 期。

④ 藍勇《清代四川土著和移民分布的地理特征研究》，《中國歷史地理論叢》1995 年第 2 期。

⑤ 王東傑《"鄉神"的建構與重構：方志所見清代四川地區移民會館崇祀中的地域認同》，《歷史研究》2008 年第 2 期。

於明清，以治水文化爲核心，影響甚廣，自岷江流域輻射巴蜀，向外波及江南、福建等地，後來遠至台灣及東南亞等地區。信仰的原型極爲豐富，大致可分作兩類，一類是傳説中的君王，包括大禹、杜宇、開明氏；另一類是四川地區的鄉土神，包括李冰、李冰次子（李二郎）、劉備、趙昱、楊戩。從信仰原型本身發展的歷史軌迹來看，宋以前主要祭拜秦朝治水名將李冰，而宋時先奉李冰次子李二郎，俗稱灌口二郎，后又轉祀隋嘉州太守趙昱，號曰“清源妙道真君”。宋元話本小説興起后，楊戩被附會成二郎神，成了川主。清初移民入川，川主宮乃土著居民的信仰坐標，隨着清後期的社會整合，川主信仰被民衆普遍認可，信仰原型也在此過程中逐漸沉澱爲李冰父子或趙昱。四川各地民間，川主的祭典以“川主會”最爲隆重。學者對清代川主信仰的研究饒有成果。藍勇《清代四川土著和移民分布的地理特征研究》從地理分布的角度計算了清代移民會館中川主宮、二郎廟等川主信仰聚集場所在移民會館中的比例①。干鳴豐《簡論“川主”信仰及其歷史影響》依據地方志，結合實地考察，歸納了清代川主宮廟在信仰發祥地岷江流域及四川其他地域的分布情況，并簡單介紹了一些地方性的祭祀活動②。付玉强的碩士論文《明清以來四川地區川主信仰的時空分布研究》從文化地理的視角總結了明清以來川主信仰的時空分布規律、川主會等祀神習俗及川主地名的分布狀況，提煉了影響川主信仰時空分布、繁榮的諸多因素③；并在《明清以來川主信仰的時空分布研究及成因探析》一文中，把影響川主信仰時空分布的因素歸結到社會環境與自然環境兩端④。林移剛《川主信仰與清代四川社會整合》運用社會學的方法，探討了川主信仰在移民社會整合中發揮的重要作用。文章指出，一方面川主信仰是土著社會整合的精神象徵，另一方面又是整合整個四川社會的精神象徵和情感要素⑤。傅裕《重慶地區川主信仰宮廟的調查與研究》結合文獻資料、學術成果與田野調查，選取四川地區的局部——重慶爲標杆，着手分析當地川主宮廟的地理分布、建築特點及信仰内涵。傅文指出，重慶地區的川主信仰興盛於清中晚期，與川籍移民入渝時間相當；川主宮廟在江津、綦江及岷江流經的渝西地區分布最密集，祭祀場所主要包括川主廟、清源宮和萬天宮，信仰原型固定爲李冰父子⑥。郭建勛《水網天下，神通川湘：四川楊四將軍信仰流變過程及意義》以社會學視野叙述楊四將軍信仰的發展過程，闡釋

---

① 藍勇《清代四川土著和移民分布的地理特征研究》，《中國歷史地理論叢》1995 年第 2 期。
② 干鳴豐《簡論“川主”信仰及其歷史影響》，《西南民族學院學報（哲學社會科學版）》2003 年第 5 期。
③ 付玉强《明清以來四川地區川主信仰的時空分布研究》，西南大學碩士學位論文，2011 年。
④ 付玉强《明清以來川主信仰的時空分布研究及成因探析》，《西南農業大學學報（社會科學版）》2013 年第 7 期。
⑤ 林移剛《川主信仰與清代四川社會整合》，《西南大學學報（社會科學版）》2013 年第 5 期。
⑥ 傅裕《重慶地區川主信仰宮廟的調查與研究》，《長江文明》2014 年第 3 期。

了該信仰與大禹信仰一起推動川主李冰從清代移民前的水神到區域神靈的神格轉換過程①。與川主李冰類似，擁有水神神格的還有蕭公。蕭公信仰起源於元代江西新淦大洋洲，信仰原型包括蕭氏祖孫三代，即蕭伯軒、蕭詳叔及蕭天任。明清時，蕭公信仰逐日臻盛，并由江西地區向外傳播。蕭公信仰至晚在明初就已傳入四川，并形成新的信仰中心。郭學飛的碩士論文《明清時期水神蕭公信仰地域研究》便從地理學的角度討論了明清時期四川地區蕭公信仰的行祠分布及其區域差異②。

另一位起源於蜀地，在民間信仰中占有重要地位的神靈是梓潼文昌帝君。《史記·天官書》載"斗魁戴匡六星曰文昌宮"，漢代以文昌六星司職爵祿壽命。魏晉以降，蜀中掀起梓潼神崇拜，學界一般將梓潼神的信仰原型定性爲張亞子與張育的整合。宋元之際，梓潼神神格發生改變，由"普濟"之神轉爲主掌士子文運的神靈，這使得信仰範圍逐漸擴大，自蜀中延伸至江南等地。道教借機把梓潼神附會作文昌帝君，或謂梓潼文昌帝君、梓潼真君。在道教影響下，梓潼神被統治者敕封爲文昌帝君，進而流布更廣。明清時，梓潼文昌帝君信仰達到極盛，清中期正式納入國家祀典，全國各地皆有廟祠。清代四川民間以二月三日慶祝"文昌帝君誕"，并舉行多種具有地域特色的廟會活動。學者關於清代四川梓潼文昌帝君信仰的研究主要包括以下所列。黃枝生《文昌聖誕與民間習俗》一文據史料和地方志介紹了清代四川民間對文昌帝君的祭祀廟會——文昌會、瘟祖會及迎神會；指出因各地習俗文化的差異，文昌誕日還衍生出放風箏、祈子、談演《洞經》等民俗活動③。常建華《清代的文昌誕節——兼論明代文昌信仰的發展》④ 以《中國地方志民俗資料彙編·西南卷》⑤ 爲參考，製表呈現了清代至民國西南地區文昌誕日的各項祭祀活動，四川地區當屬其列。文廷海《清代四川文昌碑文與文昌信仰研究》根據清代四川地方志的著錄，彙集了所有關於文昌帝君的碑文條目。文章談到，數量方面，順治至光緒各代保存的碑文多寡不一，以乾隆、嘉慶爲最；地域分布方面，以文昌信仰的中心地帶梓潼七曲山及鄰近州縣的文昌碑較爲集中。該文并提到碑文對梓潼文昌帝君信仰的流變記載詳細，有助於分析該信仰的形成原因及傳播價值⑥。張澤洪《論道教的文昌帝君》⑦、簡麗的碩士論文《梓潼神的變遷發展研究：論多面性及其

① 郭建勛《水網天下，神通川湘：四川楊四將軍信仰流變過程及意義》，《西南民族大學學報（人文社科版）》2015 年第 7 期。

② 郭學飛《明清時期水神蕭公信仰地域研究》，暨南大學碩士學位論文，2013 年。

③ 黃枝生《文昌聖誕與民間習俗》，《中華文化論壇》1996 年第 2 期。

④ 常建華《清代的文昌誕節——兼論明代文昌信仰的發展》，載中國社會科學院歷史研究所明清史研究室編《清史論叢（2000 年號）》，北京：中國廣播電視出版社，2001 年。

⑤ 丁世良、趙放《中國地方志民俗資料彙編·西南卷》，北京：北京圖書館出版社，1991 年版。

⑥ 文廷海《清代四川文昌碑文與文昌信仰研究》，《四川文物》2005 年第 1 期。

⑦ 張澤洪《論道教的文昌帝君》，《中國文化研究》2005 年第 3 期。

成形》① 都考察了清代國家政權與文昌帝君信仰的關係，介紹了該信仰接受統治階級整頓，列入祀典的過程。蔣宗福《梓潼文昌帝君靈應故事輯考》一文，鈎輯文昌帝君信仰的靈應故事，其中不乏有關清代四川的碑記和文人筆記②。文章在此基礎上，從信仰源流和神靈職司兩方面展開考論。李艷《明清戲曲中的文昌信仰》從戲曲人物塑造的角度，揭示文昌帝君干預、主掌士子文運的神靈形象，表明該信仰的內涵旨在宣揚由"德行""陰騭"決定科舉的科名前定論③。

壁山神本是巴蜀地區的自然神，唐五代以來其信仰不斷發展。後來，民間將唐合州刺史趙延之奉爲信仰原型。兩宋之際，壁山神的軍事護佑能力備受推崇，其職能也由節水抑旱轉化爲護境安民；同時，道教將之歸入宗教譜系，加以神化，助力壁山神信仰以壁山縣一帶爲中心向四周輻射。明清兩代，壁山神信仰繼續盛行，祠廟遍布四川及貴州地區。移民入川后，壁山神的事迹與其他信仰交叉混溶，開始變得模糊。而在合州、銅梁等區域，壁山神的屬性由人格神向土主遷變。晚近時期，四川民間定期舉辦壁山會予以崇祭，使得壁山神的職司不斷擴大，甚至擁有"送子"等功能。學者沒有單獨針對清代四川地區壁山神信仰進行分析，相關的有黎春林《壁山神研究》探討了清代民間壁山神信仰的地理區間及傳播路徑④。賈雯鶴《壁山神信仰探微》一文引用地方志介紹了清時壁山神行祠在永川、銅梁、雅安和名山縣等地的分布情況，并探究了壁山會的概況及壁山神信仰產生的新的社會職能⑤。

明清以來，壇神信仰遍布四川各州縣。壇神崇拜的神靈譜系具有開放性的特征，既融合了儒釋道等宗教神祇，又納入了地方的鄉土神和俗神，信仰主神因地域不同而有差異。壇神崇拜具體表徵於以驅邪還願爲主要目的的"慶壇"等儺俗活動中。最早關於四川地區壇神信仰的研究是譚光武的《壇神考》⑥，該文認爲壇神乃土家族祖先崇拜的遺留。呂微《神話何爲：神聖敘事的傳承與闡釋》第八章《魔法神靈的道德轉化》中將壇神視爲一種西南地區普遍存在的黑神崇拜⑦。林移剛《清代四川壇神信仰源流考》則反駁了譚的說法，并把壇神視爲具有巫儺色彩的家庭保護神，且初步考察了清代壇神信仰的源流⑧。周永健《巴蜀慶壇考論》結合地方志和文獻從清代四川的慶壇儀式爲切入點，解析了慶壇的類型、形制，慶壇活動的組

① 簡麗《梓潼神的變遷發展研究：論多面性及其成形》，四川大學碩士學位論文，2006 年。
② 蔣宗福《梓潼文昌帝君靈應故事輯考》，《中國俗文化研究》第 4 輯，成都：巴蜀書社，2007 年。
③ 李艷《明清戲曲中的文昌信仰》，《青海民族研究》2015 年第 3 期。
④ 黎春林《壁山神研究》，《西南交通大學學報（社會科學版）》2012 年第 2 期。
⑤ 賈雯鶴《壁山神信仰探微》，《宗教學研究》2013 年第 2 期。
⑥ 譚光武《壇神考》，《四川文物》1998 年第 1 期。
⑦ 呂微《神話何爲：神聖敘事的傳承與闡釋》，北京：社會科學文獻出版社，2001 年。
⑧ 林移剛《清代四川壇神信仰源流考》，《四川師範大學學報（社會科學版）》2015 年第 4 期。

織形式和目的，初步梳理了壇神的神靈譜系①。當然，清代四川地區壇神信仰的研究還處於起步階段，正如林移剛先生在《清代四川壇神信仰源流考》中提到的，現在"對於四川壇神與古代巫儺文化的關係、壇神在四川的傳播和發展以及四川壇神信仰與貴州、湖北周邊省份壇神信仰的區別與聯繫幾乎無人研究"。與壇神信仰密切聯繫的便是小神子信仰，該信仰起源於江浙，明朝以後逐漸隨移民傳入川內。朱和雙《中國西南"小神子"信仰的原型》②與《巴蜀地區的"小神子"信仰及其文化譜系》③兩篇文章中，直接把小神子當作壇神，然後分別從明清文獻中的記載、民間傳說的內容方面考論了小神子信仰的流變以及屬性。

天后信仰起源於宋代福建莆田湄洲。天后又稱媽祖，長期以來被東南沿海民間奉爲鄉土神，初司職安渡海上舟楫，經宋至清歷代統治階級的晉封，擁有了送子、賜福及護助水利農業相關的各種本領。清初"湖廣填四川"，閩粵籍移民、商人帶來了天后信仰，他們建立天后宮，將之作爲祭祀天后的活動場所。天后宮又名福建會館、天上宮、天后廟、天娥宮、神聖宮。乾隆以後，大量天后宮的矗立，加速了天后信仰在四川民間的傳播。較早研究此現象的當屬劉正剛先生，他撰有《清代四川天后宮考述》，該文以地方志爲基礎材料，對天后宮建立的背景、天后宮在四川的分布、天后宮的社會功能三方面作了分析。他認爲"四川天后宮本質上是清前期福建移民在四川各地修建的以凝聚鄉情爲紐帶的移民會館"。入川後，由於各籍移民依然保持原有的風俗、語言習慣，整個社會呈現出各自爲政、不相融洽的形態，於是在自我保護意識的強化下，同籍移民紛紛建立組織；具體到閩粵籍移民，他們便通過天后信仰"堅團結通情誼"。劉文又據嘉慶二十一年（1816）《四川通志》談到天后宮遍布四川 126 個縣級行政區的 92 個，共計有 153 所。但這一數據沒有細化到各鄉鎮的會館，實際數目當達 200 所左右。而天后宮的社會功能主要表現在聯結鄉情與會館領導參與地方政務決策兩方面④。譚世寶、胡孝忠《略論清代至民國時期四川的天后信仰》綜合地方志和文獻資料，探析了天后信仰在清代流行的原因、傳播主體與四川天后信仰的屬性。該文指出，清初四川人口銳減，信衆減少，其他信仰被削弱，天后信仰的傳播阻力也被減小。而經濟發展滯後的閩西、閩南山區的移民，具有敏銳的商業嗅覺，定會抓住進入四川謀生的機遇。另外，清代統治者的大力褒封也成爲天后信仰流行的助推器。在天后信仰的傳播上，閩粵籍商人和移民成爲主體，士紳與地方官員、文人也起到一定作用。四川天后信仰既具有沿海

①　周永健《巴蜀慶壇考論》，《中華文化論壇》2015 年第 10 期。

②　朱和雙《中國西南"小神子"信仰的原型》，《尋根》2011 年第 1 期。

③　朱和雙《巴蜀地區的"小神子"信仰及其文化譜系》，《西華大學學報（哲學社會科學版）》2013 年第 2 期。

④　劉正剛《清代四川天后宮考述》，《汕頭大學學報（哲學社會科學版）》1997 年第 5 期。

天后信仰的普遍性，又包含四川地域的特殊性，儒家思想通過官方正祀及民間“道師”參與，佛道亦有影響，但前者較多①。胡孝忠的碩士論文《四川的天后信仰史研究》在《略論清代至民國時期四川的天后信仰》的基礎上，結合田野調查，重點從信仰史的角度對天后信仰的入川時間、路綫，傳播主體功能、性質方面作了補充，文章還涉及天后宮的祭祀、天后宮與戲劇文化的關係等方面②。彭邦本《清代巴蜀的媽祖崇拜與閩籍移民》討論了清代四川天后信仰的載體，天后宮和信仰的主要傳播者——閩籍移民族群在天后信仰融入巴蜀文化的過程中所做的貢獻③。

粤籍商人、移民在帶來天后信仰的同時，也引入了六祖信仰。六祖即佛教南宗的創始者六祖慧能。唐至清，六祖信仰在粤地完成了由宗教神到地方神的轉變。清代四川南華宮等移民會館的建立，極大推動了該信仰在四川地區的流行。劉正剛《試論清代四川南華宮的社會活動》一文從南華宮等移民會館建立的背景、規模、分布及社會活動幾方面對六祖信仰的傳播加以闡釋④。

清代四川不僅有佛教的六祖信仰，也有融合佛、道的十王信仰。“十王”始見於唐代《佛説十王經》，待到宋元之際，道教利用十王信仰宣揚道典文化，建構了一個包容性的信仰體系，吸納了衆多道教和民間神祇。四川地區的十王信仰在晚唐就已廣播，王衛明《大聖慈寺書畫叢論》説：“唐末以來，在四川地區廣泛流行的冥界十王信仰的形態……可直接追溯到成都大聖慈寺的僧侶譯經活動。”⑤ 李遠國《從〈十殿冥王圖〉看清代四川地區的十王信仰》⑥、周雅菲《從水陸畫看清末四川民間的十王信仰》⑦ 和其碩士論文《道教十王信仰研究——以四川清代水陸畫爲例》⑧ 以清末的一組《十殿冥王圖》作爲瞭解四川清代十王信仰的窗口，對比研究圖像中與佛道經籍中的十王形象。

另外，清末四川社會還興起了行業神崇拜。艾費特《技術的源與流：四川夾江造紙匠群體中的行業崇拜、祖先與知識的傳播》⑨ 和肖坤冰《行業信仰、祭祀組織

① 譚世寶、胡孝忠《略論清代至民國時期四川的天后信仰》，《莆田學院學報》2007年第4期。
② 胡孝忠《四川的天后信仰史研究》，山東大學碩士學位論文，2008年。
③ 彭邦本《清代巴蜀的媽祖崇拜與閩籍移民》，《國家航海》2014年第2期。
④ 劉正剛《試論清代四川南華宮的社會活動》，《暨南學報（哲學社會科學版）》1997年第4期。
⑤ 王衛明《大聖慈寺書畫叢考》，北京：文化藝術出版社，2005年，第169頁。
⑥ 鄭開《水窮雲起集——道教文獻研究的舊學新知》，北京：社會科學文獻出版社，2009年，第169頁。
⑦ 周雅菲《從水陸畫看清末四川民間的十王信仰》，《中華文化論壇》2009年第1期。
⑧ 周雅菲《道教十王信仰研究——以四川清代水陸畫爲例》，四川省社會科學院碩士學位論文，2009年。
⑨ 艾費特《技術的源與流：四川夾江造紙匠群體中的行業崇拜、祖先與知識的傳播》，《中國科技史雜志》2011年增1期。

與地方社會——以晚清民國時期四川夾江縣"蔡翁會"爲中心的考察》①關注了明清以來造紙業中奉蔡倫爲祖先神的信仰組織"蔡翁會",并將其放至特定的歷史時期及地域,解釋該信仰所産生的積極的社會意義。

若按傳統神靈崇拜的類型區分,以上内容屬於人神崇拜的範疇,現在再看自然和動物崇拜方面。初民的生存離不開土地,土地信仰神秘而古老。土地神又稱"后土",至晚産生於殷商時期,隨着社會文明程度的提高,土地神由最初的自然神逐漸過渡到人格神,漢末至南北朝就有對土地神立體的描繪;道佛興起后,也給土地崇拜注入了宗教的色彩。唐宋之際,土地神遍布民間社會,職司不斷分明。清代的四川,土地神不僅被當作城鄉的保護神,同時也是家庭的保護神,但抽象意義上的土地崇拜幾乎不復存在,更多的是以人格化了的土地神、社神以及田祖信仰出現。清代四川民間的土地祠無論是數量還是類型上都頗爲豐富,民衆的祭祀活動也紛繁多樣,并體現了世俗性、娛樂性的特點。林移剛《清代四川土地崇拜和土地神信仰》利用文獻與地方志,描述了四川地區悠久的土地崇拜、清代土地神信仰的内容和變遷情況。與土地崇拜類似,樹木信仰也是早期自然信仰之一,初民對樹木強大的繁殖力、生命力有着根深蒂固的信仰情結②。廣漢三星堆出土的商代青銅"神樹"和漢代的大量"錢樹"代表了四川地區樹崇拜的輝煌歷史③,而這種崇拜感還在蜀地文人司馬相如的作品當中得到抒發④。曾爲志《四川客家民俗信仰中的樹木文化》一文則另闢蹊徑,站在清初閩粵贛籍的客家移民立場,釋讀了他們民俗中遺存的樹木信仰⑤。馬神信仰在歷代也都非常盛行。馬神又稱馬王、馬祖等,信仰原型一說是周穆王時陳國太平莊人劉伯約,清代四川地區許多州縣都修建馬王廟供奉馬神。林移剛《清代四川馬神崇拜研究》一文從地方志中總結了馬王廟在清代四川的分布繕修情況,并提出民間馬神信仰的流行賴於馬在農業生産、生活方面的重要貢獻⑥。談及農業生産中的信仰,牛王崇拜也必不可少。以農耕文化爲核心的牛王信仰可溯自春秋,宋代人們多奉冉伯牛爲神,牛神的祭祀在民間代代相沿,後來形成爲牛王祝壽的一系列活動。清代四川地區的牛王信仰内涵豐富,迎春時要"鞭牛",每年農曆十月初一要"餉牛王"。干安生《西南愛牛民俗活動——牛王節》參考地方縣志簡介了明清以來牛王節的主要内容、傳播途徑及民俗意義⑦。林移剛

---

① 肖坤冰《行業信仰、祭祀組織與地方社會——以晚清民國時期四川夾江縣"蔡翁會"爲中心的考察》,《福建師範大學學報(哲學社會科學版)》2013年第1期。

② 林移剛《清代四川土地崇拜和土地神信仰》,《農業考古》2014年第3期。

③ 參看趙殿增、袁曙光《從"神樹"到"錢樹"——兼談"樹崇拜的發展與演變"》,《四川文物》2001年第3期。

④ 鍾仕倫《論巴蜀樹神崇拜——兼論司馬相如等人的"賦家之心"》,《社會科學研究》1998年第4期。

⑤ 曾爲志《四川客家民俗信仰中的樹木文化》,《中華文化論壇》2013年第4期。

⑥ 林移剛《清代四川馬神崇拜研究》,《蘭台世界》2013年第18期。

⑦ 干安生《西南愛牛民俗活動——牛王節》,《古今農業》2004年第4期。

《清代四川漢族地區耕牛崇拜研究》則注目牛王崇拜的區域性差異及成因①。

此外，尚有涉及清代四川地區的神靈崇拜但未着重探討的論文，主要包括三種情形：一則分析信仰源流時，簡略談到清代這個歷史時期；二則在總結較大區域範圍的信仰特徵時，帶入了四川這個地方；三則主題并非討論清代四川地區的神靈崇拜，但在相互比較或援引材料的過程中將其作爲一個引子。例如，崔小敬、許外芳《“紫姑”信仰考》②和林繼富《紫姑信仰流變研究》③引用地方志介紹了清代四川地區紫姑神的稱謂、祭祀時間與職司。周慧清《清代地方迎春禮俗中的句芒神》據《中國地方志民俗彙編》統計了全國各地句芒神在迎春禮的數量，四川地區也包含其內④。彭維斌《四川二郎神信仰在閩臺及東南亞地區的傳播與嬗變》引用四川地區的二郎信仰作爲閩臺及東南亞二郎信仰的背景知識⑤。

當然，學者也有一些專門探討清代四川的信仰民俗的篇目。例如，羅開玉《“游喜神方”習俗考》重點研究了成都人游喜神方的信仰民俗⑥；陳翔《從檔案看民間的迎春儀式——清末四川南部縣和會理州迎春檔案釋讀》從具有代表性的檔案中解讀了清代四川的迎春禮俗⑦；藍勇、黃權生《湖廣填四川與清代四川社會》第十三章《從竹枝詞看清代四川的移民社會》選擇“竹枝詞”爲突破口，窺測了清代四川地區的社會節俗和宗教信仰⑧；左宇菲的碩士論文《清代至民國時期四川部分地區漢族家譜所見宗族文化研究》對宗祠文化做了相關探討⑨；王大偉《論寺廟與民俗的形成——以四川遂寧廣德寺與本地觀音信仰爲例》探討了明清時期觀音信仰在遂寧地區的民俗化的過程⑩。

三、小結

通過上述分析，我們可對清代四川地區民間信仰研究的特點做進一步考辨。第一，從研究的方法上看，以神靈崇拜爲核心、信仰民俗居次的研究內容決定了學者主要采取民俗學的表達方式，而兼用歷史學、地理學、社會學、宗教學、人類學的

---

① 林移剛《清代四川漢族地區耕牛崇拜研究》，《農業考古》2013 年第 4 期。

② 崔小敬、許外芳《“紫姑”信仰考》，《世界宗教研究》2005 年第 2 期。

③ 林繼富《紫姑信仰流變研究》，《長江大學學報（社會科學版）》2008 年第 1 期。

④ 周慧清《清代地方迎春禮俗中的句芒神》，《神州民俗》2010 年第 3 期。

⑤ 彭維斌《四川二郎神信仰在閩臺及東南亞地區的傳播與嬗變》，《南方文物》2005 年第 2 期。

⑥ 羅開玉《“游喜神方”習俗考》，《成都大學學報（社會科學版）》2005 年第 6 期。

⑦ 陳翔《從檔案看民間的迎春儀式——清末四川南部縣和會理州迎春檔案釋讀》，《中國檔案》2008 年第 2 期。

⑧ 藍勇、黃權生《湖廣填四川與清代四川社會》，重慶：西南師範大學出版社，2009 年。

⑨ 左宇菲《清代至民國時期四川部分地區漢族家譜所見宗族文化研究》，四川師範大學碩士學位論文，2011 年。

⑩ 王大偉《論寺廟與民俗的形成——以四川遂寧廣德寺與本地觀音信仰爲例》，《宗教學研究》2015 年第 2 期。

研究視野。其中，民俗學的研究方法把目光聚焦在信仰本身的傳承性上；歷史學則關注該信仰在特定時空內的形態，當然也包括史料的記載；地理學多從信仰原型的名稱、信仰的載體、信仰的祭祀活動等事象的地域分布探索信仰的傳播路綫、信仰分布的區域特點乃至新的信仰中心的形成條件；社會學主要觀察信仰與社會各階層的互動和信仰所體現的社會作用；宗教學的方法偏重探究信仰與宗教之間的關係，包括宗教對信仰主體或神靈體系的改造、宗教作爲信仰傳播的載體等；而人類學的方法需觀照信仰主體，包括信眾的組織或族群以及他們的信仰生活，并使用田野調查的結果充實觀點。從清代四川民間信仰的研究現狀判斷，闡述某種信仰的内涵至少要用到以上方法中的兩種。以川主信仰爲例簡單説明。要清晰認識清代四川地區的川主信仰的分布特點，一方面得統計地方史志、文獻資料等記載的川主祠廟，按照不同時期和行政區域進行歸納；另一方面還要關注川主會等民俗活動的興起及其在各個地區發展的狀況，針對模糊不清的，還必須深入田野，做好記録調查。顯而易見，描述川主信仰的分布特點將貫通民俗學、歷史學、地理學、人類學等多種研究方法。第二，從研究的角度來看，學者基本從信仰本身尋找突破口，對能够表徵某種民間信仰的器物、民俗文化傳播媒介中體現的信仰元素關注不多；此外，行業神崇拜方面的研究也相當匱乏。第三，從研究材料的選擇上看，清代的地方縣志居於首位，學術成果及文獻資料使用、田野調查的記録居次，檔案等其他材料處於末位。第四，從研究的投入程度上看，一是系統性的研究著作不多，研究成果多是零散的篇章；二是某些民間信仰的研究還處於起始階段，上文提及的壁山神、壇神、紫姑廁神等民間信仰，當然也包括灶神、財神、子孫娘娘等在地方縣志中頻頻出現而極少被學者關注的事象，它們在清代四川社會的傳播及發展還有待深入挖掘。第五，從研究的民族成分上看，絕大多數屬於漢民族區域的民間信仰，而少數民族地區則寥寥無幾。當然，學界對四川民間信仰的集中研究還不到 30 年，研究的材料、角度和内容等方面，都有較大的提升空間。本文在此僅爲後續研究提供一個可參考的脉絡，并冀望四川民間信仰研究的前景更加璀璨。

Review of Studies on the Folk Belief of
Sichuan in Qing Dynasty

Jia Wenhe　Ou Peizhi

Abstract：Studies on the folk belief of Sichuan started in the 1990s, and is taking shape after two decades of persistent effort. Qing Dynasty, believed as the peak of folk belief, gains researchers' interest which centers on worship and folk belief practices. This essay tries to summarize these former findings for further studies to refer to.

Keywords：Qing dynasty；Sichuan；folk belief；review

作者簡介：貫雯鶴，男，重慶大學人文社會科學高等研究院教授；歐佩芝，女，重慶大學人文社會科學高等研究院碩士研究生。

Studies on Folk Documents

俗文獻研究

唐杭州大慈寰中禪師考略

楊化强

提　要：杭州虎跑寺、虎跑泉聞名於世，其最初建寺高僧唐代杭州大慈寰中禪師却少有人知，有關其研究亦少見於學界。本文嘗試以《宋高僧傳》爲中心，結合禪門諸"燈録"等其他文獻資料，首先對大慈寰中禪師的生卒、出家、受戒、行迹等進行考證。其次對僧傳中有關其僧俗交往情況進行規整，并提出他與南泉普願禪師交往的真實性、諫議大夫崔公的身份確認、虎跑泉的最初來源與用意等問題，通過相關資料加以考證。最後梳理其相關語録記載，着重分析《祖堂集》中有關他本人的一則語録，同時對敦煌歌辭文獻中作者存在爭議的《悉曇頌》作補充説明，進一步論證任半塘所提出的作者就是大慈寰中的觀點。最終，以期達到對大慈寰中相關情況作一系統梳理的目的。

關鍵詞：大慈寰中　《宋高僧傳》　杭州大慈寺　虎跑泉

　　大慈寰中禪師得法於百丈懷海，經會昌法難而重振禪林，在禪宗乃至東南佛教都有一定地位與影響，其所居大慈山至今佛教仍很繁榮。但有關他的研究，學界少有成果。目前，有賴建成的《晚唐暨五代禪宗的發展——以與會昌法難有關的僧侶與禪門五宗爲重心》一文將其作爲南岳系法嗣弟子而提到，但着墨甚少，對於其專門的研究尚未見世。本文以《宋高僧傳》爲中心，輔之以《景德傳燈録》《五燈會元》《祖堂集》《西湖武林高僧事略》等僧傳史料，以及《舊唐書》等正史資料對其生平等相關情況進行梳理。

一、大慈寰中禪師生平

（一）大慈寰中生卒年

　　釋寰中，俗姓盧，河東蒲板人。現存史料并沒有直接記載他的出生年月。《宋高僧傳》記載：

壬午歲二月十五日，囑累聲畢而終。時漸溽暑，驗其身一無變異，而頂門煖潤，冬窆于塔所。享年八十三，法臘五十四。①

文中載大慈寰中圓寂時間爲壬午年，即唐懿宗咸通三年，公元 862 年。同時，《景德傳燈録》則更加明確地記載"咸通三年二月十五日不疾而逝"②。如此，按世壽 83 歲計算，其出生年應該在公元 779 年，但是古人常虛一歲，所以其出生時間應該是在 780 年，即唐德宗建中元年，干支庚申。

（二）大慈寰中出家、受戒時間

大慈寰中法臘五十四，即其出家時間爲公元 808 年，即唐憲宗元和三年，干支戊子。其二十五歲（805）中甲科，"無何遭母之憂，遂廬于墓所，及服闋，徑往北京童子寺出家"③。按古人禮法，父母去世需守孝三年，三年後即 808 年出家，這也符合上述推斷。寰中出家后，"二稔未周，諸經皆覽。明年往嵩岳登戒，肄習律部"④。他不到兩年，即遍覽諸經，於次年受戒，則其受戒時間爲 811 年，即元和六年，干支辛卯。

綜上所述，大慈寰中一生歷經唐德宗、順宗、憲宗、穆宗、敬宗、文宗、武宗、宣宗、懿宗九朝。

（三）大慈寰中一生行迹

大慈寰中很可能就出生在河東蒲板（今山西省永濟市），因爲《宋高僧傳》記載有他守孝期滿"徑往北京童子寺出家"一事。此處，北京應該指太原。唐王朝的隆興之地就是太原，因此太原在唐帝國的地位也非同一般⑤。唐代錢起有《送鮑中丞赴太原軍營》一詩，第三句是："將略過南仲，天心寄北京"⑥。錢起生年有爭議，但去世於公元 780 年，亦很接近這件事發生的年代。《舊五代史》也有記載：

（天福十二年夏）甲午，以判太原府事劉崇爲北京留守。⑦

另外，據李芳民考證，童子寺就位於太原府晋陽縣，他還引用張讀"晋陽有童子寺，

---

① 贊寧《宋高僧傳》卷十二，《大正藏》，CBETA 電子版，臺北：中華電子佛典協會，第 50 册，第 778 頁上。

② 道原《景德傳燈録》卷九，《大正藏》第 51 册，第 267 頁上。

③ 《宋高僧傳》卷十二，《大正藏》第 50 册，第 778 頁上。

④ 《宋高僧傳》卷十二，《大正藏》第 50 册，第 778 頁上。

⑤ 唐朝相繼封太原为"北都""北京"，爲河東節度使治所，與京都長安、東都洛陽并稱"三都""三京"，詩人李白曾盛贊"天王三京，北都居一"。

⑥ 彭定求等編《全唐詩》卷二百三十八，北京：中華書局，1960 年，第 2654 頁。全文爲："年壯才仍美，時來道易行。寵兼三獨任，威肅貳師營。將略過南仲，天心寄北京。雲旗臨塞色，龍笛出關聲。漢月隨霜去，邊塵計日清。漸知王事好，文武用書生。"

⑦ 許嘉璐主編《二十四史全譯·舊五代史》卷一百，上海：漢語大詞典出版社，2004 年，第 951 頁。

在郊牧之外"（《宣室志·鄧珪》）一句來論證①。那麼太原正好位於永濟的北偏東方向，正好印證了北上出家一事。《景德傳燈錄》記載"并州"亦與"太原"相符。

大慈寰中不到兩年即覽諸經，"明年往嵩岳登戒，肄習律部"。嵩岳寺在今河南登封縣北法王寺西，唐武后曾到嵩山，以此爲行宮②。之後，他又"忽慕上乘，決往百丈山"③。百丈山位於今江西省奉新縣。其後歸隱南岳常樂寺。此常樂寺筆者推斷極有可能就在湖南的南岳衡山，并且寺已不存。雖然有唐一代雲南、四川都有常樂寺見諸記載④，但"南岳"二字限定了地域，即衡山一帶；同時加上"隱"一字，透露出該寺在山上（結茅于山椒），而且寺院規模應該不大，并且沒有名氣。

元和十四年（819），大慈寰中已經到達杭州大慈山⑤，之後"居未久，檀信爰臻，旋成巨院，四方僧侶參禮如雲"⑥。他感召諸多信眾，於山建寺，憲宗賜號廣福院，大中八年（854）改大慈寺，就是現在的虎跑寺。會昌法難（842—846）時，不得已還俗，過着"中衣短褐，或請居戴氏別墅"⑦ 的生活，直至唐宣宗大中六年（852），才得以"首命剃染重盛禪林"⑧。唐懿宗咸通三年（862）二月十五日"囑累聲畢而終"，享年83歲。唐僖宗乾符丁酉年（877），賜號性空，建佛塔名定慧。

綜上所述，大慈寰中禪師於公元780年生於山西永濟，808年至太原童子寺出家，811年於河南登封嵩岳寺受戒，後在江西奉新百丈山得百丈禪法，成爲百丈懷海座下弟子。又隱居湖南衡山常樂寺。819年到達杭州大慈山，興院弘法。862年圓寂於杭州大慈山大慈寺。唐僖宗時，追謚其號爲"性空"，并建佛塔，取塔名"定慧"。

二、大慈寰中禪師僧俗交往

（一）僧家：南泉、趙州；岩頭、雪峰、欽山

有關於大慈寰中禪師的僧侶交往的史料記載比較多，《景德傳燈錄》《五燈會元》《西湖武林高僧事略》都記載有他和南泉普願禪師、趙州從諗禪師詳細的問禪對答，與南泉以"如何是庵中主"爲題，與趙州則是"般若以何爲體"爲題，其他的相關文獻記載大致趨同。

---

① 李芳民《唐五代佛寺輯考》，北京：商務印書館，2006年，第100頁。
② 《唐五代佛寺輯考》第63頁。
③ 《宋高僧傳》卷十二，《大正藏》第50冊，第778頁上。
④ 李芳民考證，唐貞元年間，雲南昆明縣（按，即唐益寧縣）南建有常樂寺（見《唐五代佛寺輯考》第277頁）。另有四川蓬溪縣常樂寺，正史記載該寺由海現和尚建於唐朝貞觀十二年（638）。其他北京房山、浙江台州亦有此寺，但年代晚於寰中。
⑤ 宋濂著，袾宏輯《護法錄》卷九："虎跑泉，在杭之大慈山廣福定慧禪院，距城南十里而近。唐元和十四年，性空大師來游茲山。"（《明版嘉興大藏經》，臺北：新文豐出版公司，1999年，第21冊，第680頁中）
⑥ 《宋高僧傳》卷十二，《大正藏》第50冊，第778頁上。
⑦ 《宋高僧傳》卷十二，《大正藏》第50冊，第778頁上。
⑧ 《宋高僧傳》卷十二，《大正藏》第50冊，第778頁上。

另有《雪峰義存禪師語録（真覺禪師語録）》記載唐大中七年（853）大慈寰中與雪峰義存的交往，但是僅存時間，并沒有對答：

> 七年癸酉。
>
> 師年三十二，辭曾氏游方。有偈曰：昔年曾許鬱多羅，直至而今未動梭。此日且隨雲水去，誰能待得鴨成鵝。遂同岩頭薇公在大慈寰中會下，與寰中上足欽山文邃爲友。①

這裏記載，大中七年雪峰義存和岩頭全薇同在寰中禪師門下，并且提到了大慈寰中的弟子欽山文邃②。

（二）俗家：諫議大夫崔公

《宋高僧傳》卷十二記載：

> 結茅于山椒。諫議大夫崖公，深重其操，因別立方丈。③

《大正藏》記載的"崖公"，應是筆誤④，范祥雍點校本《宋高僧傳》（中華書局）修改爲"崔公"（崔、崖字形非常近似）。自寰中禪師出生到圓寂的幾十年間，擔任過諫議大夫的崔姓官員有崔損和崔瑄。崔損於公元803年過世，此時的寰中禪師尚未出家。有關崔瑄的記載則大致相符。唐史中并沒有崔瑄的專門傳記，但《舊唐書·令狐滈傳》記載：

> 是歲（咸通元年），中書舍人裴坦權知貢舉……諫議大夫崔瑄上疏論之曰：令狐滈昨以父居相位，權在一門……⑤

同時，《太平廣記》中亦記載他和京兆府參軍盧甚的過節：

> 初崔瑄雖諫官，婚姻假回，私事也；甚雖府職，乃公事也。……瑄既朋黨宏大，莫不爲盡力。甚者出於單微，加以鉉亦瑄之門生，方爲宰相，遂加誣罔奏焉。⑥

令狐滈的父親是懿宗朝宰相令狐綯，崔鉉是武宗朝的宰相，又是崔瑄的門生，如

---

① 義存著，林弘衍編《雪峰義存禪師語録（真覺禪師語録）》卷九，《卍續藏經》，CBETA電子版，臺北：中華電子佛典協會，第69冊，第87頁上。

② 通容輯《五燈嚴統》卷十三："澧州欽山文邃禪師，福州人也，少依杭州大慈山寰中禪師受業。時岩頭雪峰在衆，睹師吐論，知是法器，相率游方。"（《卍續藏經》第81冊，第77頁上）

③ 《宋高僧傳》卷十二，《大正藏》第50冊，第778頁上。

④ 關於"崖公"一說，筆者在唐史中確有發現。官員李德裕的活躍年代與寰中大致相符，《唐摭言》卷七載："李太尉德裕頗爲寒畯開路，及謫官南去，或有詩曰：'八百孤寒齊下泪，一時南望李崖州。'"（北京：中華書局，1959年，第74頁。）歷史上以地域稱謂人的現象并不少見，以此稱其"崖公"也不爲過。但是，史書確未記載其擔任過諫議大夫一職；而且會昌法難中，他是極力支持滅佛的。

⑤ 《二十四史全譯·舊唐書》卷一百七十二，第3822頁。

⑥ 李昉等《太平廣記》卷第四百九十九，北京：中華書局，1986年，第4091頁。

此，武宗之前崔瑄已官至諫議大夫，亦"朋黨宏大"。因此推斷，欣賞寰中禪師節操，亦有能力爲其別立方丈的應該就是崔瑄。至於有何種交往，現存的相關僧傳、正史尚無詳載。

綜上可大致還原大慈寰中禪師的生平，如下表：

皇帝	年號	公元	事件	地點
唐德宗	建元元年	780	出生	河東蒲板（今山西永濟）
唐順宗	永貞元年	805	中甲科、母亡	河東蒲板（今山西永濟）
唐憲宗	元和三年	808	出家	北京童子寺（今山西太原）
	元和六年	811	受戒	嵩岳寺（今河南登封）
	待考	待考	百丈山求法	百丈山（今江西奉新）
	待考	待考	歸隱，南泉到訪	南岳常樂寺（今湖南衡陽）
	元和十四年	819	大慈山弘法	大慈山（今浙江杭州）
唐武宗	會昌二年—六年	842—846	會昌法難，還俗	大慈山（今浙江杭州）
唐宣宗	大中六年	852	再次剃度	大慈山（今浙江杭州）
	大中七年	853	岩頭、雪峰到訪	大慈山（今浙江杭州）
唐懿宗	咸通三年	862	圓寂	大慈寺（今浙江杭州）
唐僖宗	乾符四年	877	賜號性空，建定慧塔	大慈寺（今浙江杭州）

三、有關大慈寰中記載中的幾點疑問及推測

（一）與南泉普願禪師的對答

《景德傳燈錄》卷九載一則大慈寰中與南泉普願禪師的對答：

> 辭往南岳常樂寺，結茅于山頂。一日南泉至問："如何是庵中主？"師云："蒼天、蒼天。"南泉云："蒼天且置，如何是庵中主？"師云："會即便會，莫忉忉。"南泉拂袖而出。後住浙江北大慈山。①

南泉普願（748—834），其於唐德宗貞元十一年（795）至池陽（今安徽池州）南泉山，"足不下南泉三十年"②。唐文宗太和元年（827），受當時池陽太守和宣撫使陸亘、護軍彭城劉公請求，才下山教授門徒③。但是大慈寰中早在元和十四年（819）即已到達杭州大慈山。如此，《景德傳燈錄》《五燈會元》《西湖武林高僧事略》等文獻記載二人相遇之事，都從時間上無法對接，中間錯開將近十年。二人對

① 《景德傳燈錄》卷九，《大正藏》第51冊，第266頁下。
② 《宋高僧傳》卷十一，《大正藏》第50冊，第775頁上。
③ 《宋高僧傳》卷十一："太和年初，宣使陸公亘前池陽太守，皆知其抗迹塵外爲四方法眼，與護軍彭城劉公，同迎請下山北面申禮。"（《大正藏》第50冊，第775頁上）

答的主題是"庵中主"，"庵"通"菴"，本就有草廬之意①，這似乎頗爲切合寰中"結茅于山椒"的當下場景，這種取景當下參禪問道的公案在禪門亦不勝枚舉，所以，此事如發生在南岳，似乎切乎實際。但是，有關南泉普願的記載當中，并未提及二人之對話，因此，此事的真實性還有待進一步考證。

（二）"虎刨出泉"的地點變化

僧人隱居深山，首先需要解決的就是水源問題，正因如此，隱居的僧人與泉水結下不解之緣，很多神異記載也傳之後世，如西晉竺法護隱居關中時，就曾有感嘆"水若永竭真無以自給"②，以致山泉滿澗的奇異事情。大慈寰中的歸隱與山泉同樣也有一段奇緣。《宋高僧傳》卷十二記載：

> 然其乏水，贏瓶遠求，俄爾深宵有虎噪嘯廬側，詰旦視之，果濫泉圻地而涌，足其汲用。後之杭，浙江之北有山號大慈。③

按此記載，虎嘯出泉應是在歸隱南岳時發生的故事，但《西湖武林高僧事略》却記載於浙江大慈山"虎刨出泉"④，宋《咸淳臨安志》也有類似的記載⑤。其實，早在南朝陳代時期，即有南岳慧思和尚以杖鑿崖而出泉的故事：

> 衆患無水，師以杖卓崖，虎因跑地，泉乃涌出（今虎跑泉是也）。⑥

如此類似的事情在寰中身上重演。《西湖武林高僧事略》在着重指出此事發生在大慈山的同時，解釋南岳常樂山爲小童子泉⑦，乃虎刨地，移泉於杭州。宗教的傳播，離不開神迹，僧傳裏面爲了弘傳佛法，出現這種類似神異的事情是可以理解的。大慈寰中主要在杭州一帶弘法，將這種神迹嫁接到此地，乃至於有今日之杭州虎跑泉、虎跑寺，對於佛教徒來説，對佛法之傳播絶對是一錦上添花之舉。

---

① 《漢語大詞典》："圓頂草屋，《釋名·釋宫室》：'草圓屋曰蒲。蒲，敷也；總其上而敷下也。又謂之庵。'寺院，多指尼姑所居。"

② 僧祐《出三藏記集》卷十三，《大正藏》第 55 册，第 98 頁上。

③ 《宋高僧傳》卷十二，《大正藏》第 50 册，第 778 頁上。

④ 元敬、元復《武林西湖高僧事略》卷一："師後住浙江大慈山。上堂示衆云。山僧不解答語。只能識病。又云。説得一丈。不如行取一尺。説得一尺。不如行取一寸。時學者甚衆。山素缺水。師擬飛錫。夜夢神人告曰。勿他之。我移南岳小童子泉就師取用。詰旦見二虎以爪跑於地。泉自涌出。味甘如飴。有僧自南岳至。乃曰小童子泉涸矣。"（《卍續藏經》第 77 册，第 581 頁下）

⑤ "大慈山，在龍山之西，有廣福院、虎跑泉。"（潛説友《咸淳臨安志》卷二十三《山川二·城南諸山》，北京：北京圖書館出版社，2006 年，第 1 頁。）又載："虎跑泉，舊傳性空禪師嘗居大慈山，無水，忽有神人告之曰：明日當有水矣。是夜，二虎跑地作穴，泉湧出，因名。"（同上卷三十八《山川十七·泉》，第 5 頁。）

⑥ 志磐《佛祖統紀》卷六，《大正藏》第 49 册，第 180 頁上。

⑦ 其中爲何名曰"小童子泉"，筆者猜測或與出家於童子寺有些許關聯，也未可知。

四、大慈寰中禪師語録和《悉曇頌》

(一) 大慈寰中禪師的語録記載

《景德傳燈録》記載有寰中與南泉問"如何是庵中主"，與趙州問"般若以何爲體"的對答語録。另有，寰中上堂"不解答話，只能識病"的語録記載，附有法眼和玄覺的評論；"僧往江西"的對答，附有洞山的評論。

比《景德傳燈録》更早的《祖堂集》，除録有以上對答，另有寰中行脚，路遇女人收稻而問話一事。禪師語録對答，一般彰顯禪師開悟及其弘禪之智慧，對答者雙方多有高下之分，而此則語録，却更傾向於凡夫女子的智慧：

> 師行脚時，三人同行，逢見女人收稻次，問："退山路何處去?"女人云："驀底去。"師云："前頭水深，過得摩?"女云："不濕脚。"師云："上岸稻得與摩好，下岸稻得與摩勿次第。"女云："下岸稻總被螃蟹吃却。"師云："太香生。"女云："無氣息。"師云："住在什摩處?"女云："只在這裏。"三人到屋裏，其女見來，點一瓶茶，排批了云："請上座用神通吃。"三人不敢傾茶。女云："看老婆呈神通去也。"拈起盞子，便泄行茶。①

此處語録，没有記載時間地點，也未説明同行的另外二人之詳情。但此語録中，僧問俗答，處處妙機，表現出的更像是三位禪師在機鋒上遜於婦人。此則語録并未見於晚於《祖堂集》的後世燈録，其中緣由與此或不無關係。

(二) 大慈寰中禪師與《悉曇頌》

大慈寰中的著述，有《俗流悉曇章》和《佛説楞伽經禪門悉曇章》這兩組敦煌《悉曇頌》歌辭。關於其作者學界雖尚存爭議②，但任半塘考證爲晚唐禪僧大慈寰中。其中第一組《俗流悉曇章》卷首有短文云：

> 夫悉曇章者，四生六道，殊勝語言，唐國中岳釋氏沙門定惠法師翻注，并合秦音鳩摩羅什通韻，魯留（流）盧樓爲首。③

同時《宋高僧傳》卷十二記載大慈寰中圓寂后：

> 至乾符丁酉歲，敕謚大師號性空，塔名定慧也。④

① 靜、筠二禪師編撰《祖堂集》卷十七，孫昌武、衣川賢次、西口芳南點校，北京：中華書局，2007年，第742頁。

② 另外兩説：吕秋逸認爲是貞元、元和年間，北宗禪僧定惠作（引自任半塘《敦煌歌辭總編》，上海：上海古籍出版社，1987年，第952頁）；饒宗頤《禪門悉曇章作者辨》認爲是開元之際，大興善寺沙門定惠作（引自周廣榮《敦煌〈悉曇章〉歌辭源流考略》，《敦煌研究》2001年第1期）。

③ 《敦煌歌辭總編》第925頁。

④ 《宋高僧傳》卷十二，《大正藏》第50册，第778頁上。

《景德傳燈録》卷九中的記載與此無異①。由於大慈寰中曾受戒於南岳寺（河南登封），任半塘判定“定惠法師”即是寰中禪師。他認爲僖宗賜謚“性空”，塔名“定慧”，通書“定惠”②，即二者只是通假字。周廣榮駁斥了饒宗頤對於任氏的質疑，并從語音學等角度將之與鳩摩羅什《涅槃經悉曇章》進行比較，進一步論證了任半塘的觀點③。普慧在其《禪宗六祖名諱小考》④ 一文中對唐五代、宋元時期使用“慧”與“惠”的思想旨趣做了系統論證。以六祖爲例，唐代多書“惠能”，而至《宋高僧傳》已改“慧能”，這在一個側面亦可佐證任氏的觀點。

五、結語

大慈寰中是佛教歷史上衆多禪僧中普通的一員，綜上所述，大致能粗略地窺探出他的一生及其相關情況，在形式上基本與同時代禪僧的經歷没有太大差别。相關文獻資料的缺乏，使得學界研究無法將其一生細緻還原。《宋高僧傳》中的記載以及其名號——杭州大慈寰中禪師，説明他的主要成就應該就是在杭州一帶取得，而且經過會昌法難而被官方重新請求出山弘法，那麼至少他對於當地佛教的復興是有一定功績的。遺憾的是，他在杭州這一帶的弘法行迹，史料記載甚少。但目前對於寰中一生行迹、僧俗往來、語録著作的文獻梳理，在一定程度上，或可有助於對大慈寰中本人的思想及相關禪宗問題的研究。

Textual Research on the
Zen Master Daci Huanzhong in Hangzhou in Tang Dynasty

Yang Huaqiang

Abstract：Hupao Temple and Hupao Spring in Hangzhou is world famous，but the temple's first builder—Daci Huanzhong is rarely known with few academic research on him. Based on *The Biographies of Eminent Monks in the Song Dynasty* and other literatures，this essay aims to sketch the tracks of his life. Daci Huanzhong's friends and acquaintances is also described，for example，the query of contacting with Nanquan Puyuan，the officer identity of "Cui Gong" and the origin and motivation of the naming of Hupao Spring. Last but not the least，this essay sorts out his anas，especially those in *Zutang Ji* and verifies the author of *Xitang*

---

① 《景德傳燈録》卷九：“僖宗謚性空大師，定慧之塔。”（《大正藏》第51册，第267頁上）
② 《敦煌歌辭總編》第939頁。
③ 詳見《敦煌〈悉曇章〉歌辭源流考略》。
④ 普慧《禪宗六祖名諱小考》，《文學與文化》2010年第2期。

Song in Dunhuang Geci，which is controversial，though believed as Daci Huanzhong by Ren Bantang. In all，this essay tries to summarize the life of Daci Huanzhong.

Keywords：Daci Huanzhong；*The Biographies of Eminent Monks in the Song Dynasty*；Daci Temple in Hangzhou；Hupao Spring

作者簡介：楊化强，男，西北大學文學院宗教文化研究中心研究人員。

楊筠松生平、師承關係及著述考

程肖力

提　要：楊筠松，據方志及民間所傳，爲中國風水學説形勢派宗師。其生平雖鮮見於史傳，却一直被風水地理界人士奉爲祖師，其竹杖芒鞋、扶貧救危的事迹在民間多有流傳，被民衆稱爲“救貧仙人”。方志及民間所傳多人與楊筠松具有直接師承關係，經考證，其中有一定歷史依據者僅曾文迪一人。另外，史籍記載題楊筠松所撰的風水著作很多，但即便是清代學者丁芮樸考證爲楊筠松所撰之《撼龍經》《疑龍經》，亦應爲經後人整理彙編而成的相地口訣集。

關鍵詞：楊筠松　風水學説　曾文迪　《撼龍經》　《疑龍經》

風水之術，亦稱“青烏術”“堪輿術”“相地術”等，自漢始萌，初被列爲陰陽五行之流，有漢青烏先生著《葬經》（即《青烏經》），晋郭璞祖《葬經》著《葬書》①（又稱《錦囊經》）之説。“風水”被定義爲“藏風得水”即出自《葬書》②。唐宋間，風水術發展漸盛，并分出兩派：

> 一曰宗廟之法，始於閩中，其源甚遠，至宋王伋乃大行。其爲説主於星卦，陽山陽向，陰山陰向，不相乖錯，純取五星八卦以定生剋之理。其學浙閒傳之，而今用之者甚鮮。一曰江西之法，肇於贛人③楊筠松，曾文迪（引者按，應爲曾文迪）及賴大有、謝世南輩尤精其學。其爲説主於形勢，原其所起，即其所止，以定位向，專指龍穴沙水之相配，而他拘忌在所不論。其學盛

---

① 關於《葬書》是否爲郭璞所著，《四庫全書總目提要·子部十九》考據云：“考璞本傳，載璞從河東郭公受《青囊中書》九卷，遂洞天文五行卜筮之術。璞門人趙載嘗竊《青囊書》，爲火所焚。不言其嘗著《葬書》。《唐志》有《葬書地脉經》一卷，《葬書五陰》一卷，又不言爲璞所作。惟《宋志》載有璞《葬書》一卷，是其書自宋始出，其後方技之家，競相粉飾，遂有二十篇之多。”（紀昀總纂《四庫全書總目提要》，石家莊：河北人民出版社，2000年，第3册，第2777頁。）

② 《葬書》云：“風水之法，得水爲上，藏風次之。”（《景印文淵閣四庫全書》，臺北：商務印書館，1986年，第808册，第15頁。）

③ 現風水學界一般認爲楊筠松爲竇州（今廣東信宜）人，而非贛人。

行於今，大江以南無不遵之者。二宗之説雖不能相同，然皆本於郭氏者也。業其術者參其異而會其同，斯得之矣。①

據方志及民間傳説，楊筠松爲中國風水學説形勢派（亦稱贛派）宗師。其人其事雖鮮見史載，却一直爲民間所津津樂道。他繼承和發展了中國風水術中的形法理論，并創立了贛南形勢派。後人相傳爲其所撰之著作頗多，但都值得推敲。本文通過考究楊筠松的生平、傳承及著述，試圖對楊筠松這一歷史人物有一定的瞭解。

一、生平

楊筠松，其生平於新、舊《唐書》隻字未提，宋始散見於史籍，但亦只略提名字及著述，如北宋鄭樵《通志·藝文略》："《鼓角沙經》一卷，楊筠松撰。"② 南宋陳振孫《直齋書録解題》："《楊公遺訣曜金歌并三十六象圖》一卷。楊即筠松也，人號楊救貧。"③ 元脱脱《宋史·藝文志》："楊救貧，《正龍子經》一卷。"④ 明清時期，隨着《永樂大典》《古今圖書集成》《四庫全書》等大型類書、叢書及地方志的大量出現，纔有較爲詳細的記載。明嘉靖《贛州府志》卷九《方技志》介紹僕都監時提到：

> （寧都）【五代】僕都監。僕，陰陽家。流逸其名，與楊筠松俱官司天監都監。唐僖宗時，黄巢之變，僕與楊避地卜居縣西懷德鄉，以其術傳中壩廖三傳。⑤

類似的記載還見於康熙《江西通志》卷一百六、道光《寧都直隸州志》卷二十六、同治《贛州府志》卷五十九。關於這位僕都監的記載，主要見上述方志。江西贛州府地方志一般認爲此人是寧都人⑥，"善青烏術"⑦；雖名字生平均不詳，但他似乎對江西風水術的發展頗有貢獻（據載是他將風水術傳給廖三傳，再由廖三傳傳給廖瑀）。儘管如此，方志關於他的記載仍有頗多疑點。首先是"都監"一職，唐五代并未設立，宋以後始有。《歷代職官表》"都監"條云："都監，宋代武將職名之一，冲要之路以知州知府兼本路兵馬都監，而以武臣充副都監。州都監則以較低級之武

---

① 王禕撰，劉傑、劉同編《王忠文公集》卷二十，《景印文淵閣四庫全書》第 1226 册，第 430～431 頁。

② 鄭樵《通志》卷六十八，《景印文淵閣四庫全書》第 374 册，第 428 頁。

③ 陳振孫《直齋書録解題》卷十二，《景印文淵閣四庫全書》第 674 册，第 753 頁。

④ 脱脱《宋史》卷二百六，《景印文淵閣四庫全書》第 283 册，第 773 頁。

⑤ 嘉靖《贛州府志》卷九，影印本，《天一閣藏明代方志選刊（12）》，臺北：新文豐出版公司，1985 年，第 146 頁。

⑥ 同治《贛州府志》把僕都監放在"人物志·藝術"一類，而把楊筠松放在了"人物志·寓賢"一類。

⑦ 康熙《江西通志》卷一百六，《景印文淵閣四庫全書》第 516 册，第 528 頁。

臣充之，資歷尤淺者稱監押。"① 其次，"司天監"是元代官名，"明代改元之司天監爲欽天監，清沿之。掌天文曆數占候推步之事。在古代爲太史令之職，本屬太常，唐代改屬秘書省。其名稱屢有更改，高宗時一度稱秘書閣，武則天時稱渾天監及渾儀監，肅宗以後爲司天臺"②，五代沿唐制亦爲司天臺監，宋、遼爲太史令，金則又爲司天臺監、司天臺提點③。由此可見，如果僕都監與楊筠松爲唐五代人，則他們"司天監都監"一職應是後世方志纂者杜撰或民間誤傳，後世的"唐都監楊筠松"稱號均不確實。另外，有研究者認爲，僕都監即相傳著有《雪心賦》④ 的形家師卜則巍⑤，但此説缺乏嚴密的考證。由於僕都監與卜則巍二人的記載較少且前後不一的地方頗多⑥，故此點難考。

對楊筠松的獨立記載，較早出現於康熙《江西通志》卷一百六：

> 【贛州府】（唐）楊筠松，竇州人。僖宗朝掌靈臺地理事，官至金紫光禄大夫。黃巢破京城，乃斷髮入昆侖山步龍。後至虔州，以地理術授曾文辿、劉江東，世稱"救貧仙人"是也。卒於虔，葬雩都藥口壩。（府志）⑦

竇州，今廣東信宜。今信宜市新竇鎮石垌村楊氏族譜中也有關於楊筠松身世的記載："60 世……楊四公，平浪大王，名淑賢。生子三，長筠翌，次筠殯，三筠松……61 世，楊筠松，字益、淑茂，號救貧……配竇氏，生子二，襄、弘信。"⑧《歷代職官表》介紹："魏、晋以後有金紫光禄大夫之號，謂光禄大夫之加金印紫綬者。唐、宋均以金紫光禄大夫爲正三品文階官。金升爲正二品，元升爲從一品，明、清廢。"⑨ 方志纂者雖將楊筠松的官職記載爲金紫光禄大夫，但并不列爲官宦，故此説亦存疑。

至於楊筠松的生卒年，羅勇先生經考察，認爲楊筠松爲唐末五代人，且卒於五

---

① 黃本驥編《歷代職官表》，上海：上海古籍出版社，1980 年，"簡釋"第 149 頁。

② 《歷代職官表》"簡釋"第 143 頁。

③ 《歷代職官表》"表"第 163 頁。

④ 同治《贛縣志》卷四十一《人物志·方技》："（明）卜則巍，字應天，精形家言，著作甚富，所傳《雪心賦》，旨約而該，業地理者咸宗之。"（影印本，《中國地方志集成·江西府縣志輯 75》，南京：江蘇古籍出版社，1996 年，第 412 頁。）

⑤ 如萬陸《楊益的風水文化觀及其實踐》："公元 880 年，黃巢起義軍攻破長安，楊與知友司天監都監濮則巍攜禁中堪輿秘笈一道斷發出京。濮名應天昆侖子，則巍係其字。"（《江西社會科學》1998 年第 3 期，第 71 頁。）

⑥ 同治《贛州府志》卷五十八《人物志·藝術》有云："按，則巍，《江西通志》安志作宋人，《贛州府志》作明人，而坊本《雪心賦》題作唐章貢人，諸地理書又云唐昭文館學士，今皆無考。而《通志·藝文略》載有《雪心正經》一卷，亦無所謂《雪心賦》，豈即其書乎？大抵卜氏當屬唐宋間人，李志仍舊志，以爲明人，謬矣。今據王謨《豫章十代文録》考正，附識於此，以俟後之博雅君子。"（《中國地方志集成·江西府縣志輯 74》第 277 頁。）

⑦ 康熙《江西通志》卷一百六，《景印文淵閣四庫全書》第 516 册，第 527～528 頁。

⑧ 轉引自劉曉春《風水生存——感受三僚》，南寧：廣西人民出版社，2007 年，第 26 頁。

⑨ 《歷代職官表》"簡釋"第 100 頁。

代後梁時期①；三僚曾氏族譜則稱“楊公仙師名筠松，字益，號救貧，生於大唐中和甲寅②三月初八戌時……後師徒出游至寒信峽藥口壩，楊公壽終，享年六十有七，我祖親爲卜，葬八仙下棋形，時乃光化三年，庚申歲三月初九日也”③，即其生活年代爲公元834—900年。楊筠松的葬地，普遍認爲是雩都縣④寒信峽藥口壩⑤（今稱楊公壩）。康熙《江西通志》⑥、嘉慶《大清一統志》⑦、同治《贛州府志》⑧、同治《雩都縣志》均有載，且年代越晚，記載越詳，如同治《雩都縣志》載：

> 楊筠松，卒於邑之藥口，其徒曾文辿即於壩上扞地葬之，因名楊公壩。人欲尋其冢，不可得。有遇之者，遥見其上有若錫制茶鐺一事，就之則化爲白鷺飛冲而去；其下堆阜突起，碑碣俱存，因表識其地以待尋，輒又不可得。⑨

上引材料有兩點值得注意。

第一，與康熙《江西通志》“卒於虔，葬雩都藥口壩”⑩不同，同治《雩都縣志》記載楊筠松卒、葬地均爲雩都藥口，此與三僚曾氏族譜的記載相同。

第二，楊公冢之幻與不可尋，楊公卒地究竟是虔地還是藥口，背後有一段楊公爲盧光稠卜地的歷史公案。同治《贛縣志·軼事》記載了此事：

> 都監楊筠松，值僖昭之亂，避地於虔，因謁盧光稠，爲卜地云：出天子。盧遂改葬其父母，復問：“還有如此地否？”曰：“有一席十八面。”曰：“何面出天子？”曰：“面面出天子。”盧恐他姓得之，遂毒楊。楊覺，攜其徒曾文辿亟去之。至一處所，問何地名？曾答曰：“藥口。”曰：“藥到口死矣。仇不可不報也。小子識之，説盧王於州之磨車灣安一水碓，十字路口開一井，則世爲天子矣。”曾曰：“何謂也？”曰：“磨車灣安碓，單打盧王背；十字口開井，盧

① 羅勇《三僚與風水文化》，《贛南師範學院學報》2007年第4期，第20頁。

② 按，應爲大和（或太和）甲寅，即公元834年。

③ 《武城郡曾氏重修族譜·興國三僚文辿房傳·附記楊公事略》，興國：三僚曾氏，1995年。

④ 雩都縣，現稱“于都縣”。

⑤ 有珍藏於于都縣博物館的兩塊碑記爲物證，一是明代萬曆七年（1579）由贛州知府葉夢熊、雩都知縣陳仰民所立的唐代國師楊筠松神主碑；一是清嘉慶十八年（1813）段道軒、吳肇龍兩位風水師前來祭拜祖師爺楊筠松所立碑。具體請參考姚連紅《唐國師楊筠松碑記考略》，《南方文物》2000年第1期。

⑥ 康熙《江西通志》卷一百十《邱墓》：“（唐）都監楊筠松墓，在雩都縣北八十里藥口。”（《景印文淵閣四庫全書》第516册，第665頁。）

⑦ 《嘉慶重修一統志》卷三百三十一《贛州府二·陵墓》：“【陵墓】【唐】楊筠松墓（在雩都縣東北八十里藥口，今名楊公壩）。”（影印本，《續修四庫全書》，上海：上海古籍出版社，2002年，第619册，第748頁。）

⑧ 同治《贛州府志》卷十九《塋墓》：“（雩都縣）唐都監楊筠松墓。（在藥口，今稱爲楊公壩。筠松，竇州人。明萬曆初，知府葉夢熊立石表之。）（據謝志。）”（《中國地方志集成·江西府縣志輯73》第398頁。）

⑨ 同治《雩都縣志》卷十二，《中國地方志集成·江西府縣志輯76》第488頁。

⑩ 康熙《江西通志》卷一百六，《景印文淵閣四庫全書》第516册，第528頁。

王自縊頸。"後盧果疽發，背痛不能忍，縊死。（府志）①

此記載與贛南民間流傳的盧光稠毒死楊公一事大同小異。民間傳説楊公在酒席上没有向盧王洩露天機，盧王心生不快，欲毒死楊公。楊公察覺，便將毒酒倒進胸前的皮口袋，但因毒酒毒性極大，蝕爛了皮袋，滲入楊公的胸前，楊公最終被害至死②。

據民間傳説，早在楊公葬後不久，寒信峽楊公墓場便因河堤崩塌而成爲河道，楊公的棺木也隨之永沉梅江底，故楊公墓不可尋。傳説這與楊公弟子（一説曾文辿，一説劉江東）爲其選錯棺材（楊公本意是希望弟子選擇鐵棺，但由於他對弟子的失算，最終導致弟子以石棺來埋葬自己）有關③。此外，方志多有楊筠松或他與僕都監二人竊禁中玉函秘術逃往虔州的記載，這一説法大概最早出自宋濂。康熙《江西通志》有云："宋濂曰《葬書》始於郭景純，唐末楊筠松與僕都監竊秘書中禁術，自長安至寧都，遂定居焉。"④ 對此，《四庫全書總目提要》的看法是"無稽之談，蓋不足信也"⑤。儘管被官修書目斥爲不足信，但後世方志仍多沿用此説法，民間更是樂於敷衍其事，并加以神化，如三僚曾氏族譜載：

> 楊公仙師⋯⋯幼習詩書，一覽無遺，十七歲登科及第，官拜金紫光禄大夫之職，掌管瓊林御庫。至四十五歲，因黄巢之亂，志欲歸隱山林，偶遇九天玄女，授以天文地理之術，遂攜御庫秘笈棄職，雲游天下，寄情山水之中，印證所學⋯⋯如遇吉壤，或圖或記，留待後賢而發。逢困而扶，遇危則濟，故又得楊救貧之美名⋯⋯後朝廷追索秘笈歸庫，二公（指楊筠松、曾文辿師徒。引者注）得虔州府憲之陰助，置以應籍以歸御庫，故二公得免於究。⑥

有關楊公的軼聞，嘉靖《贛州府志》載有楊公以杖爲寧都李村人叩石出温泉一事⑦，康熙《江西通志》、道光《寧都直隸州志》沿之。興國三僚一帶現今仍流傳有衆多關於他扶困濟危、助民向富、術力超群的故事傳説。如用板凳爲管氏宗祠定向，借風水寶穴幫助嶺東弱族冀姓抵抗大族龔姓的欺壓，爲無力安葬逝者的家庭擇風水好的地方落葬，選"石鎮黄鯰"地形懲罰作惡多端的"佯善人"，以風水術助

---

① 同治《贛縣志》卷五十四，《中國地方志集成·江西府縣志輯75》第412頁。
② 盧光稠毒死楊筠松一事的民間傳説，見《風水生存——感受三僚》第28～30頁。
③ 楊公弟子爲其選錯墓穴的傳説，見《風水生存——感受三僚》第30～31頁。
④ 康熙《江西通志》卷一百六，《景印文淵閣四庫全書》第516册，第528頁。
⑤ 《四庫全書總目提要》第3册，第2778頁。
⑥ 《武城郡曾氏重修族譜·興國三僚文辿房傳·附記楊公事略》。
⑦ 嘉靖《贛州府志》卷二："舊傳鄉人有館穀楊筠松者，久而臧獲厭之，筠松辭去，乃以杖叩石，出泉凡三坎，用酬其湯沐之勞。後人異之，環砌以石建亭其上，遺址尚存。"［《天一閣藏明代方志選刊（12）》第32頁。］

乞兒改變命運等①。

綜上可見，楊筠松其人儘管不爲史傳記載所重視，但他一直以風水祖師、救貧仙人的身份存在於風水地理界和民間；其竹杖芒鞋、粗衣布衫，到處扶貧救危的事迹至今在民間仍多有流傳。

二、傳承

據方志和民間傳說，曾文迌、劉江東、廖瑀三人與楊筠松有師承關係；而對史料進行分析，與楊筠松具有直接師承關係，可靠的僅曾文迌一人。

康熙《江西通志》載曾文迌事如下：

> 【贛州府】（唐）曾文迌，雩都崇賢里人，師事楊筠松，凡天文讖緯黃庭内景之書，靡不根究，尤精地理。梁貞明間，至袁州萬載，愛西山之勝，謂其徒曰：死葬我於此。卒，如其言。後其徒忽見於豫章，歸啓其棺，無有也。所著有《八分歌》二卷。（豫章書）②

同治《贛州府志》③、同治《雩都縣志》④、道光《寧都直隸州志》⑤ 的記載大致相同，但亦有不同之處。首先，康熙《江西通志》、同治《雩都縣志》均載曾文迌爲雩都崇賢里人，道光《寧都直隸州志》、同治《贛州府志》則認爲曾係寧都人，居會同里同口；而據三僚曾氏族譜記載，曾文迌世居雩陽，不久徙居崇賢里，後受楊師之囑，舉家遷居興國三僚，成爲三僚曾氏始祖⑥。如此，則曾文迌爲雩都人大致可信。其次，僅道光《寧都直隸州志》記載曾文迌著有《尋龍記》上下篇行世，其餘方志均記曾文迌傳世之作爲《八分歌》二卷，《江西古今書目》亦只載曾文迌著

---

① 楊筠松的傳奇故事，參看《風水生存——感受三僚》第 32～41 頁。

② 康熙《江西通志》卷一百六，《景印文淵閣四庫全書》第 516 册，第 528 頁。

③ 同治《贛州府志》卷五十八《人物志·藝術》："（唐）曾文迌，寧都人，師事楊筠松，熟究天文讖緯黃庭内景之書，尤精地理。五代楊吳時，游至袁州萬載，愛其縣西北山之勝，謂其徒曰：吾死葬於此。卒如其言。後其徒過豫章，見之，甚駭，歸啓其塚，則空棺也。人以爲屍解。所著有《八分歌》二卷行於世（舊府志）。"（《中國地方志集成·江西府縣志輯 74》第 276 頁。）

④ 同治《雩都縣志》卷十二《方技·堪輿》："曾文迌，唐崇賢里人，師楊筠松，凡天文讖緯黃庭内經之書，皆所究晰，尤精堪輿術。游袁州萬載，愛西山之勝，謂其徒曰：死即葬吾於此。及卒，葬之。後其徒忽見於豫章道上，歸啓其墳，則空棺也。人以爲屍解。云所著有《八分歌》二卷行世。（按邑曾氏之居小泅者，皆其子孫，其祠地即故居，《寧都志》竟載爲其邑人，非也。）"（《中國地方志集成·江西府縣志輯 76》第 338 頁。）

⑤ 道光《寧都直隸州志》卷二十六《方技志·寧都州》："曾文迌，居會同里同口，師事楊筠松，熟究天文讖緯黃庭内經諸書，尤精地理。梁貞明間，游袁州萬載，愛其縣北西山之勝，謂其徒曰：死，葬我於此。卒，如其言。後其徒於豫章見之，駭而歸啓其墓，則空棺也。著有《尋龍記》上下篇行世。（按辛酉志，曾文迌里居確鑿，《通志》作雩都人，誤。）"（《中國地方志集成·江西府縣志輯 80》第 527 頁。）

⑥ 《武城郡曾氏重修族譜·興國三僚曾氏系傳》。

有《八分歌》①，不知《寧都直隸州志》所據何在。

地方志所述曾文辿拜師事迹語焉不詳，僅以"師事楊筠松"一筆帶過。《四庫全書總目提要》亦記載寥寥：

> 相傳文辿贛水人。其父求已，先奔江南節制李司空，辟行南康軍事，文辿因得筠松之術，後傳於陳搏（即陳希夷。引者注）。②

三僚曾氏族譜載曾文辿的父親德富公字子□（此字族譜看不清），享年六十有七，生三子，長文巒，次文辿，三文迪③；但未載德富公即曾求已，亦無德富公生前與楊筠松有交往的説法。坊間相傳《楊曾二公三十六問與答》由楊筠松、曾求已撰，曾求已是曾文辿的父親，也是楊筠松的下屬，楊筠松曾授曾求已風水術。清文廷式《純常子枝語》則載：

> 案：《理氣心印》載宋吳景鸞表云：唐邱延翰，在玄宗朝曾撰進《理氣心印經》三卷，《天機書》三卷。僖宗末，贛水曾求已與同關人楊益在兵間得其書。後由曾文辿傳陳希夷，而景鸞父克誠從希夷學陰陽卜筮，故景鸞得之。④

無論曾求已在歷史上是否真實存在，是否爲曾文辿之父并與楊筠松交好，從而使曾文辿得以師從楊筠松，根據上述記載，我們可推測，曾文辿所習的是楊筠松之風水術，他後來又將此術傳給了陳希夷。

相比於史志記載的簡單瑣碎，三僚曾氏族譜及民間對曾文辿拜師楊筠松、師徒二人樂游僚溪八景、楊筠松爲曾文辿全家遷居興國三僚擇址定向等事有詳而備的記述：

> （楊公仙師）至虔州之崇賢里黃禪寺，與吾祖曾文辿公邂逅於方丈之內。晤談之中，文辿公感楊公所學非凡，遂拜楊公爲師，朝夕跟隨，職盡弟子之禮……倦則歸僚溪，師徒常以僚溪八景而樂游。（楊公）常謂我祖文辿曰："僚溪雖僻，而山水尤佳，乘輿可登眠弓峻嶺，健步盤遨獨石巉岩，賞南林之晚翠，觀東谷之朝雲，覽西山之晚照，聽北浦之漁歌，臨汾水龍潭而寄遐思，卧盤龍珠石以悟玄奧，耕南畝以滋食，吸龍泉而烹茶，餘生得無窮之樂，可謂知足，而死無憾矣。"自是，僚溪八景因而得名。⑤

僚溪八景至今在三僚雖有曾、廖兩個版本，亦不失爲楊公爲其徒卜風水寶地的歷史

---

① 張德意、李洪《江西古今書目》，南昌：江西人民出版社，1996年，第115頁。

② 《四庫全書總目提要》第3冊，第2778頁。

③ 《武城郡曾氏重修族譜·武城曾氏源流圖》。

④ 文廷式《純常子枝語》卷九，影印本，載趙鐵寒編《文雲閣（廷式）先生全集（六）》，《近代中國史料叢刊續編》第14輯，臺北：文海出版社，1975年，第491～492頁。

⑤ 《武城郡曾氏重修族譜·興國三僚文辿房傳·附記楊公事略》。

證據之一。另一證據是《地鉗記》的流傳。民間相傳，曾文辿曾爲定居一事三次相地，頭兩次都相錯了，最後纔找到據説連楊公也贊嘆不已的"前有金盆玉印，後有凉傘遮蔭"的風水寶地——三僚。楊公不僅親自爲曾文辿擇地卜宅，還作了一份《地鉗記》贈與文辿，預言曾氏後人"三世八代官職顯"①。

曾文辿爲唐人，方志對他或楊筠松的記載多提及二人直接的師徒關係，族譜記叙、民間廣泛流傳的楊曾師徒軼事，也爲曾文辿與楊筠松的師徒關係提供了一定依據。與曾文辿相比，劉江東、廖瑀與楊筠松的師徒關係則顯得比較模糊。

地方志一般把劉江東和廖瑀載爲宋人，這明顯與楊筠松的生活年代有一段距離。如康熙《江西通志》載：

> （宋）劉江東，雩人。楊筠松在虔州，江東因同曾文辿傳其術。初，楊與曾并不著文字，江東稍有口訣。其裔孫謙爲宋吏部郎中，知袁州事，乃著《囊經》七篇，詞旨明暢，人傳誦之。

> 廖瑀，字伯玉（應爲伯禹。引者注），寧都人。年十五通五經，人稱廖五經。建炎，以茂異薦，不第。後精父三傳堪輿之術，卜居金精山，自稱金精山人。所著有《懷玉經》。②

光緒《江西通志》將劉江東列爲唐代人，其理由是："謹案：舊志劉江東列宋代傳，稱與楊筠松同時，則唐末人也，今改正。"③這指出了地方志記載劉江東事時的一個通病，即一方面把劉江東列爲宋人，另一方面又説他受青烏術於楊筠松。由此看來，劉江東如不是唐末人，那麼他與楊筠松之間應該没有直接的師承關係。也有一種可能：劉江東是曾文辿的弟子，楊筠松的再傳之徒，"初，楊與曾并不著文字，江東稍有口訣"一句所反映出來的兩代不同傳承方式，可爲旁證。劉江東之術據傳由其子劉謙、女婿譚元謨④繼承。

至於廖瑀，經羅勇先生考證，其爲宋人，當較爲可信⑤。從其生活年代即可排除他與楊筠松具有直接師徒關係。此外，關於廖瑀風水術的傳承淵源，有三種不同説法。一是嘉靖《贛州府志》所云，僕都監以風水地理術傳廖三傳，三傳傳其子廖瑀，廖瑀傳其女婿謝世南，世南傳其子永錫，永錫秘其術，傳遂絕；二是繼承父親三傳堪輿之術，至於三傳之術傳自誰則未提及，康熙《江西通志》、道光《寧都直

---

① 楊筠松爲曾文辿全家遷居興國三僚而擇址定向的傳說，見《風水生存——感受三僚》第30~31頁。

② 康熙《江西通志》卷一百六，《景印文淵閣四庫全書》第516册，第528頁。

③ 光緒《江西通志》卷一百七十，影印本，《中國地方志集成·省志輯·江西》，南京：鳳凰出版社，2009年，第7册，第493頁。

④ 同治《贛州府志》卷五十八《人物志·藝術》："譚元謨（舊志作文謨），全播子，江東婿也。精堪輿術，著有《司馬頭陀天元一氣論》，詞理精微，深得江東肯綮，裔孫仲簡得其傳。"（《中國地方志集成·江西府縣志輯74》第276頁。）

⑤ 《三僚與風水文化》，《贛南師範學院學報》2007年第4期，第20頁。

隸州志》、同治《贛州府志》均載此説；三是曾文辿傳陳希夷，陳希夷傳吳克誠，吳克誠傳吳景鸞，吳景鸞傳廖瑀。曾文辿至吳景鸞的傳承譜系可獲證於前引《純常子枝語》"案《理氣心印》載宋吳景鸞表云：……"等語，吳景鸞傳廖瑀則在蔣超伯《南漘楛語》卷三有載："廖瑀者，陳希夷弟子吳克誠再傳之徒（著《九星穴法》，今地師培築鑱削之法皆起於瑀）。"① 這三種説法無一認爲廖瑀之術直接繼承於楊筠松。因此，民間傳説廖瑀師從楊筠松、廖金精在虔化與楊筠松鬥術等説法與史載并不相符。另外，經羅勇先生考證，三僚廖氏族譜并没有出現"廖瑀"的名字，三傳的兒子名"通"非"瑀"，可見廖瑀是否爲三僚廖氏族人，尚存疑。三僚廖氏的附會，羅勇認爲"恐怕主要是與曾氏宗族争奪風水術的正統地位使然"②。選擇廖瑀，則明顯是因爲這位風水大師在當時的名氣。廖瑀極可能是當時風水理論的集大成者，如《羅經消納正宗》二卷序云："廖瑀得楊筠松、曾文辿、曾求已、吳穎、吳景鸞相傳之術。"③

綜上所述，曾文辿爲楊筠松的直傳弟子有一定歷史依據。劉、廖二人雖并非直接師承楊筠松，但他們作爲宋代江西地區有名的地師，對楊筠松及曾文辿所奠定的江西形勢派風水理論有所繼承和發展。將他們的師承歸於楊筠松，可能是他們自己有意爲之，也可能是後人建構地師師承譜系的結果。

三、著述

據康熙《江西通志》載劉江東事云"初，楊與曾并不著文字，江東稍有口訣"④，楊筠松與曾文辿應無著述傳世。但史籍記載題楊筠松所撰之風水著作却不少，最早出現的是北宋鄭樵《通志·藝文略》所載："《鼓角沙經》一卷，楊筠松撰。"⑤ 之後是南宋陳振孫《直齋書録解題》卷十二載：

> 《地理口訣》一卷（不知何人所集，曰楊筠松、曾楊乙、黄禪師、左仙、朱仙桃、范越鳳、劉公、賴太素、張師姑、王吉凡十家）。
>
> 《楊公遺訣曜金歌并三十六象圖》一卷（楊即筠松也，人號楊救貧）。
>
> 《龍髓經》一卷、《疑龍經》一卷、《辨龍經》一卷、《龍髓別旨》一卷、《九星祖局圖》一卷、《五星龍祖》一卷、《二十八禽星圖》一卷（以上七種皆無名氏，并前諸家，多吳炎録以見遺，江西有風水之學，往往人能道之）⑥。

---

① 蔣超伯《南漘楛語》卷三，影印本，《續修四庫全書》第1161册，第301頁。
② 《三僚與風水文化》，《贛南師範學院學報》2007年第4期，第21頁。
③ 永瑢《四庫全書總目》卷一百十一，《景印文淵閣四庫全書》第3册，第394頁。
④ 康熙《江西通志》卷一百六《景印文淵閣四庫全書》516册，第528頁。
⑤ 《通志》卷六十八，《景印文淵閣四庫全書》第374册，第428頁。
⑥ 《直齋書録解題》卷十二，《景印文淵閣四庫全書》第674册，第753頁。

陳振孫所載與楊筠松有關的著作中，僅《楊公遺訣》一卷專題楊筠松姓名，但從書名來看，與前面提及的《地理口訣》一樣，此書更像是後人彙編的楊公相地口訣，區別在於《楊公遺訣》專録楊公一人。此外，陳氏提及的各種龍經中，雖有後世盛傳爲楊公所撰的《疑龍經》一卷，却没有更爲著名的《撼龍經》。對此，《四庫全書總目提要》認爲：

> 案：陳振孫《書録解題》有《疑龍經》一卷，《辨龍經》一卷，云吴炎録以見遺，皆無名氏，是此書在宋并不題筠松所作，今本不知何據而云然。其《撼龍》之即《辨龍》與否，亦無可考證。①

元脱脱《宋史·藝文志》載："楊救貧，《正龍子經》一卷。曾文展（應爲曾文迪，引者注）《八分歌》一卷。"② 明清以來，題爲楊筠松所著之書越來越多，如明朱睦㮮《萬卷堂書目》："《玄空煙火》一卷，楊筠松。"③ 明祁承爜《澹生堂藏書目》："《青囊奥旨》一卷，楊益。"④ 清錢曾《讀書敏求記》："楊筠松《撼龍經》一卷。"⑤《四庫全書·子部·術數類二》收録題唐楊筠松撰的有《撼龍經》一卷、《疑龍經》一卷、《葬法倒杖》一卷、《青囊奥語》一卷、《青囊序》一卷、《天玉經内傳》三卷、《外編》一卷⑥，均爲當時的通行本。清洪頤煊《讀書叢録》："《疑龍經》一卷，題唐國師楊筠松撰。疑龍三篇，附疑龍十問、衛龍篇、變星篇。宋刊黑口本，每葉廿八行，行廿五字。"⑦ 清丁仁《八千卷樓書目》中，除《四庫》已録的，還增加有《都天寶昭經》三卷（唐楊筠松撰，大亭山館本）、《安門秘法》一卷（唐楊筠松撰，明刊本抄本）、《竈卦書》一卷（唐楊筠松撰，抄本）、《八宅明鏡》二卷（唐楊筠松撰，《陰陽五要奇書》本）⑧。

從上述對題爲楊筠松（或楊益、楊救貧）所撰書目的粗略梳理可以發現⑨：

第一，宋時，《疑龍經》并不題爲楊筠松所作，其被視爲楊筠松著作的年代當在宋以後、清乾隆以前，且《疑龍經》被史籍記載的歷史較《撼龍經》久遠。

---

① 《四庫全書總目提要》第 3 册，第 2778 頁。
② 《宋史》卷二百六，《景印文淵閣四庫全書》第 283 册，第 773 頁。
③ 朱睦㮮《萬卷堂書目》卷三，《續修四庫全書》第 919 册，第 478 頁。
④ 祁承爜《澹生堂藏書目·子部三》，《續修四庫全書》第 919 册，第 679 頁。
⑤ 錢曾《讀書敏求記》卷三，《叢書集成初編（0044—0050）》，北京：中華書局，1985 年，第 108 頁。
⑥ 《四庫全書總目提要》第 3 册，第 2778～2780 頁。
⑦ 洪頤煊《讀書叢録》卷二十四，《續修四庫全書》第 1157 册，第 778 頁。
⑧ 丁仁《八千卷樓書目》卷十一，影印本，《海王邨古籍書目題跋叢刊》，北京：中國書店，2008 年，第 4 册，第 164 頁。
⑨ 此處及下文關於楊筠松的著述，專門討論《撼龍經》和《疑龍經》兩書，是因爲《撼龍經》專言山龍脉絡形勢，《疑龍經》專言水口、尋龍、結穴等法，均爲風水學説形勢派（專指龍穴砂水之法）的代表性著作，也是今天風水學界公認的楊筠松著作。尤其是《撼龍經》，《四庫全書總目提要》稱其"然相傳已久，所論山川之性情形勢，頗能得其要領，流傳不廢，亦有以也"（第 3 册，第 2778 頁）。

第二，《撼龍經》的流行及被題爲楊筠松所作應是宋以後的事。在筆者的查閱範圍內，最早提及《撼龍經》一書的是明萬曆《吉安府志》：

> 達僧，姓劉氏，居安福下村水南院。師司馬陀（應爲司馬頭陀。引者注），善地理之術。所著有《撼龍經》《天元一炁》諸書，世有傳之者。①

達僧，宋吉安府安福人，《江西古今書目》亦録其爲《撼龍經》的作者，并置於宋朝部分②。達僧以後，至清錢曾《讀書敏求記》纔明確記載楊筠松爲《撼龍經》的作者。另外，據筆者所查，《撼龍經》現存有五個版本，均爲明清時期版本，分別是：

《撼龍經》一卷，題唐楊筠松撰，明抄《宅葬書十一種》本，國家圖書館藏；

《撼龍經》一卷，《疑龍經》一卷，《葬法倒杖》一卷，唐楊筠松撰，清《文淵閣四庫全書》本；

《撼龍經》一卷，《疑龍經》三卷，題唐楊筠松撰，清張冕集注，清道光十年（1837）泉州學府刻本，有藍筆校語，北京大學圖書館藏；

《撼龍經注》一卷，《葬書注》一卷，《疑龍經注》一卷，《水鉗圖補注》一卷，唐楊筠松撰，清抄本，北京大學圖書館藏；

《楊益撼龍經》一卷，題唐（楊）益撰，清高其倬評，清抄本，注：清丁丙跋，南京圖書館藏。③

第三，《四庫》以後，提及楊筠松，多以《撼龍經》《疑龍經》《葬法倒杖》《青囊奧語》《天玉經內傳》及《外篇》諸書爲其代表著作，乾隆以後江西方志關於楊筠松著作的記載即是體現④。然而，《四庫全書》雖收入題爲楊筠松撰的上述著作，但對這些著作是否爲楊筠松所撰均持懷疑態度，前引《四庫全書總目提要》對《疑龍經》《辨龍經》著者的質疑即是一例。這裏再舉一例：

> 《天玉經內傳》三卷、《外編》一卷，通行本
>
> 舊本題唐楊筠松撰。考鄭樵《通志·藝文略》、陳振孫《書録解題》，楊、曾二家書無《天玉經》之名。相傳楊氏弟子秘之，不行於世。至宋，吳見誠（應爲吳克誠。引者注）遇真人，始授以此經，其子景鸞乃發明其義。然則是書亦至宋始出，其爲筠松所撰與否，更在影響之間矣。⑤

---

① 萬曆《吉安府志》卷三十一，影印本，《日本藏中國罕見地方志叢刊》，北京：書目文獻出版社，1991年，第10册，第423頁。

② 《江西古今書目》第120頁。

③ 《撼龍經》版本在中國基本古籍庫版本查詢中查得。

④ 如道光《寧都直隸州志》卷二十六《方技志·寧都州》："楊益，字筠松，寶州人……著有《青囊》《疑龍》《撼龍》《穴法倒杖》諸書傳世。"（《中國地方志集成·江西府縣志輯80》第527頁。）

⑤ 《四庫全書總目提要》第3册，第2779頁。

"其爲筠松所撰與否，更在影響之間矣"，可謂道盡了所有托楊筠松之名以提高自身著作影響力的幕後作者的"苦心"。得益於清代考據學風氣之盛，《四庫》以來，對那些題爲楊筠松撰的著作的考究在一些文人中流行開來。清丁芮樸《風水祛惑·楊曾書》發揚清高其倬評《楊益撼龍經》的觀點，認爲"世傳楊公諸書皆後人僞托，惟《撼龍》《疑龍》二經是眞書"①。其理由主要有四：一是從内容看，《撼龍經》《疑龍經》專言形勢，不言方位，與楊筠松作爲形勢派理論祖師的説法相符；二是《青囊序》《青囊奥語》《都天寶照經》《天玉經内傳》皆主方位、論五行，爲理氣派書籍；三是《青囊》等書中涉及宋元明故事，非楊公所能見；四是《青囊》等書非一人之手筆灼然可見。丁芮樸的考證理由充分，證據確鑿，令人信服。今人亦多認爲《撼龍經》和《疑龍經》爲楊筠松的著作，其餘諸書，或因理論，或因風格與楊筠松及形勢派不符而被斥爲僞托之作。

而在筆者看來，《撼龍經》和《疑龍經》亦非楊筠松所著。這兩本書通篇使用七言句式，語言通俗直白，讀起來朗朗上口，如歌訣一般，更像是後人對楊公相地遺訣的整理、記録和敷衍發展；也因爲是口訣，以口相授受的方式傳承，所以《撼龍經》和《疑龍經》的版本之間會有差別。筆者曾逐字逐句對照信宜市楊筠松文化研究學會校對的《撼龍經》（簡稱"學會本"）②與清《文淵閣四庫全書》本的《撼龍經》（簡稱"文淵閣本"）③，最後發現了衆多的不同④，其中有三點較大的差别。一是"圓龍忽然長拖脚，恐是鬼龍如覆杓……幾屏如在後頭托，此是公侯將相庭"這一大段内容，學會本放在《右弼星第九》"方知富貴與興隆"一句後，而文淵閣本則放在《武曲星第六》"形神大小隨龍宗"一句後。二是文淵閣本中最後有十段總結七星（貪狼、巨門、武曲、禄存、文曲、廉貞、破軍）變化的文字，學會本没有。三是兩個版本間存在星名混亂的情況，如文淵閣本有"巨門"字眼的地方，學會本常寫作"武曲"。

明鄭真《滎陽外史集》有云：

> 地理之學尚矣。漢青烏先生著爲《葬經》，昔郭璞祖之，迨至唐楊筠松曾連（應爲曾文辿。引者注）口相授受，於是龍穴砂水之法，獨以江西爲宗。⑤

三僚地區至今仍流傳有據傳爲楊筠松遺留的相地口訣，名爲《鉗記》。對此，劉昭瑞先生有云：

① 丁芮樸《風水祛惑·楊曾書》，《續修四庫全書》第1054册，第247~248頁。
② 楊筠松《撼龍經》，楊俏明校對，信宜：信宜市楊筠松文化研究學會，内部通行本。
③ 楊筠松《撼龍經》，《景印文淵閣四庫全書》第808册，第40~57頁。
④ 算上用字的差别，共有513處不同。
⑤ 鄭真《書謝黄牛地鈐後》，《滎陽外史集》卷三十七，《景印文淵閣四庫全書》第1234册，第209頁。

最爲三僚曾姓看重的，是楊筠松的一篇名爲《鉗記》的文字，因載在曾氏族譜中得以流傳下來，現在三僚的地理師們爲他人做地理風水所寫下斷語或口頭結論也都稱爲"鉗記"。①

結合康熙《江西通志》關於楊、曾二人不著文字的記載，我們推斷，楊筠松生前可能并無著述，後世史籍題楊筠松撰的《撼龍經》《疑龍經》是後人整理彙編而成。又，《江西古今書目》未載題爲楊筠松撰的任何書目。

四、結語

考究楊筠松的生平以及據傳的徒弟和著述，可以發現，其人其事雖不詳於史籍，但廣泛流傳於中國風水地理界和民間；其徒弟在歷史上可信的雖只有曾文辿一人，但劉江東、廖瑀這兩位宋代著名地師的師承歸附，在師承譜系上確認了其作爲風水祖師的身份；楊筠松本人雖無著述，但專言山龍脉絡形勢的《撼龍經》和專言水口、尋龍、結穴的《疑龍經》被托爲其著述，可見他對專指龍穴砂水之相配的風水形勢派理論有所貢獻。

Yang Yunsong's Life，Apprentice and Writings

Cheng Xiaoli

Abstract：Yang Yunsong, who is said to be the grandmaster of terrain faction in Chinese Fengshui. Although his life story is rarely seen in historical records，he is regarded as one of the most important grandmaster in Chinese Fengshui Academia，and his stories of helping the poor and the difficult is widespread among the people. Among those who reportedly had mentoring relationship with Yang Yunsong，Zeng Wenchan was the only one that could be proved by history. Furthermore，many books about Fengshui which inscribed Yang Yunsong's name are not really written by him，even *Classic of Han-long* and *Classic of Yi-long* should be formulas collections of geomancy compiled by late generations.

Keywords：Yang Yunsong；Chinese Fengshui Academia；Zeng Wenchan；*Classic of Han-Long*；*Class of Yi-Long*

作者簡介：程肖力，女，中山大學中文系博士研究生。

① 劉昭瑞、李銘建《鄉村社會的一個邊緣群體：三僚村的地理師》，《文化遺産》2013 年第 3 期，第 116 頁。

稿　約

一、《中國俗文化研究》是刊布當代學者運用現代科學精神研究中國俗文化的最新成果的專業純學術集刊，由教育部人文社會科學重點研究基地四川大學中國俗文化研究所主辦。

二、本集刊熱忱歡迎宇内同行專家學者惠賜尊稿。本刊登載有關中國俗文化研究的成果，以及國内各民族間、中外之間文化交流的比較性研究論文。内容涵蓋中國俗文化領域内的各種傳統學科、新興學科和交叉性學科，諸如：文學、史學、哲學、宗教學、倫理學、美學、藝術學、考古學、文字學、音韻學、訓詁學、目錄學、版本學、校勘學、敦煌吐魯番學、政治學、軍事學、經濟學、博物學、科技史、民俗學、少數民族學等。

三、本集刊已經設置的欄目，有"俗語言研究""俗文學研究""俗信仰研究""風俗及其他文化研究""望江樓論壇""書刊品評"，并將依據具體情況作適當調整。總之，本集刊希望容納所有與俗文化有關聯的、有價值的研究成果。

四、本刊採用匿名審稿制。來稿均由編輯委員會送呈校内外至少兩位同行專家審閱，再由編輯委員會決定是否采用。

五、編輯委員會對來稿可提出修改意見，但除了技術性的處理之外，不代爲作者修改，文責自負。

六、來稿請用中文繁體字書寫或電腦打印。電腦打印者，除寄打印稿之外，請附以 Microsoft Word 文檔或純文本方式儲存的軟碟，或者將電子文檔發至編輯委員會電子信箱。無論手寫或是打印，皆要求：

1. 論文的標題之下，附以 300 字左右的"提要"、3 至 6 個"關鍵詞"。"提要"請客觀陳述論文主要觀點，一般不作評價。"關鍵詞"請緊扣論文内容，以有利於檢索爲標準；"研究""辨析""問題"等不宜作爲關鍵詞。并請同時提交如下各項之英譯：論文題目、作者、工作單位、提要、關鍵詞。

2. 國標 7000 字以外的字或符號，另紙書寫或採用圖片格式。

3. 於另頁上，按順序寫上：論文題目、作者姓名、出生年月、性別、籍貫、工作單位、職稱或職務、通訊地址、郵政編碼、電子信箱（E-mail）、電話號碼。

4. 如需要圖片，除在文檔中插入之外，請再提交供印刷的 JPEG 或 TIFF 文件。

六、來稿中，古代紀年、古籍卷數，一般用中文數字，而古代紀年首次出現時尚須加注公元紀年。如：元和十三年（818）；《山海經》卷一。其他的數字，一般用阿拉伯數字。凡是第一次提及外國人名，在漢譯之外，須附外文原名，如：柏拉圖（Plato）。

七、注釋要求：

1. 一律採用當頁頁下注。

2. 注釋碼，請用①②③之類表示，并標注在正文相應內容的上方，如：——①，——②，——③。每頁重新編號。

3. 引用中文文獻的參考格式如下。

（1）引用專著，如：胡適《中國哲學史大綱》卷上，上海：商務印書館，1919年，第 99 頁。

（2）引用文集之文，如：陳寅恪《清華大學王觀堂先生紀念碑銘》，載《金明館叢稿二編》，上海：上海古籍出版社，1980 年，第 218 頁。

（3）所引專著或文集若有多个版次，宜將版次標出。例如：李贄《焚書 續焚書》，北京：中華書局，2009 年第 2 版，第 82 頁。

（4）引用學位論文，應標注學校、學位及提交時間。例如：張曉敏《日本江戶時代〈詩經〉學研究》，山西大學博士學位論文，2013 年，第 169 頁。

（5）引用期刊文章，如：楊明照《四川治水神話中的夏禹》，《四川大學學報（哲學社會科學版）》1959 年第 4 期，第××～××頁。

（6）相同書籍的第二次引用，可省略出版信息。如：胡適《中國哲學史大綱》卷上，第 100 頁。

八、本集刊只發表原創性成果，請勿一稿兩投。來稿敬請自留底稿，編輯委員會將在收到稿件三個月之內答復，若未得答復，作者可另行處理。來稿刊出後，贈送樣書貳冊。

九、來稿請寄：中國四川省成都市九眼橋，四川大學望江校區中國俗文化研究所《中國俗文化研究》編輯委員會。郵政編碼：610064。

電子信箱：zhongguoswh@163.com

《中國俗文化研究》希望得到海內外各界的關心和支持！